ネガティヴ・ホライズン

ネガティヴ・ホライズン——速度と知覚の変容

ポール・ヴィリリオ

丸岡高弘 訳

産業図書

Auteur：Paul VIRILIO
Titre：L'HORIZON NEGATIF

This book is published in Japan by arrangement
with Editions Galilée, Paris,
through le Bureau des Copyrights Français, Tokyo.

ロボットのイラールに捧げる

目次

第四部

第五部

緒言　外観をめぐる企て

「自然は目にみえないものに目にみえる仮面をつける。自然は外観《アラパンス》にすぎない。本当の姿をとらえるためには自然の外観《アパランス》を透明《トランスパランス》さによって修正しなければならない。」

ヴィクトル・ユゴー

そのころわたしはよく絵を、とくに静物画をかいていた。数式はあいかわらず苦手だったが、幾何学の図形や地理はすきだった。ちいさいころからよく黒板におもいだすままにいろんな地図を河川網もいれて立体的にえがいたものだった。その一方で、年号は全然記憶できなかったし、歴史や算数はまったくのちんぷんかんぷんだった。

形はつねにわたしになにかを語りかけてくれた。生命のないものの声がきこえたし、境界線はなにかをえがき、輪郭はなにかを表現していた。わたしはいつも人間の言葉よりも形象のかたる言葉の方がよりよく知覚できた。人間の声は騒音も同然で、かえって内容を理解するさまたげになった。文章で、言葉で、演説で表現されるより合図だけの方がよく意味がわかることもしばしばだった。わたしには動物の足跡を追う猟師のようなところがすこしあったにちがいない。痕跡は解読できるのだが、人間の言葉については文盲同然だった。わたしはいつも生命のないものにひかれていた、つまり静止的運動に。《生命のなさ》というのは表面しかよみとろうとしないひとびとがつかうまちがった言葉だ。透明なものにも注目することができる人間ならうごかないものなどなにもないことを知っている。すべてが活動し、すべてがたえずうごいている。そして事物には、冷たい事物の形のなかには、ちょうど血管に血《サン》がながれているように、意味《サンス》がながれている。

つまりわたしはえがき、描写することに専念していた。というかそれにとりつかれていたと言った方がいいのかもしれない。えがき、描写するとはすなわち線や色価や色彩を解釈しようとすることに他ならないが、形態はそうしたものよりもずっときらきらした存在であるようにわたしにはおもえた。わたしが写生でかいた最初のデッサンはナントのサン＝ジャック通りの歩道をあるいていた女性で、二番目はロワール河にかかる橋だった。偶然の一致だが、いかにもありふれたこのふたつのテーマは後に意味をもつことになる。橋、というか橋のアーチは教会の地下納骨堂や身廊とともに建築の三つの原型のひとつだし、また最初のデッサンの主題は女性そのものというよりその動きであり、人間の歩行を連続写真にとった初期の映画のように、人間の動きをクロノフォトグラフィー（訳注：高速連続撮影で高速でおこなわれる運動を分析する技法）的映像の黒い背景のうえにうかんだ白い幽霊のようにえがきだすことであったからである。当時、わたしはアニメをつくりたいとおもっていた。絵画の未来は形態を運動させることにしかないとかんがえていた。ダ・ヴィンチのデッサン、滝、水の渦まき、かれのえがいた戯画的人物たちのひきつった笑い、そうしたものがすべて動きをもったところを想像せよ……。つまりわたしは写真・映画がデッサンというふるい芸術を変化させるだろうとかんがえていたのである。エミール・コール（訳注：一九〇八年に最初のアニメ映画上演をおこなったアニメ映画の先駆者）の人物変容をえがく映像はわたしを魅了した。じょじょに変形されて姿をかえ、いろんな形になっていくあの人物たちに非常に心ひかれたのだが、なぜそんなに魅了されたのか今でも理由がわからない。極東の絵画もわたしの関心をひいたが、それはエキゾチズムのためではない。それが風や、空虚や、流れ、衰弱、やわらかさなど、表現不可能なものを表現しようとしていたからである。そうしたものは本来的に触覚に属していて、デッサンの技術では表現不可能だとわたしにはいまでもおもえるのだが。

つまり、鉛筆や絵筆やインクをもちいて表現することができるのは視覚でとらえたものだけではない。触覚で、肌でかんじたものも表現可能なのだ。形態はその性質や物質的構成についてだけではなく、それがその瞬間に、あるいはむかし、どんな作用をこうむったかについても教えてくれる。かすかな動きであれ、はげしい動きであれ、形態はさまざまな動きによって、空虚の性質や風の動きや川の流れについてわれわれに教えてくれる。――こうしたことはわたしにとって発見であったと同時に、うすうすかんじていたことの確認でもあった。形態や事物は発信し受信する。それは自分の感覚的現実とこうむりつつある影響について発信し、自分のおかれた環境、自分のすぐちかくにあるものの感覚の総体を受信してはまた再発信している、ずっと大昔から。わたしはやがてカーボン一四を利用すれば物質の年代を測定できるとか、樹皮をはいで観察すれば数世紀前の天気が推測できることを知ったのだが、そんなことを知るずっと前から、物体や事物や形態の沈黙する外観を問いただせば答えをえられることを知っていた。そしてまさしくそうした事物の外観への問いこそが絵画芸術となったのだ。絵画とは表現ではなく問いである。ちょうど書く行為が、演説や小説である以前に、ずっと以前に、まず問いであるのとおなじように。

パウル・クレーもかたっているとおり、「物体がわれわれを知覚する」。だから形象の現象学、幾何学の起源を熟慮すること、これがわたしの仕事になる。抽象など存在しない。すべてが具象している。無定形というのは西洋のでっちあげたものだ。無とか虚無とか空無というのはわれわれ西洋文明が、肉食で破壊をこととする人間たちがつくりだした野蛮な言葉にすぎない。

よくかんがえてみれば、虚無とか不在という観念以上に独創的で固有の発明といえるものをわれわれはつくりだしたことがあるだろうか。結局、虚無・不在という観念はもっとも明白にわれわれの文化の産物と呼べるものなのである。わたしが問おうとしていたのはまさしくこの**不在**であった。空虚はどこに存在しているのだろうか？　わたしは探求をはじめた。当時、**抽象**芸術についてさかんに長口舌がふるわれていた。抽象芸術のしたたる斑点、色彩のきらめき、画布表面の質感が**幾何学的**抽象と対比させられた。そうしたものこそがあたらしいリアリティーであると主張されていた。具象（＝形態）はカメラやレンズによって把握されるから、絵画には印象の主観性しかのこっていないとおもわれたのである。現代アートと呼ばれたそうした作品にひとびとは実にさまざまな感覚的特性をみいだし、批評家たちはそれについてさまざまな注釈をつけていた。しかし残念なことにいくらそんなことをしても、ものを本当にみるためにはなんの役にもたたなかった。それは偶像破壊主義的芸術エリートたちがグループを形成し、思想を形成しながら、身内同志で意見を交換したり、否定しあったりしているにすぎなかった。そして具象（＝形態）と事物の輪郭は依然としてわれわれのなかに存在しつづけ、木々は木々でありつづけ、依然として葉はゆれ、幹は泰然とし、空と太陽は枝々や不透明で不動の幹の円筒のあいだにふるえつづけていた。こうしてひとびとはまた例によって現実をふたつに分割することに成功したのだ。つまり具象と抽象に。そして両者はたがいを排除しあう。具象がふるめかしく、時代おくれになり、アンフォルメルがサロンやギャラリーを支配していた。具象と抽象、どちらが価値があるかは逆転させられたが、問題のたてかたはむかしとかわらなかった。西洋においてはいつものことだが、旧態依然たる二分法的思考の罠にかかり、他者や異質なるものを排除していたのだ。このころ、わたしは物体一般にかんしてふかくおもいをこらそうとしていた。その結果、きわめてありふれた物体でわたしは満足していた。そして静物画（あるいは「静止的運動をひそめた物体の絵」と言うべきか）の題材としていつもとりたてて価値もない台所用具をえらび、それを家の床に直接おいてえがいていた。実際、それぞれの物体の組織はそれだけで十分で、感覚的なものの助けなどすこしも必要としていないとわたしはかんがえていた。厳密な意味で言って、事物の配置には興味ぶかい点などなにもなかった。だからわたしは静物画をえがくときにそれぞれのオブジェの配置を凝って構成することは絶対すまいと自分できめていた。それは本当に禁欲的な習作であった。当時わたしに会いにきたひとびとはそうした仕事の意味をまったく理解しなかった。とくに、わたしは「悲惨主義」(訳注：好んで人間生活の悲惨さを描写する芸術)をめざしていたのではなく、そのまったく逆にあらわれてこないものの豊かさや奔出、**存在しないように**みえるものの生命をえがこうとしていただけになおさらであった。

プラスチックの塩入れや鉄のスプーンや空になったチーズの箱を何時間も凝視しつづけるのは当然かなり苦痛なことで、ときには耐えがたくさえあった。後になって「超‐普通」という言葉をつかうようになったが、当時わたしが絵で実現しようとしていたのはまさしくそれであった。しかしそもそもそれは絵であったのだろうか。それはきわめて疑わしく、作品はいかなる愛好家の関心をひくこともなかった。だからわたしは作品を展覧会にだすことを——つまりあらわれ、出現することを——避けることができた。それでよかったのだ。

明日、新奇なもの、独創的なものとしてあらわれてくるであろうすべてのものがすでにこの瞬間に現前しているが、各人の日常的な見方のためにかくれてみえない、だから自分が変わりたい、変化したいと思ったとき、それにこたえることができるように常に自分の洞察力をとぎすますように努力しなければならない——こんなふうにわたしは常々確信していた。わたしには人間の視野は考古学者の発掘現場のようなものにおもえた。みること、それは名前もなく、なんの関心もひかない存在が奥の方から浮かびあがってくるのを忍耐づよくまちぶせすることである。そうすればやがて沈黙していたものがかたり、閉ざされていたものがひらくだろう。いい報告書を書くのは無能とみなされている人間ときまっている。だからわたしはつねに二義的なもの、周縁的なもの、そして空虚や不在に関心をもちつづけた。

　こんな風にして絵画について何年もかんがえていたあるとき、わたしのものの見方にとつぜん変化がおこった。特別な価値のない物体にむかっていたわたしの視線がその傍らにあるもの、そのすぐ横にあるものに移ったのだ。平凡な物体が特別な物体に変化したということではない。「変容」がおこったわけではない。もっと重要ななにかがおこったのだ。とつぜん、わたしの眼前にあたらしいオブジェが出現した。切りとられ、切りこみをいれられた奇妙な形象の構成の全体がとつぜん目にみえるようになった。あたらしく観察されたオブジェはもはや平凡なもの、どうでもよいもの、無意味なものではなかった。それはまったく逆に、極度に多様であった。それはいたるところに存在していた。すべての空間、すべての世界があたらしい形象で充満した。それはほんのちいさな形の片隅にもひそんでいた。わたしのまわりで未知の植物がとつぜん繁殖しはじめたみたいだった。とりたてて価値のない製品が非常な複雑さをもったオブジェを瞬間的に出現させた。事物の配置があたらしいエキゾチックな形態をうみだしていた。卑小な幾何学になれてしまっていたために、あきらかに存在するにもかかわらず、われわれにはみえていなかった形態が出現した。われわれは円や球や立方体や四角形は完全に知覚することができるが、事物や人間の間の間隙やすきまを知覚するにはずっとおおくの困難をかんじる。物体によって切りとられ、形態によって型どりされた間隙というこの輪郭の存在にわれわれは気がつかない……。というか、われわれはこの形態にゆきずりにであうだけで、われわれの世界の見方には顕著な痕跡はのこらない。関係の瞬間性に起因するそのはかなさのためにそれは重要なものとはけっしておもえない。それどころか、間隙がつくりだす形態はあまりにもすばやく過去のものとなってしまうので、われわれの分析的意識や探索精神には把握できない。われわれは線を移動させるあの運動をいつでも多かれ少なかれ嫌悪していたのである。しかしわたしは、この間隙の存在に気がついて以来、とつぜん豊かな世界のただなかに自分がいることに気づいた。自分が砂漠のなかにいるというかんじは消えて、それ以後は、目をあけるたびに、現代がつくりだす事物の形態的凡庸さをながめることも、またその傍らにある、すぐそばにある反‐形態の豊かさをあじわうことも自在にできるようになった。左右に移動するだけで、事物はその度に新奇なものに変容していった。製造された事物はシンメトリックにつくられているから観察者が移動してもその知覚は変化しない、観察者がとおざかると事物がちいさくみえるのをのぞいては。それにたいして間隙は観察主体が移動するにつれ、たえまなく変形する。わたしがここからみる形はわたしがここにいるこの短い一瞬においてしか有効ではなく、やがてわたしは別の形を、どんなものになるかまだ予想もできない意外な形を目にするだろう。実際、この「切りぬき」の地理学はわたしに超極小旅行のおどろきと発見を提供してくれた。水たまりのような形をしたこの空隙はやがて地峡の形になり、そして空虚が形成する半島の形になる。この透明な景色をうみだし破壊しているのは自分の身体の動きであるということをわたしは意識していた。それは列車の乗客が木や家々が飛んでいき、丘が背をかがめたり伸ばしたりするのをみるのとすこし似ていた。どんなにわずかな動きであれ、わたしがうごくその運動の速度によって、空虚や穴やくぼみが形成され、変形される。ただあちこちに移動するだけで、道具もつかわずに構成作業がおこなわれる。この透明な形態にはもうひとつ別の利点もあった。つまりそれによって前景、後景、近景、遠景という具合にさまざまな距離のところに別の形態がうかびあがってくるのである。その結果、くぼみのなかに別のくぼみがあらわれ、間隙のなかに別の隙間が出現する。このさまざまな距離、敷居にあらわれる形態の連続がまるで鏡のように透明で複雑な物体を構成する。ただしそれは枠をもたない鏡で、前からも横からもうしろからも連続してあらゆる角度からながめられる鏡、水晶の玉のような鏡である。そしてそこに形態の未来が透視できる。

　だからわたしは間隙の形態の探求に出発することにした。「中間（二つの間《アントルドゥ》）」という言葉がある（たとえば「ふたつの海にかこまれた土地」などという）。これはよくつかわれる表現だが、二という数字は出発点でしかない。三つの間、四つの間、三〇の間、一〇〇の間……、これらは一般的にはわれわれの観察にはいってこないが、やはり現実に存在する。このわれわれの目をすりぬけるもの、まさしくそれをわたしはおいもとめようとした。反-形態を狩りだしたいとおもった。反-形態にも、知覚されていない未知の種や属や目《もく》が存在しているにちがいないと確信し、それを発見し、目録をつくろうと決心した。わたしはいまや反-形態がいたるところに潜んでいることを知った。ちょうど猟師の顔の絵のなかにキジのシルエットを埋めこんだあのだまし絵のように。それをみつけるためには絵をあらゆる側面から観察しなければならない。だからわたしは周囲をあらゆる角度からながめることにした。現実はとつぜん万華鏡のようなものになった。都市のなかにある形態は同一で、くりかえしばかりで、偽の永遠のなかに凝固していたが、わたしはそうした都市の形態の砂漠からぬけだすことができた。わたしは反-形態の茂みのなかにおり、間隙のくぼみと透明さの中を航海していた。わたしはすでに戦争中、都市景観が破壊された時代に、そうした透明さを発見していたが、いまや、その透明さが、再建された都市の姿のなかに断片化し、破片となって存続していたことを悟った。それをみるためにはみようと欲するだけでよかったのである。

わたしは形態の宇宙のなかでどんな方向にもすすんでいく自由をえた。ネガとポジというのは恣意的な概念にすぎないが、その両者の間のみならず、形態と形態の生誕の場である反‐形態のどちらを選択することも可能になった。わたしは日常的な景色のなかにうめこまれたこの遺産を発見すべく冒険に出発した。それはポーの手紙（訳注：ポーの短編小説「盗まれた手紙」のエピソード）のようにごく目立つところにかくされていたのである。

いまやわたしには明示的なものと暗示的なものという二種類の明白なものが存在することになった。わたしが抗しがたい魅力をかんじていたのは後者の方なのだが、不思議におもえることがひとつあった。つまり、この間隙のビジョンは極度にもろく、透明な映像は知覚の努力をしているあいだだけしか存続しない。そして知覚の努力がおわると、ふたたび形態がその権利を主張しはじめ、一瞬のあいだだけあらわれていた空虚の領域・後景をかくしてしまう。こうしてわたしの視覚にはまるでカメラのように意図的なピント合わせが必要になった。輪郭を鮮明にとらえるためには対象を選択し、凝視しなければならなかった。そして後景・反‐形態・透明さにたいするピント合わせを放棄するとすぐに、当然のように形態がその鮮明な姿をふたたびあらわし、さきに知覚されていた空虚は消滅してしまう。

こうした微妙な均衡は現象としてはかなりおどろくべきものだった。そこでわたしは物質・事物の不透明さのなかで透明さがうきでていられる時間がどれくらいか、それがどれほど不安定な現象であるかを実験でたしかめようとした。

透明な形態はそれ自体によっては存続することはできず、観察者の注意が散漫になるとすぐさま後景へと退いてしまった。この現象がこれほどにもはかない存在でしかないことはわたしを非常に不思議がらせた。いつも背景にたいして形態が勝利してしまうこのかくれんぼ遊びはわたしには承服しがたかった。というのもわたしは、貧弱な内容しかもっていないのはまさしく形態の方だとかんがえていたし、わたしをとりまく都市の形式的空間は無価値であるのみならず、建築のシルエットのダイナミズムは都市のなかにまだのこっていた多様性を減少させる方向にはたらいていたからである。このような反‐形態の消散傾向は一種の知覚の帝国主義の結果であるようにわたしにはおもわれた。視覚、わたしの視覚は西洋文化一般と足なみをそろえて、背景や周縁、差異あるものを排除していた。どんなに努力しても、注意が散漫になるとすぐに知覚の対象としてえらんだものが消滅し、拒否したものがかわって姿をあらわす。もちろん、視覚現象にかんする知識はわたしをなだめ、それが生理的・心理的原因でおこる現象にすぎないと教えてくれていた。この現象はたんなる視覚的錯覚にすぎず、そこになんらかの文化的影響をみるべきではないという点ですべての見解が一致していた。しかしわたしにはどうしてもこれが科学的に中立な見解であると信じることができなかった。わたしには二たす二は五だとおもえたのだ。実際、一から四の数字のあいだに第五の要素がはいる余地があるはずだった。それが反‐形態、反‐数字だった。わたしにとって数は空間と時間のなかにあらわれるべきものだった。それは数学的集合のなかにではなく、持続と共通の延長のなかにあらわれるものだった。すべてが、人間も事物も概念も計算も言語も、すべてがそのなかにひたされている。一たす一が二になる科学的天空が客観的に存在しているのではない。連続体のなかでふたつの一が接近するとそれは不可避的に間隙‐数である三をうみだしてしまう。実際、わたしはふたつの対象を直接観察するときにはいつも、第三のものを知覚する。すなわちふたつのものの接近によって形成されるもの、空虚、両者のあいだに具現化する透明さである。この間隙‐形態はそれぞれの形態とすくなくともおなじだけ数としての価値をもっている。このことをどうして否定できよう。形態の発生をどうして否定できよう。この推論をどうして否定できよう。物体のダイナミズムはわたしには二重であるようにおもえた（実際、わたしには二重にみえたのだ……）。その第一は物体（石、コップ、家具など）の物質的**リアリティー**を保証する内的ダイナミズムである。えがかれた形象の場合だとそれは、紙の上にかかれた輪郭の内部に円や丸の幾何学的**リアリティー**を保証するものだ。その第二は外的ダイナミズムで、空虚や透明さを推論させ、不在に形態と価値を付与する。物体の表面やデッサンの線や輪郭は二重の操作をおこなっている。その第一は内的個別化の操作で、丸だとか四角だとかの形態を内部にむかって区切る。もうひとつは外部にむかう反形象化の作用で、それは「地」を形成する。ひとつの形象を第二の形象と接近させると両者の外側の「地」も接近し、反‐形態が出現し、知覚されるようになる。ちょうど水に石を投じ、さらにもうひとつ石を投じるとふたつの同心円が最終的に合流し、まざりあってひとつのあたらしい形象を形成するみたいに。

それにデッサンをかくとき、わたしは個別化（内的）と反形象化（外的）のふたつの作用の一方から他方に転覆する瞬間をはっきりとみわけることができた。紙の上をはしる鉛筆のえがく線が空間をふたつの領域にわけるが、その領域はまだひらかれている。がやがて、線がコップや灰皿の輪郭となって形象を空間のなかでとじたとき、とつぜん第一の形象と第二の形象が出現する。そしてこのふたつの形象の出現とともに反‐形態の存在があかされ、それがふたつの次元をもった映像としてあらわれてくる。

紙の上にふたつの実在的なオブジェをえがくと、それぞれのオブジェの反形象化作用によってそこから実在的なオブジェとは別な透明なオブジェが必然的にうかびあがってくる。

わたしを魅了するのは、形態と反‐形態がまだためらいあってどちらが優勢になるかわからないその瞬間が内在させている運動性《トロピスム》である。鉛筆の芯をもうすこし先にやってその点をこえると、形態が優位をしめる。その点のこちらにとどまっていると反‐形態が目にみえる唯一の対象、デッサンとわたしの意図の対象となる。わたしは曲線計で描線を計測して、形態の一次性と二次性が逆転するその境界を確定することもできた。

こうしてわたしは運動性《トロピスム》の専門家になった。というのもみえないものをみえるようにすることを自分の目的とするようになったからだ。物体という陳腐な形態とその派生物である反形態という陳腐ではない形態――この両者の境界を画する転覆点はあるせまい境界のなかにひそんでいたが、わたしはその範囲のなかでだけデッサンをするようになった。一見してこの形態切りぬき作業は無意味にみえたかもしれない。わたしがいろんな所から発掘してきた反‐形態は刳り形の連続にすぎなかった。そんな形象に価値をみいだすものなど誰もいなかった。「美しい湾」と言う場合があるが、それは湾のえぐられた刳り形が美しいというのではなく、空と海と岩が一緒にあわさって形づくる海の光景を美しいと言っているのだ……。ブラウスの切れこみ刳り形は通常かくされているものをみせる手段だから関心がもたれるのだ……。いや、実際、こうした刳り形という形態自体は通常はなんの意味ももたない。それにたいして、技術用語ではこうしたものすべてが現前し、名ざしされている。そこでは充満と空虚が一緒にくみたてられ、運動構築物として構成される。形態はそれがおさめられる場所をもち、場所は形態と比して二次的なものとはみなされない。「永久運動」の機械装置はまさしくある形態から別の形態、ある運動から別の運動への移行をできるだけ調和的に実現するところにその要点がある。そしてそれは波及効果とか誘導現象などを考慮した一連の反復によって実現される。充満しているものが空虚になり、空虚が充満となる。円環と鎖、それだけが考慮にいれられる。それにたいして通常の観察においてわれわれは世界をばらばらになった物体や事物が不連続に配置されたものとしてしか知覚しない。ただ事物を製造するときのみ、われわれはこれやあれやをひとつの全体にくみたて、その全体を構造とかフローとか、機械などと名づけているのだ。

通常の視覚において形態がこのような至高の位置をしめているという事実はわたしにはほんとうに謎であった。このようなヒエラルキーはつねに存在していたのだろうか。それとも経験によって、また過去の集団・社会の慣習によって辛抱づよくじょじょに形成されたものなのだろうか。世界を裏がえしにみながらいきることは今でも可能なのだろうか。つまり前景に虚無と透明さとその形象を、そして後景に物質・物体を形態としてではなく背景としておくことが。わたしはこんな風にいきようとたえず努力したのだが、わたしの経験から言ってそれはきわめて困難であり、すくなくともそうとう非凡な意志の力を必要とするだろうことは明白である。

このように世界を知覚する際に透明さを下位におき物体を上位におくヒエラルキーが存在するのだが、それは人間が世界のなかで方向感覚をもつようになるために必要だったからだろうか、それとも逆にこれは人間にとって一種の狂気や幻覚なのだろうか……。とおい過去からうけついだ狂気。太古の時代、ひとびとは無限な（あるいは「未定義な」と言った方がよいのかもしれない）原初的風景のなかで途方にくれていた。それは植物が支配し、形態の豊かな複雑さが繁茂し、すべてが混沌として名をもたないジャングルだった……。生死にかかわる情報（風景の情報や季節による風景の変化の情報）の波のなかで途方にくれていたこの最初の社会はおそらくじょじょに知覚の論理・規則を樹立していったにちがいない。ちょうどわれわれがメートル法や時計を発明したように、社会は自分の空間のなかでの位置を確定するために、あるいはすくなくともそのなかで迷ってしまわないように、形態と背景を発明したのだ。

おそらく洞窟画の目的とはそれだったのだ。われわれはあまりにも安直にそうした絵がわれわれのとおなじような事物の表現だとかんがえている。しかしそれをえがいたひとびとにとって、おそらくそれはまだ背景から形態をとりだすためのたんなる練習にすぎなかったのだ。美しいもの、よいもののはじまりとは自分をとりまく風景のなかで、みるによいもの、食べるによいもののまっただなかで自分のすすむべき方向を知るということである。だから、なぜわれわれはこれまで食習慣の発明や可食植物の選択と洞窟壁の線描画をむすびつけてかんがえなかったのだろう。おそらく洞窟画も選択のためのもうひとつの練習だったのだ。形態や背景が食用可能かどうか、つまり印として交換可能かどうか、輪郭の錯綜した繁茂のなかで目印として利用可能かどうかについての。「遠近法」にはルネッサンスから継承した遠近法ひとつしかないわけではない。われわれなら道に迷って死ぬしかない荒野のなかでアボリジニーやエスキモーは自分の位置を確定できる。遠近法とはたんなる知覚のヒエラルキーにすぎない。そしておそらく、ちがった世界観、文化、生活条件、そうしたものの数だけ、遠近法も存在するのだ。

そうした各文化特有の位置確定法は分節言語に先行したにちがいない。言語は原初的な位置確定法をひきつぎ、後に地名となる初歩的な記号を発明することで始源の連続体の標識づけを容易にしたにちがいない。なぜ形態と背景という二分法がむかしからずっと存在していたと信じつづけているのだろう。わたしは形態と背景が未分離な状態を把握しようと不器用な試みをおこなっていたが、そのためには透明なものを発掘するよう努力するしかなかった。充満と空虚の意味を逆転させるしかなかった。反-形態を前にしたとき、かつて支配的だった反-形象化作用の残存的内容をわれわれは目にしているのだろうか。本当に空虚の価値が充満のそれに先行していたのだろうか。わたしのデッサンや絵はなにより光景の間隙を問うための訓練だった。**光景**はもはやわたしには自明の存在ではなくなっていた。実際、わたしはもう自分の目を信じることができなかった。わたしはこの少々特殊な**無神論**を貫徹しようと決心していた。わたしは知覚の特権を決然として否定した。わたしは縁《ふち》に、岸辺にいた。そうした極点的な場所だけがわたしには関心にあたいする唯一の場所であるようにおもえた。さまざまな岸辺だけがわたしの唯一の祖国であるようにおもえた。わたしはこんな風に宣言したあのユーモア作家とおなじような心境だった。「わたしはなにかの縁《ふち》で瞑想しなければならない。なんの縁《ふち》かはどうでもよい。大事なことは縁《ふち》があるということだ……。」こうしたことから論理的に必然的に、わたしは沿岸地域に、そして建築に、みちびかれていった。

そうした場所ではなにかがおわると同時になにかがはじまる。わたしはそれに文字どおり魅了された。窓辺にたつと建物のシルエットが空のあざやかな青を背景にうかびあがり、その光景がわたしをひきつけた。シルエットの線は鮮明さの度あいがときによって変化したが、そのことがわたしには不思議だった。最終的に反‐形態の出現の度あいはシルエットの鮮明さにかかっていた。輪郭がぼんやりすると、形態と反‐形態はその境界がぼやけてきて、まるでターナーの印象主義絵画のようにその両方が消滅してしまう。わたしはターナーよりもセザンヌの方がすきだった。セザンヌの絵へのアプローチは形態の問題を放棄することがなかったからである。わたしは事物の境界を視覚的に探ろうとしていたのだが、それはブライユ第二点字法とつうじるところがあった。人間のみる行為のなかには意図的な盲目があるようにおもえた。みるという行為はみるというよりむしろみないことであり、なによりも隠蔽の過程、太古からつづく隠蔽の過程であるとわたしは確信していた。つまり、位置確定のためのむかしからの習慣が日常的な映像を形成し、そしてなにかがわたしのためにわたしがみる形象を選択する。ごく普通の視覚にもひそかな意志的作用がはたらいていている。「あらかじめ頭のなかにあるものしかよくみることができない」という格言はそのことをあらためてわたしに確認してくれた。それはわたしを憤らせもした。というのもわたしにとって視覚とはまさしく発見すること、つねに仮面をはぐことであったから。発見をやめること、それは盲目になることであり、過剰露出で目をくらまされることであった。身体的な障害による盲目は光量の不足のためにおこるが、この場合は光量が過剰のためにみえなくなってしまうのだ。しかしわたしは身体障害による盲目と意図的盲目のあいだにおおくの共通点があることに気がついた。障害による盲目の場合、われわれは直接的に映像を剝奪されているが、晴眼者の場合、本当の意味であたらしい映像を発見する自由を剝奪されている。習慣的になった映像が豊富に出現して、あたらしい映像の出現をおおいかくし、生命やあたらしいものの流れや形態の変化を隠蔽するスクリーンとなるからである。ずっとむかしに、制度化された形象が場所を占有し、視覚的把握の舞台の前面をしめ、執拗にその場所にしがみついていた。

わたしの目の前でふるい亡霊たちがはしゃぎまわっていた。われわれが現在おこなっている現実の切りとり方は時代おくれな世界のものにすぎない。かつて、形態があふれんばかりに繁殖した世界では形態と背景の区分のみが自己の位置確定を可能にする唯一の手段だった。しかしいまでは位置確定など自己陶酔的悪徳にすぎない。現代の人間にとって必要なのは標識や目印ではない。標識や目印はおおくなりすぎて、世界全体が秩序のシステムになってしまった。もうずいぶん前から、すべてのものがラベルづけされ、目録に登録され、記録されてしまった。そのかわりに事実上消滅してしまったのが、偶然性であり、そして植物や動物の生命の過剰である。自然的形態の豊かな繁茂はじょじょに社会的領域の組織・規格化にとってかわられた。空間は計測され、地図に書きこまれた。時間はいまや時計で計測されるものとなった。起伏の多様性や地勢は位相幾何学に席をゆずった。森羅万象のあらゆる生物種を収集した巨大な博物館が建設され、恐竜の骨格化石から極小のハエにいたるまで、すべてが博物学の陳列ガラスに整理され、知が無知より優位となり、どんな事物であれその名前を知っている人間がかならずおり、何世代にもわたって専門家たちがいきたものすべての総目録をつくることに腐心している。最後のジャングルはまさしくそれだ。ラベルと数字と日付と地図の茂みがかさなりあってあたらしい風景をつくっている。測地学がうみだした風景。世界は大規模な工事現場となり、起源を発掘しようとするひとびとが掘った穴や構造主義者の建築のための足場しかみえなくなっている。左方、右方、上方、下方と、ほんのすこしの道筋も、ほんの短い道のりも、すべて標識で指示があたえられている。現代人から方向感覚をうばい、道に迷わせているのはこうしたものすべてである。そうした指示は、あまりにもおおくなりすぎたために正当性をうしなってしまった。かつては目印がないために人が死んだが、今日では人は目印の迷宮のなかで死んでしまう。われわれの同時代人の状況は原人のそれとは正反対であり、標識と規則と秩序の繁殖のなかに道をきりひらいていかなければならない。だから知覚の組織化の過程はわたしには時代に適合しないものにおもえた。直接的映像の構成にあたって知覚は現実的に機能しなければならない。みることはふたたびみることでしかないということはありえない。いまのわれわれは**みる人**ではなく**再見する人**でしかない。われわれの生産様式（大量生産）において同一なるものの同語反復的くりかえしがおこなわれているが、それとおなじようなメカニズムがわれわれの知覚の様態においても機能している。われわれはすでにみたものをふたたびみることに時間と生命をついやしている。それこそもっとも陰険な監禁である。同語反復性がわれわれの住環境を構成している。

われわれは相似と類似によって建設する。それがわれわれの建築術なのである。別な風に、あるいは別な場所で知覚し、建築する人間は父祖伝来の仇敵なのである。

われわれはいま資源に不安をかんじ、自然エネルギーが枯渇しないか心配しているが、同様に、いまわれわれが体験しつつある**感覚の枯渇**についても評価が必要だろう。われわれの世界知覚が隠蔽されることによって、われわれはエネルギーの源泉をうばわれることになり、そしてこの相対的盲目さのためにこの上なく貴重な情報の源がみえなくなってしまった。生存しつづけるために生活様式をかえなければならなかったように、いきのびるためには光景をかえる必要がある。「ゼロ成長」について否定的にかたりつづけるだけでは十分ではない。われわれの世界の見方を発明しなおすという積極的努力をしなければならない。自分の視線のなかにこの野蛮な二分法、背景にたいする形態の優位というあやまったヒエラルキーをもっているかぎり、人間の体質は自然破壊、環境破壊、他者や異質なものの排除へと人間をむかわせるだろう。

われわれの視覚は戦場であり、そのなかでは虚無や消滅へとむかうわれわれの文明の運動が明証性のなかにかくれている。「よりすくないとはより多いことである」とミエス・バン・デル・ローエは宣言した。われわれはその言葉を変質させ、意味を逆転させて、砂漠化の文明をつくりあげているのである。

むかしの貴族のようにわれわれは過去の亡霊を観察している。われわれの注意の対象、われわれがながめる光景は美術館に陳列された骨董品のような旧態依然たる形態にすぎない。一八世紀のシーンや過去の形態をみるのに、別段ナショナル・ギャラリーやルーヴルに行く必要はない。朝、目をひらくだけでよい。そうすればわれわれは流行おくれになった観察様式やスタイルの美術館のなかを散歩していることになる。無意識のうちに、われわれはさまざまなタイプの世界把握の型をくりかえしている。原初的な形態と背景の分離、地平線と空の分離、岸辺と始源の大洋の分離から科学的遠近法の構築にいたるまで。

人間はかつて空がおちてこないか心配し、大海の水の塊や運動にのみこまれるのではないかと恐怖した。そのために人間は、生命にとってきわめて重要な連鎖を断ちきってしまったのだ。固体と液体、ガスと鉱物、現前と不在のあいだの本質的連続性を。こうして知覚がおこなわれたその瞬間に視覚が保持しているはずの相対性が破壊されてしまったのである。

第一部

乗客の転生

「妻がいなければ、茂みにはいって、雌馬をおいかけ、それを妻にせよ」

ドゴン族の格言

男性は女性という乗り物の乗客である。誕生の際も、そして性的関係においても。近親相姦タブーが存在するのはそのためだ。近親相姦とは悪循環、どうどうめぐりの旅にほかならない。サミュエル・バトラーの言葉をかりて言えば、メスとはオスが自己を再生産するために――つまりこの世に**やってくる**ために――みつけた手段だ。この意味で、女性は人類という種が所有した最初の移動手段、一番最初の乗り物である。ちなみに二番目の移動手段は（馬・ラクダ・ロバなどの）乗用動物である。移動・共同旅行のために人間と乗用動物という類似性のないふたつの肉体がつがいにされ結合される――これは非常に不思議な現象であるが、荷鞍をつけられるにせよ、人をのせるにせよ、荷をひくにせよ、乗用動物の利用というのはいかにも動物愛好症の模範的産物らしくみえる。とはいえ、そうした動物愛好症も人間が獣性（＝動物性）を拒否するにつれ軽蔑され、わすれさられていくのだが。起源において、女性の家畜化は動物の飼育に先行していた。それは経済の最初の形態であり、奴隷制度や牧畜よりも前に発生した。そして原初的な狩猟の段階をこえて、戦争のために組織された父権的社会（牧畜社会）へとむかう運動の端緒となった。実際、後に戦争となるものが姿をあらわしはじめるのは狩猟による殺戮の段階がおわってからだった。とりあえず生存することを目的とした**動物狩**が**女性狩**となり、そして最後に**男性狩**（戦争）となる。しかし女性狩は屠殺・殺戮ではなくメスの家畜群の捕獲を目的としていた。つまりメスにかんしてはエネルギーの浪費はやめられたのである。ただオスは依然として殺され、消費されていた。オスの狩りによる屠殺がやめられるのは農業が開始される段階になってからで、そのとき、男性捕虜が捕獲されるようになり奴隷制度が正式にはじまる。

暴力の対象がこんなふうにして変化していったという事実は考察にあたいする。というのも戦争が異種動物との対決からではなく人類というおなじ生物種のメンバー間の葛藤から発生したように、戦争技術の高度化も異邦人との戦いによってではなく社会内部の戦いをとおしてなしとげられたからである。

家父長制は女性捕獲とともに出現し、ついで家畜飼育とともに定着し完成する。牧畜段階の特徴であるこうした暴力経済において、**美女**が**野獣**に先行する。男性が支配的性となることができたのは女性と動物という二種の家畜群が併存したからである。しかし狩人の変貌をもう一度検討しよう。家畜化は捕食の延長線上にあるもので、その完成である。血をながすこと、即座に殺すことは暴力の最大限の活用（つまりその「節約」）という原則に逆行する。だから原始の時代の直接的対決と殺戮からはじまって、やがて狩人は選択された生物種の運動をコントロールするだけになり、さらに最初の「召使い」である犬を補助として半野性の群を保育するようになり、そして最終的にその繁殖、飼育、調教へといたる。女性の家畜化はこのプロセスのなかでおこる。動物以前に女性が荷役動物として利用されたのである。動物の群同様、女性は畑ではたらき、男性にコントロールされ、監視されていた。戦闘のための移動の際にも、家畜化されたロバがつかわれるずっと以前から女性が荷物をはこんだ。女性が唯一の「輸送手段」だったのである。このように女性が荷物の運搬をおこなうことによって、それまで非能率な作業を強いられていた狩人は同性同士の対決に専念することができるようになる。つまり**男性を狩る人間**、戦士となるのである。

　自由のなかでも第一位をしめるのは運動の自由であるが、〈荷役－女性〉は〈狩猟－男性〉にこの運動の自由をもたらす。しかしこの自由は「余暇」ではなく、運動性能の向上を意味するのであり、そして運動性能とは、原始的な狩猟をこえて、戦争をおこなう能力にほかならない。家畜化されたメスは**最初の兵站支援手段**であり、狩人を補給業務から解放して戦闘遂行を可能にする。侵略者が侵入し征服した領域はその力がよりよく伝達され、移動がより容易になるよう整備される。それとおなじように女性は捕獲され娶られると即座に輸送手段へと変身させられる。その背中、その腰は移動のための装備のモデルとなり、この下部構造《インフラ》、この褒めそやされ、打たれる尻からすべての自走手段が誕生し、征服と侵入の欲望のすべてがこの〈自家用〉旅行機械のなかにみいだされる。女性はまず妊娠という荷役作業をし、ついで赤ん坊を運搬し、さらに荷物一般をはこぶ仕事をおこなう。つまり女性は戦士に時間をあたえるのだ。ときに**楽しい時間**を、しかしなによりも**解放された時間**を。

この点では、異性で構成されたグループは同性的集団よりも人を殺す戦争においてより強力な存在となる。女性が純粋に兵站的役割をになったという事実が家父長制出現のために決定的に重要になる。生殖や性慣習以前にこの点で両性性は真の「生存のためのモード」として自己を主張する。遊牧生活において、生存は獲物・牧草地・敵の追跡と同意語になる。グループが生存できるかどうかは運動に適応する能力にかかっている。獲物や敵にたいして獲得される「時間的優位」がグループをまもる「要塞」となるのだ。かれらは農耕定住民のように「敵の進軍をふせぐ障害」などつくらない。ただ疾走とそのための手段があるだけである。つまり荷役動物としての女性や雌馬である。もっとも、やがてはさらにより高度な移動のための装置がその役割をになうようになるだろうが。女性は男性に荷物をはこぶ背中とともに時間を提供することによって、「男性の未来」[1]となったのであり、その運命、その目的地となったのである。この最初の家畜群のおかげで、狩人＝家畜飼育者は軍事用語で言うところの「十分な許容積載量」を有するようになり、そのおかげで戦闘行為をよりながくおこない、またその成果をより十分に利用できるようになる。というのも獲物をその場で消費する必要がなくなるからである。

（1）アラゴン

グループの移動能力が低かったために可能性が制限されていた戦闘もより拡大する。というのも女性は戦士のために投擲武器を運搬し、補給をするからである。乗用動物が飼育されるようになると、その積載許容量も速度も女性の人体という生理的乗り物よりもすぐれているから、戦争はよりいっそうながくつづき、より広大な地域で展開されることになる。

マヤ文明を例にとろう。ユカタン半島ではスペイン人がくるまで戦争は短期間でおわった。というのもアメリカ大陸ではまだ女性が唯一の運搬手段だったから。ところが、ほんの一握りの馬にのった侵略者集団に占領されたとき、インディアンは前代未聞の壊滅をとげた。これは金属武器の存在や原住民の精神状態だけでは説明がつかない。数十人の騎馬兵士によってひとつの文明全体が消滅させられたのは、征服者が被征服者にたいしてもった時間と速度のずれのためだった。アメリカ大陸に馬が導入されたこと、おそらくそれがひとつの民族、ひとつの文明絶滅の原因だった。かれらは征服者とおなじ場所で戦ったのだが、ちがった時間の単位のなかにいた。スペイン人は「走行《ドロモ》体制《クラシー》」的優越性をもっていたのだ。そしてそれはつねに数の劣性を穴うめする力をもっている。

要するに、女性は最初の戦闘の延長の原因となった。女性は最初の「輸送革命」をもたらすことによって、狩人が自己陶酔的同性愛的決闘という猥褻行為に専念することを可能にする。この人間同士の戦闘は猛獣との戦いよりずっとおそろしいものだった。なぜならそれは戦術、戦略両面にわたる継続的革新を要求するものであるから。女性が家畜化されることにより、人間にとって**餌食**ではなく**敵**を発明することが可能になった。それから戦闘の延長はさらにつづけられ、荷役動物、**乗**

用動物の発明、騎馬、荷車そして交通基盤整備の必要性とつづき、それがメソポタミアにおける**道路の発明**をもたらし、やがては鉄道網へとつながる……。しかしそれはずっと先の話で、生物ではなくテクノロジーを利用した輸送革命がおこる時代のことである。一九世紀に人間は馬から**おりて**鉄道に**のる**ようになった。それは奇妙なことに自分たちが類人猿の子孫であることを人間が発見した時代のことだった……。ここでわたしは時代をさかのぼって、男性が女性の腕や背中からおりて、**乗用動物**にのるようになった時の様子を想像してみることにしよう。

出発するということは失うということでもある。出発するとき、われわれはホームや港を放棄するばかりではなく、平穏さも放棄して、**速度の暴力に我が身をゆだねる**。速度とは乗り物がうみだすおもいもかけぬ暴力であり、それは通過するすべての場所からわれわれを乱暴にひきはなす。われわれはひとびとと陶酔を共有しながら速度に身をゆだねる。

出発とはわれわれから接触や直接的経験を剝奪し、ひきはなすことである。乗り物という媒介物は移動する身体をひきさき、拷問し、乗客からいきた感覚を剝奪する。ひきずられ、移動の暴力のなかにとじこめられて、われわれは加速度、すなわち直接性の喪失を経験する。速度は暴力をともなうから、目的地《デスティナション》であると同時に運命《デスタン》ともなる。われわれはどこにも行かない。われわれはただ出発し、速度の空虚を獲得して、いきた現実からひきはなされることに満足しているだけなのである。

「乗り物に乗る《モンテ》（＝上る）」という言葉がこのことを明白にしめしている。われわれは馬や自動車にのる。つまりわれわれは上に**上がる**ことによって、身体の運動性を拡張する義肢によって誘拐《アンルヴェ》され（＝上に上げられ）、拉致されるのである。**誘拐・拉致という行為が加速化された移動の核心に存在している。**速度の暴力に身をゆだねる旅行者とは「移送された人物」、つまり文字どおり強制収容所抑留者なのである……。ところが、この近代的移動様式について人は誤解しているようにみえる。つまり移動の加速化が前進や進歩と同一視されているのである。われわれは運動の歴史のなかで奇妙な袋小路にはいりこんでしまっている……。移動が進歩と同一視されてしまっているから、乗用動物にのった騎士は地面からはなれて空中浮遊し、一種の昇天を実現したとみなされてしまう。しかし実は乗客は、自分自身の運動能力を剝奪されて、走行速度の人質となっているだけだ。乗客の運動器官の疲労をやわらげる乗用動物は鞍の存在によって可動式イスと似たものになる。つまり乗用動物も家具の一種なのだが、それは馬に牽引された家具であり、イスのように静止状態の身体を支援するのみならず、移動中の身体をも補助する。

　乗用動物の発明はいわば運動する身体の策略のようなものである。移動中、われわれはあまりにもながくおなじ姿勢をつづけることから生じる不都合（座席の上で肉がおしつぶされてしびれたりする）をさけるためにその場で四肢の重みを移動させるが、それとおなじように、鞍をつけた動物にのって移動するとき、われわれは運動速度をたくみに利用して歩行移動の不便さからまぬがれようとしているのだ。ほんのちょっとしたものから大々的なものまで、さまざまなずれや逸脱を利用して、われわれは肉体とかくれんぼ遊びをしている、支援・快適さ・ささえ・心地よさなどと呼ばれるあのかくれんぼ遊びを。**動物としての身体をあまり意識しないですませるために移動中われわ**

れはたえずその場で体をうごかすが（運動性）、それとおなじように空間のひろがりを意識しないですませるために、われわれはすばやく、乱暴に旅行する。

つまり無重力の理想状態がたえず探求されているということなのだが、これは支配をめぐる諸問題の核心にかかわっている。古代英雄時代における馬の出現はこのことを十二分にしめしている。騎馬的ヒロイズムにおいて、馬は生者の保護者であると同時に死者をはこぶものでもある。しかし、フェルナン・ブノワ[2]が自問しているように、「馬が生者の保護者なのはただ、馬が死者をはこぶものでもあるからではないだろうか？」このテーマはキリストをはこぶ者で、自動車の守護聖人でもある聖クリストフォルスの伝説にもあらわれてくる。駿馬の速度は騎手をその追跡者からのみならず騎手自身の弱さからも保護する。**乗用動物は乗り手をその身体的脆弱さから保護する。**しかし保護とは同時にその不適格性の宣言でもある。だから馬や鳥[3]は権力や支配の予兆であると同時に死の予兆でもあるのだ。支配するためには、まず駿馬の神聖な速度と一体化し、一時的に死んで自分の魂を喪失し、瞬間的に転生して馬そのものに変身しなければならない。「乗馬した（＝上った）」者は地面にとどまるものを上から見下ろす《ドミネ》（＝支配する）。かれは乗用動物にのり、目の位置の高さがたかくなったためだけではなく、乗用馬の運動能力を自分のものにしたことによっても、そしてとりわけそのためにこそひとびとを上から見下ろす《ドミネ》（＝支配する）ことができるようになる。かれの敵はもうかれからにげられなくなる。かれは敵を狩りたて、敵をとおくまでけちらしていく。**馬の戦闘能力とは、にげる敵をけちらし、皆殺しにすることである。**爆発物が壁や要塞に穴をあけるように、騎馬隊の突撃は歩兵の密集軍団に穴をあける。

(2) F・ブノワ『騎馬的ヒロイズム』、オフィール、一九五四
(3) 中世における鳩小屋とその政治的・経済的機能をみよ。

徒歩で戦う歩兵と騎馬で戦う騎兵のあいだには速度と暴力の能力にかんして差が存在し、そのために前者はその価値を喪失してしまう。ちょうど、荷役動物が荷役女性を無価値な存在にしてしまったように。もちろんそれも、あらたな能力差をもったものがあらわれ、生物利用の乗り物全体が価値なき存在となって、工学にもとづいた移動手段が支配的になるまでのことだが。

速度の暴力とは皆殺しをする力にほかならない。乗用動物にのり、速度に拉致された乗客とは騎乗する死者にほかならない(4)。騎乗する(上に上げられる)と同時に誘拐された人間はもう現実的には自分にたいする支配権を完全に喪失し、全面的に駿馬の暴力に属する存在となる。「敵陣を奪う《アンルヴェ》(=上に上げる)」という言葉は軍事的にはあるポイントを通過することによってそれを自軍のものとすることを意味する。同様に、馬で「疾走する《サンルヴェ》(=上に上げられる)」ということは騎手にとって、地上を去り、加速化された彷徨のなかで足場をうしなって呆然とすることを意味する。

(4)「みよ、青白い馬が出てきた。そして、それに乗っている者の名は『死』といい、それに黄泉が従っていた。」(『黙示録』、第六章、第八節)

速度は老いや死に似ている。死とおなじように速度も人を家族からひきはなし、拉致する。動物や自動車にのること、それは出発の瞬間に死に、到着のときに再生すること、つまりほんのすこし

死ぬことだ。乗客の期待のなかで、速度は早すぎる老いと同一であり、運動が加速されればされるほど、時間は早くすぎさり、環境は意味を喪失し、移動は悪い冗談になる。よく言われるとおり「短い旅行がよい旅行」なのである。乗客は死者のようになって、もうこの世のものではなくなる。**移動の自由**（ヘビアス・コーパス（訳注：英米法の「人身保護令」））が自由の第一のものであるとしたら、速度の解放、**速度の自由**は自由の最終形態である。[5] 実際、レースは猟の昇華として歴史のなかから出現した。速度は狩りを、運動は虐殺を継続している。走行体制《ドロモクラシー》の階級制度があたらしい貴族層をうみだす。「位高ければ徳高かるべし《ノブレス・オブリージュ》」ならぬ「速度高ければ徳高かるべし《ヴィテス・オブリージュ》」である。レース社会であり、狩猟社会である走行体制においてまさしく狩猟（社会的・政治的）が暗々裏に組織される。速度が暴力のもたらす利益となり、富による階級制度の背後に速度による階級制度がかくされている。それは最後の「暴力経済」である。「輸送革命」のなかでたんなる騎乗といった問題をこえて、生物種の変身が進行する。人類史の起源の時代におこった騎乗という変身物語はケンタウロスの神話に、[6] さらには自動車ドライバーの神話のなかにも表現されることになる。

（5）それを確認するためには高速道路システムの規則と規制の総体をあげるだけで十分だ。

（6）G・デュメジル『ケンタウロスの物語』、ガントネール、一九二九

速度の進歩は暴力の解放にほかならない。すでにみたように飼育や調教は暴力経済の諸形式である。あるいは暴力経済を持続可能にし、永続させる手段であると言った方がよいかもしれない。殺戮をやめ、飼育や調教によって生体エネルギーを保存するようになったということは暴力がおわっ

たということではなく、暴力が別の方向づけをされたということを意味する。すなわちそれは**暴力を時間のなかで延長する手段**なのである。そして**永久運動**実現のためのながい努力の産物である工学的エンジンがついにその暴力を解放するであろう。とすれば、二種類の疑問がうかんでくる。動物が乗り物になり、その肉体がエンジンになりうると、どうしておもいついたのだろう。

どんなふうにして原始の人間は自分を馬と連結させるという欲求をかんじるようになったのだろう。どういう種類の誘惑がそこではたらいたのだろう。

人間は異性愛において自分とは**ことなる身体**を欲求するが、それにつづいてあらわれたこの**完全に異質な身体**にたいする欲求はおおくの点で重大な出来事であるようにおもわれる。乗用動物の獲得は火の発明にも比肩しうる発明であるが、この事件をめぐる記憶も動物にかかわる事象一般をとりまく忘却のなかに沈んでしまった。

原始的な狩猟はその場での摂食を目的とした殺傷をおこなう。だからそれは動物嫌悪症的態度を特色とすると言える。それにたいして動物を調教して乗り物としての機能をもつようにするということは、そうした**動物嫌悪症的態度**から、**動物愛好症的態度**へと移行することを意味する。

このとき、ひとびとはどんなふうにして生存の必要性という問題をのりこえることができたのだろう。どんなふうにして動物のなかにいきた食料備蓄という観念をこえてエンジンの存在を発想するようになったのだろう。どんなふうにして食用ではなく輸送手段として動物をかんがえるようになったのだろう。

走行用の大動物の維持には費用がかかるが、そこにはいかなる経済が、いかなる生存様式がかかわっているのだろう。

　機能面からかんがえれば捕食が家畜化に移行するのはほとんど必然的であるようにおもわれる。流血は暴力の浪費である。半野性動物の管理さらには飼育は第一のタイプの節約を実現する。つまり、家畜化は狩猟者の生存に必要な**エネルギーを無駄に浪費せずとっておく**ためのひとつの形式なのである。しかし乗用動物の調教とともにさらにそれは変化する。ここでは飼育者に変身した狩猟者の暴力が節約されるわけではない。狩られる動物のエネルギーが節約されるのである。動物を乗用に調教することによって、運動エネルギーを、つまり馬のタンパク質ではなく、速度を保存する。こうして人間は直接的生存経済から間接的生存経済へ、そして**いきのこりの経済**へと移行する。移動用動物は実際上、戦闘の場合にしか役だたないからである。乗客はもはや**寄生者**でしかない。走行用動物の身体は最初の**速度製造機**、エンジンにほかならない。**蒸気機関**の力をしめすのに現在でもまだ「馬力」という言葉がつかわれているのはその証である。

　猟において**狩人**は片っ端から屠殺して野生動物の運動を停止させるが、家畜化において**飼育者**は速度を保存するだけで満足する。そして最後に、調教によって**乗馬者**は、運動に方向をあたえ、加速をうながして自分をその運動と合体させる。死の欲求から合体の欲求へ――ここには**いきたままでの輪廻転生**という現象が問題になっているようにおもわれる。最初は対峙していたふたつの存在がただひとつの肉体となる。結婚におけると同様、ふたつの身体の合体というエロティックな欲求が人を出発へといざなうのである。

　しかしこの瞬間、走行は狩りの上位形態に変化する。すなわち**彼岸へとむかう狂奔的暴走**に。肉体的・領域的・動物的身体の彼方にあるものにむかっての暴走——この狂気と憑依のイメージは中世の信仰であの「悪魔的狩り」となり、そしてそこでは馬は黙示録的ひろがりを獲得する。実際、黙示録において四人の騎士は時間のおわりと歴史の終末を象徴しているのである。

走行速度は距離を廃棄するが、彼岸へとむかう狂奔的暴走は時間の消滅を意味する。馬の速度は《終末》にたいする恐怖を象徴している。実際、恐怖と速度がむすびついていることに注目すべきである。動物界において速度は恐怖の果実であり、危険の結果である。実際、運動の加速化による距離の縮小は生存本能がもたらすものである。**速度は恐怖の産物にすぎないのだから**、暴走とははげしい後ずさりにほかならず、それを誘発するのは逃走であって、攻撃ではない。したがって人がつねによりおおきな速度を獲得しようとするのは不安曲線がつねに増大のカーブをえがいているからにほかならない。その意味で、速度発生装置を生産することによって「輸送革命」は一九世紀に恐怖を産業化したと言える。**エンジンは恐怖を生産するのである**。移動の速度は逃走の洗練化にすぎないのであって、三〇年代のファシスト哲学が主張したように攻撃の洗練化ではない。（ファシスト哲学はこう言う。「すべての偉大さは攻撃のなかにある」、つまり身体、とりわけ領域的身体の彼方へむかう狂奔的暴走のなかに。）しかし「未来派詩人たち《フュチュリスト》」には残念なことだろうが、その作戦行動は前方への逃走（訳注：無謀な企て）にすぎなかった、つまりできるだけおわりを先のばしにしようとする試みであって、未来にむかった企てではなかったのである。

距離は場所であるが、同時に身体でもある。殺到する《フォンドル》こと、突進することはまた同時に、溶ける《フォンドル》こと、溶解することでもある。われわれはここでふたたび戦闘用の馬（スケダソス）の乗り物的機能をみいだす。それはけちらし、敵をとおざけると同時にみずからも慣れしたしんだ風景をこえて、とおざかっていく。

北欧にこんなことわざがある。「恐怖は残酷である。それは殺すことはないが、いきることをさまたげる。」狩りが走行に昇華され、さらにとどまることの禁止へと最終的につながっていく。

運搬手段の発明に話をもどそう。非常に早い時期から、狩人は動物の動きの早さに驚嘆し、獲物の瞬間的な反射運動に魅了されていたにちがいない。また逆に、野獣や敵におおいかけられて自分の運動を加速できたとき、それが本当の変身にひとしいことを理解したにちがいない。かれは恐怖のなかに力がひそんでいること、恐怖によって自分の力が何倍にも増加し、恐るべき「軍事力」を偶発的にそなえるようになったことに気づく。加速された運動への適性がいきのこりへの適性にほかならないことが自覚されるのだ。殺害に特化した道具が発明される以前、戦う身体にとって運動とは投擲武器にとっての射程距離のようなものであった。そこで問題になるのは危機的距離という概念である。すなわち相手の身体を武器で貫通できる距離にいるかどうかというだけではなく、安全な距離にまで後退可能かどうかという問題である。

それに、手にもつ武器がながくなっていったのは、騎馬隊が発達した結果であるという点にも注目すべきだ。道具が人間の身体を**延長**し、投擲武器がそれをさらに延長することになるが、乗用動物や乗り物の発明は人間の身体の延長を最大限にまでおしすすめる。乗用動物とは戦士の最初の「投擲器」であり、最初の武器システムである。「紀元前二千年紀の初め頃エーゲ海地域でつかわれていた銅製短刀がもっとながい武器である短剣になり、それが中央ヨーロッパ全域にひろまった。

短剣は歩兵にとってたいへん価値のあるものだったが、騎兵にはもっとおおきな武器が必要だった。こうして銅器時代の最後のころ騎兵のために短剣から長剣がつくられた。」フラー将軍（訳注：イギリスの軍人、軍事理論家）はさらにつぎのように述べている。「槍や長剣で武装した騎兵の数がおおくなるにつれ、ステップ地帯の住民の戦争用武器である槌や斧は消滅していった。」実際、槌や斧は武器というより道具であった。**延長**によって狩猟用の短刀が特製武器に、杭が槍になった。つまり一連の多目的に使用された義肢が放棄され、「武器」に特化された道具がつかわれるようになったのだ。孫子によれば武器とは「凶兆」の道具、つまり文字どおり卑猥な義肢である（訳注：「卑猥な《オブセーヌ》」という言葉は語源的には「凶兆の」という意味をもつ）……。このように武器がながくなっていったのは、後退を可能にすることによって、乗用動物の速度と高さに対抗するためである……。先にみたとおり、馬の飼育・調教以前、女性が決闘を延長して戦争を可能にすることに貢献したが、馬の出現とともにこの延長作用は戦争とその持続時間にのみおよぶのではなくさらにその手段全体にまでおよんだ。つまり武装や補給、下部構造《インフラ》等々にいたるまですべてが延長される。

時間的空間的に延長するということは防備・防衛することとおなじである。農民特有の「長期戦（＝延長された戦争）」は現代にいたるまで存続したが、それはこの女性から馬へ、さらに車や道路への移行にすでにあらわれていた。軍事空間はひろがり、乗用動物の寄生者である騎手は移動機械に席をゆずり、人馬のカップリングにかわって馬は車につながれるようになり、馬車の出現で道を整備することが必要になる。馬車がとおれるようにするためにはそれまでの道を補強しなければならないが、それは空間の空虚化、砂漠化だ。最初の「軍事防御帯」である道路は戦争用馬車の「神聖なる速度」にささげられた直線状開墾地帯、車によってつくられた焦土、表土をかきとられ、つるつるにされた地面にほかならない。メソポタミアの道具的道路は通過する地帯とは完全に独立した存在であろうとし、幾何学的抽象性と均一性と単方向性に支配されていた。**速度は空虚を生じさせ、空虚は速度を誘発する。**

鞍をのせて荷物をはこんだ荷役動物から引き綱で荷車につながれて荷物をはこぶ輓馬へ。この引き綱はさらにのび、くねくね道となり、さらに延長されてまっすぐのびる道となる。運動の暴力を誘発する直線的移動の原型となるこの直線的道路は「静的乗り物」であり、恐怖の速度の記念碑にほかならない。長剣や槍の前方にのびる鋼鉄、レールや道路のように衝撃と距離化の運動のなかで地平線にむかって逃走していく白刃、こうしたものはすべてひとつのおなじ暴力、おなじ恐怖の印なのだ。

これもやはりメソポタミアの話だが、「走行戦争」の技術とむすびついた土地獲得様式が存在した。つまり君主が運動エリートに土地をあたえるのだ。**すばやく通過するものが土地を所有する。**また、戦車の操縦士は行政上の重要な職務をにない、その乗組員も中央権力のために包括的な監視業務をおこなっていた。ローマの初期共同体では貴族階級に属する飼育者は**種馬**となるという観念がみられるし、さらにローマの騎士階級の成立や国家による「公用馬」の授与をみると、この速度エリートが実際は軍事・経済エリートでもあることに気がつく。ローマの騎士階級のあいだには県知事や護民官のみならず「軍需商人」もみられる。これについてニコレはつぎのように述べている。「この非常に影響力のあった第二の貴族階級は公的生活や裁判所で非常に重要な財政的・政治的役割をはたしたが、もともとの軍事的性格もけっしてうしなうことはなかった。[7]」「騎士銀行家」は動産や運搬可能な財産を管理していた。かれらが富裕になったのは移動とその速度のためである。戦争の利益は価値の携帯的性格からしょうじ、戦利品の移動がなければ戦争は無駄なものとなる。経済的にははこびさるものがなにもなければ利益は消滅するのだ。

(7) ニコレ「騎士階級について」、『ローマにおける戦争の諸問題』、ムトン、一九六九

要約すると、「狩人=飼育者」から騎士や戦車操縦士をへて「水夫=海賊」にいたるまで、運動エリートたちはひとつの階級を形成していたのだが、この階級のことはあまりよく知られておらず、また過小評価されてもいる。しかしこの運動エリート階級なしには富の蓄積は不可能だっただろう。移動の媒介手段(乗用動物や船)にエネルギーと速度が蓄積されることは富や財産が資本化されるためには不可欠だったのだ。この走行体制的《ドロモクラシー》「走行社会」が表舞台にあらわれない裏社会的性格をもっているという事実は時代をこえて遂行されるベクトル的政治の戦略的次元をさししめしている。

乗客が自動車の室内にとじこもるのはメタリックな身体を欲しているからである。つまり太古の時代の〈人と馬のカップリング〉の行為をくりかえしているのである。それはまるで唯物論的西欧が、輸送革命をとげることで、輪廻転生を身体の現在のなかに具現化させたかのようである。誕生や死による転生をまつことなく、移動産業はここからそこへ、一方から他方へ、移動を加速する。

そしてわれわれは速度の差という壁にへだてられ、移動のエネルギーのなかにとじこめられて、出発準備をする。われわれは若造《ガ》とかあばずれ女《ガルス》であるというより駅《ガール》なのだ。

国土は選ばれた《エレクション》場所ではなくなり、ただ放出《エジェクション》の場所となる。それはたえざる沿岸航海がおこなわれる**へり**となる。下船、乗船、**のりつぎ**、――こうした技術のリズムがわれわれをたえず構成し、解体する。スピード違反が教習所になって、そこでわれわれは反射行動、反作用をまなぶ。かつてファシスト作家マリネッティーが書いたように。

《わたしの心はいかなる疲労もかんじない。
火と敵意と速度によって養われているからだ。》

偉大なる乗り物（訳注：この表現は「大乗仏教」も意味する）

「鉄道網全体で秒にいたるまで時間厳守できるようになれば、新世界建設のためのもっとも有効な道具を人類に提供できることになる。」

鉄道技師オーディベール

動物を乗り物として利用するようになって、人間はもっとも初歩的な形の相対性を手にいれた。人間の土地がかつての姿をとりもどすことはもうない。馬の速度がすこしずつ人間を自分の土地からひきはなす。**場所**は出発点や到着点、離岸したり接岸したりする岸辺となる。表面が**へり**にすぎなくなり、ひとは馬にのりながらその**へり**にそって移動するだけになる。馬上にいても、馬からおりても、騎手にとって国土全体が埠頭や桟橋、「中継点《リュプチュール・ド・シャルジュ》(8)」にすぎなくなってしまう。こうした変化の兆しはすでに女性による輸送革命の時代にあったのではあるが。

(8)「中継点」というのは乗り物ののりつぎをしめす専門用語

女性の身体はまだたんなる仮設の**架け橋**にすぎなかったが、より広大な空間の踏破を可能にする動物の身体は**本格的な橋**、それも可動橋である。馬の身体は騎兵隊長の、そしてひいては君主の象徴となる。君主とは動物のエネルギーを捕捉し、方向づける最高神官にほかならないからである。定住民がアーチ橋をつくるずっと以前に、馬の身体は堀をまたぎ、河をこえていた。つまり馬は橋の建造のための下書きのようなものだった。敵をけちらす馬(スケダソス)にはたんに象徴的機能だけではなく、交換機能もある。馬は「立体交差点」であり、文字どおりの意味で**インターチェンジ**である。ちなみにカバラの伝統も馬にそうした機能をみとめていた……。最後に、橋《ポン》は**港**《ポール》もうみだす。積み荷をおろす港で、動物は鉱物化して、**扉**《ポルト》(=入市門)という建築術的装置に変身する。扉(=入市門)とは移動するキャラバンにとってまさしく「地上の港」である。それはまた変速機でもあって、そこで、運動の値が入市税として換算される。これは、都市の城壁がキャラバンの騎馬隊の突進《リュプチュール・ド・ラ・シャルジュ》を妨害する力をもっていることを経済的行為として表現しているにほかならない。実際、都市要塞がじょじょに発展したのは騎馬隊の「極限荷重《シャルジュ・ド・リュプチュール》」のためである。(訳注:解題三一七ページ参照)つまり、ちょうど埠頭が海の襲撃に対抗して築かれたように、都市要塞は動物の群の襲撃をうけるにつれて、その襲撃の強度におうじて補強され建築されるのである。実際、障害物をたて、かろうじて通行を可能にしているジグザグ通路式入り口は要塞化された港の入り口に似ている。**城壁都市をまもる塔においても港湾要塞の塔においても、おなじような「清算（＝流動化）」という操作がおこなわれている。**（訳注：「清算《リキダシヨン》（＝流動化）」、つまり流れを円滑にすると同時にコントロールし、運動を経済的価値に換算して「清算」する）「扉」（＝入市門）の場合には、入り口周辺を工夫することで通行人の流れの混乱をコントロールする。一方、「港」の場合には船をはこぶ波をコントロールすることが問題になる。この場合、対抗すべき相手はふたつある。港はまず埠頭を築いて水の動きや潮から自分を保護しなければならないが、さらに船の行動にたいしても防備をする必要がある。ヨーロッパの内陸都市において、入市門は「干上がった港」にほかならない。都市周辺をかこむように配置された防衛施設は都市近郊の平地帯におかれている。さまざまな動きをより容易にコントロールできるよう、段差のある土地はけずられ、たいらにされる。内部・外部の運動のクラッチをいれたりはずしたりする機能、――港や税関もそうした機能をもつのだが、それは西洋の要塞術にとっては本質的要素で、現代の駅や空港にもそうした要素は依然としてのこされている。

鉄道の都市攻囲術はネットワーク理論へとつながる。地上交通路にかんして、鉄道に比肩するネットワークがあらたにできるのはずっと後に高速道路網が建設された時であるが、レールという白刃が発射（＝投影）されることによって、攻撃のベクトル的政治学の完成がうながされるだろう。

そもそもすべての永続的建築物についても言えることだが、要塞というのりつぎ点《リュプチュール・ド・シャルジュ》（＝突進妨害装置）の存在は、その建設をうながす原因となった極限荷重《シャルジュ・ド・リュプチュール》の存在を隠蔽してしまう。輸送《トランスポール》と港《ポール》の弁証法――それは矛と盾のそれとあらゆる点で比較可能である――は、税関という問題があるにもかかわらず本当の意味でその存在が認知されていない。フロンティアの問題は「住宅《ロジュマン》問題」にとどまりつづけ、運動と速度の前線の問題としてとらえられることがない。（訳注：ここでは「都市のフロンティア」である郊外が想起されるべきだろう。『速度と政治』（平凡社）一六ページで外部侵略を妨げる都市城壁を前にして外部からの運動の流れが滞留する場所として「郊外」が言及されている。郊外に労働者居住地域ができるのはこの流れの滞留のためとされる。「税関という問題」については当然、先にあった「入市税」を想起）

　要するに、騎手が馬にたいしていだく結合の欲求は結婚の通過儀礼と比較可能である。結婚においても相互連結と出発とがむすびついている。それはいまだに結婚式でおどるダンスの歌詞のなかに**騎士**と**女騎士**という言葉がのこっていることからもわかる……。しかし、むかし、騎士が英雄視された時代に、馬は不在の騎士の現前を示唆していたが、現在、ダンスのカップルは馬の不在を示唆している。ダンスのリズムにおける動物媒体《ヴェクトゥール》の忘却にわれわれは懸念をかんじるべきである。性的結合が接触行為をおおいかくしてしまっている。握手、肩に手をおいたり腰に腕をまわしたりすることから集団作業や遊技での身体の接触、あるいは前世紀の動物の動きをまねた「ギャロップ」や「カドリーユ」と呼ばれるダンスでの二人一組のステップにいたるまで、肉体的結合の前段階の身体的接触の影があまりにも薄くなってしまっている。ダンスにおけるこうした二人一組の連結動作のそれぞれは性的結合の前段階をしめしているのであり、実質的であると同時に感情的なのりつぎ動作を演出しているのである。ダンスにおいてはつねに、身体的近接性が演じられると同時に問題化されている。この意味で、**人間の身体に直接連結される動物パートナーの発明は外婚制と比較可能な、さらには不可分とも言える出来事であるようにおもわれる。**

　騎手と馬との結合は変身システムの一要素である。ふたつの身体が接ぎ木されてエンジン性能を向上させる。騎手は運動のガイドとなる。予測する精神である騎手はまた拍車というヨーロッパで発明され、封建時代の騎士道の中心的シンボルとなったもののおかげでアクセルの役割もはたすことになる。

馬にのった人間という融合＝連結体の複合装置は異性カップルという外婚的単位を補完するものである。

馬体と人体の外婚的結合は外婚制的異性カップルとおなじような外的調整によって実現される。すなわち女性は**よそ**からやってくる。女性は誘拐され、しばしば乗用動物がそのための運搬手段となる。たとえば古代中国では婚約者の女性は宗教儀礼でもちいられる車にのせられるが、これは法律的観点からは婚姻成立のためのもっとも重要な行為とされる。この事実は**旅行と結婚がどれだけむすびついているか**をよくあらわしている。それはまるで外婚制的結婚が異邦人同士の共同旅行の象徴でしかないかのようである。

したがって三種類のカップルの存在をかんがえなければならないが、三番目にあげるものは言及されることがあまりない。

・決闘における同性的カップル
・結婚における異性的カップル
・旅行における超性的カップル

略奪結婚の制度化は誘拐の論理から生じるが、狩りの代替物である走行の加速化された運動もこの誘拐《アンレヴマン》（＝上に上げること）の論理を内包している。（訳注：本書三五ページ参照）移動媒体として動物の身体を家畜化することによって人間は地理的・領域的身体から離脱するのだが、これは脱社会化の端緒でもある。昨日までは、**近所**がひとつの統一体を形成していて、毎日くりかえし出会うことで他の人と知りあいになり、また知りあいとして認識していたのだが、移動革命により隣人は偶然にしか出会うことのない「亡霊」になる。われわれのすぐそばに見知らぬひとびとがひそんでいるのである……。交通網整備はグループ間のよりよいコミュニケーションや交流の改善を実現するだけではない。それはまた他者の**束の間の現前**という特殊な現前形態をうみだす。一瞬のあいだ隣りあわせになった人間が永遠に消えてしまう。たえず移動しているために同胞がとつぜん消滅するという事態がくりかえされ、それが習慣化してしまう。これは社会との遊離という悲劇をもたらす。つまりほかの同類の肉体的現前がリアリティーをうしない、ちかくにいる人間がたんなる通行人、行きずりの人となってしまう。映画とは運動映像《シネマ》のことであり、それは映画の発明をまつまでもなく何千年も前から存在していたが、他者はそうした運動映像と同一視される。騎手ははかない存在となり、網膜の残像とおなじような現象にすぎなくなる。走行の非現実性が身体の物理的リアリティーを追放する。存続するのはただその記号だけである。これはおそるべきことである。

　われわれは今日、都市のメタ安定性になれきってしまい、たえず亡霊とすれちがっているのにだれもそれに不安をかんじているようにはみえない。これは悲劇的なことだ。道ばたで出会ったあの女性に、おそらく二度とあうことはないだろう。われわれをとりまく大半のひとびとについても同様だ。近所のひととの出会いは本当に束の間の出会いでしかない……。

　われわれは現在、いま述べたのとは逆に、見知らぬものと例外的にしか出会わず、身体的関係が恒常的に成立しているような安定した宇宙を想像できるだろうか。世界がこんなふうにあべこべになってしまったのは、動物による輸送革命がおこったからであり、「速度製造機械」であると同時に、人を視野から消失させる機械である乗用動物が発明されたからである。やがてそれはラ・シオタの駅に入る蒸気機関車となり、トラヴェリング技術の発明者フロミオーが列車やエッフェル塔のエレベータに設置したカメラとなる。

つまり映像記録装置も列車やエレベータなどの高速乗り物の暴力の恩恵をうけたのだ。乗り物は最初の「撮影機械」であり、踏破された領土のさまざまな面や起伏をまるでパレードのようにわれわれの眼前に展開させる。しかし残念なことに、速度によって誘発される視覚的幻影は二重の現象をうみだす。加速された運動の熱狂のなかで、乗客は自分がうごいているために停止した事物がうごいていているように錯覚してしまうのだが、その一方で、現在の都市生活においては逆に、まわりのひとびとが、実はつぎの瞬間には永遠に消え去ってしまうであろうにもかかわらず、かれらがとどまり、隣人でありつづけているかのように錯覚するのだ。

つまり世界の**清算**（=**流動化**）が進行していることが確認できるのである。港（駅、空港）が液状化するとともに移動のなかで乗客の絶滅が進行している。他者は（大小の差はあるにせよ）ブランドイメージの定着度によって誰それと特定されるだけである。社会的パートナーは社会の「正規メンバー」ではなく、臨時パートナーにすぎなくなり、その（政治的・文化的）役割ははかなく、たえず縮小していく。

鉄道革命をもたらしたのは「移動スポーツ」を洗練してひとつの一貫した政策にまでたかめたあ

る**海洋国家**であったということもついでに確認しておこう。**移動の快適さ**という、大陸のひとびとが知らなかったあたらしい欲求は島国イギリスからわれわれに伝わってきたのである。「安楽」というアングロ＝サクソン特有のイデオロギーは一八世紀のブルジョワの家具にも、船・鉄道の旅にもみいだされる。**快適設備によって強化された旅客の身体は家にとどまる人間の家具によって補助された身体と対になる**。一八一五年に道路舗装を発明したのはスコットランド人マカダムである。それによって高速交通のための道がよりなめらかになる。一方、住宅で船のキャビンをまねた家具があるが、これも起源はおなじだ。海を想起させる要素、まどろみに好適な海のゆれ、これがアングロ＝サクソン的快適さの規準となる。「すべての生物（身体）は慈悲にあたいする」という東洋輪廻思想の格言はイギリスのジェントリー階級のモットーとなり、そして全西洋のモットーとなった。実際、技術によって速度がうみだされるようになると、動物を利用する速度は価値をうしなう。**誠実な人間の運動する身体は慈悲と援助をうけるにあたいする**。昨日まで乗用動物とそれにのる人間の威信の源であった筋肉はいまや移動機械の速度の暴力性から保護されなければならない。そのためには道路も車体も座席もやわらかくしなければならない。この時代にひとつの**安楽政策**がシステマティックに展開される。運動機械の疾走とともに、乗客の身体を包装することの価値もたかめなければならない。キルトをつめた外套にくるまり、肘掛け椅子にだかれるように座っている乗客は**移動するミイラ化した身体**のイメージそのものである。目的地につくと、このミイラ化した身体はイギリス的な「スポーツ」の実践によって目覚め、復活する。家具であれ建物であれ、快適さはわれわれをあざむく。それは自分の身体がおかれている状況についてわれわれをあやまらせる。快適さは巧妙な罠であり、われわれはその罠にすっぽりとはまってしまう。援助の快適さを享受する習慣は麻薬中毒に似ている。それはわれわれから固有の身体や通過する場所の物理的リアリティーをうばってしまう。高速は快適さのひとつの極限にほかならないが、それによってわれわれは旅行の所用時間についてだまされる。クッションや座席の深さによって薬物をうたれたようになり、走行の速度にあざむかれて、われわれの日々は「あざむかれた者たちの日々」（訳注：一六三〇年一一月一〇日、国王ルイ一三世の寵をうしなっていたとおもわれていた宰相リシュリューが反対勢力から国王の寵をとりもどした日を「あざむかれた者たちの日」と呼ぶ。有頂天になって喜んでいたひとびとのよろこびに水をさすどんでん返しの事件という意味にもちいられる）となる。快適さへの慣れのためにわれわれは触覚を喪失し、物質や立体に筋肉が接触する感覚をうしなう。軽い接触、フェザータッチ、ひそかな滑走、それだけである。

「快適さ」を増加させ、緩衝材を介在させることによって事物の表面の影響や地面と直接接触する感覚などは完全に追放される。われわれは生の素材との接触を完全にうしないつつある。包みこむこと、不快な現実をかくすためにカバーをかけること。加速した自動車の速度は通過する風景のイメージをカバーしてしまう。それとおなじように、シートの詰め物やカバーの裏地は自分がどこにいるのかわからなくさせ、自分の地理的位置づけを不可能にする。

要するに、快適さとはほんのすこしの不便さを消滅させることを目的とした計略の総体だが、しかし実は不便さこそ、自然な重さ・大きさ・速度の存在を証すものにほかならない。

乗り物とは足を休息させながら移動することを可能にする装置だが、その乗り物をたえず改良しようとしているのもやはり敵をあざむき、われわれ自身の疲労をあざむくためにほかならない。座席は体重をささえるという仕事からわれわれの足を解放するが、自動車や乗用動物はさらに道を踏破するという疲労をやわらげてくれる。しかしこの**疲労の節約**は暴力の節約という事実をかくしている。人間の身体を援助する技術は、援助された身体の快適さが**洗練された家畜化**以外のなにものでもないという事実をたくみに隠蔽しているのである。椅子にすっぽりはまり、建物の枠のなかにとじこめられ肉体がじょじょにうごかなくなる。これを快適さとかんがえるのは（社会的・空間的）統合を民主主義とおもいあやまる幻想の恰好の例である。それは民主主義などではなく、強制収容所的システムにほかならない。強制収容所的システムとは最終的には人間がたえず移牧させられる乗り物的システムなのである。つまりそれは実質的に走行体制《ドロモクラシー》的社会なのである。

きわめてゆっくりと、道が隊列を形成し、群衆が一列になってすすむ。走行車線はそれ自体が行軍隊列の形をしており、われわれを縦列に整列させて、加速された移動行進に参加させる。こうして運動する身体の姿勢が矯正されるのだが、それは調教による動物の身体の矯正にひとしい。先をいそぐ人間は再調教されているのだ。隊列が征服された風景を横断しながら、二車線、三車線の道路を行進する。それは分列行進の勝利だろうか、それとも勝利の分列行進だろうか。高速道路は植民地の土地区画や占領とおなじようなやりかたで土地への侵入をおこなう……。道はその第一線、時間を征服するための最前線となる。ここにおいても他と同様、勝利とは前進することであり、無限につづく侵入路の路線帯は植民地化のダイナミックな形態のひとつにすぎない。加速のために強化された道具である道路は「強制移送」収容所にほかならない。近代の収容所の懲罰的性格は監禁によってだけではなく、運動の直線性・連続性によって発生する。車の群れを強制的に縦に整列させる道路は同時に乗客も植民地化しているのである。仕事のためであれ、レジャーのためであれ、ひとびとは強制移送されている。道路は最終戦争の仮収容所であり、その利用者の家畜化と規格化がかぎりなく進行している。

国家はもはや選ばれた《エレクション》土地ではなく放出《エジェクション》の土地となった。いまや古典的な植民による人口移動にかわって住民の周期的回遊（訳注：ヴァカンスによる季節ごとの移動や、出勤帰宅の移動をかんがえればよい）がはじまる。いずれにせよ人口移動は国家にとって不可欠のものであるようだ。実際、国家装置とは移動装置にほかならず、その安定性は移転と再配置が瞬時にくりかえされ、回転しながらジャイロスコープ的に運動することによって確保されているようにみえる。ちょっとペルーの世界をもう一度みてみよう。馬が存在しなかったためにその運動能力はちいさかったが、ペルーも隔離政策をとっていた。ヨーロッパから騎兵たちがきたとき、その政策が致命的になったのである。「インカの国々では、国境や服属した地域は駐屯部隊によってまもられ、戦略的地点は要塞により防衛されていた。**平和は住民の移住により確保されていた。**征服された種族は確実な地域に移住させられ、支配種族の集団を服属した地域に入植させた。[9]」他と同様、ここでも「平和」は勝者と敗者の完全な位相差によって実現される。おなじようなことがらがグアラニ族のレドゥクシオネス（訳注：カトリックに改宗したインディオの村）にも作用している。**移動（＝運動・輸送）は戦争の核心であるように国家装置の核心でもある。**それは兵站上の必要性からである。すでにみたように最初にその役割を担ったのは荷役女性である。しかしそうした移動はまだ空間のなかでの移動でしかなかった。つまり場所への移住であり、**加速する時間**のなかへの移住ではなかった。運搬手段の性能がよわく不安定であったために町や地域の枠・限界をこえて、国家全体の走行体制的革命をひきおこすことができなかったのである。位相差は領土的征服によって実現されるのであり、まだ時間の征服によっておこなわれるのではなかった。侵略によって公的権力を樹立することが可能であったが、しかし侵略の速度が世界の法となることはまだなかった。国家、それは城塞の**戒厳令**《エタ・ド・シェージュ》であって、まだ移動手段の**緊急事態**《エタ・デュルジャンス》（訳注：本書解題三一八ページ参照）ではなかった。人口の移動は入植者コロニーという方法でおこなわれ、後にそうなるように、自動車の隊列のたえざる運動によって実現されるのではなかった。植民地入植は一九世紀までつづく。一九世紀に出現した鉄道は植民地主義的征服を強固なものにしたというよりは、いまだにトリックめいた表現で**脱植民地化**と呼ばれている歴史的変化を準備した。時代は植民のための移住から住民の回遊へとかわったが、それにひきつづいておこった「植民地の解放」は、実際には、脱領域化のもっとも明白な兆候にほかならなかった。それは、都市の、ついで国家がふるい戒厳令《エタ・ド・シェージュ》（＝局在的国家）という段階をこえて、非国家的な「緊急事態《エタ・デュルジャンス》」（＝切迫国家）の段階にいたったことを告げている。速度の資本主義的蓄積がある限度をこえたために、旧来の地政学はたんなる時政学となりつつある。つまり空間や領土をめぐる戦争をこえて、**時間をめぐる戦争**がはじまったのである。

（9） M‐R・ダヴィ『原始社会の戦争』、ペイヨ

一八四六年にラマルシュが宣言したように、「**大植民地**という言葉を**大海軍**という意味でもちいないとしたらナンセンスである」。同様に、現在、脱植民地化という言葉をもちいるなら、**領土の清算**（＝**流動化**）という意味でそれを理解しなければならない。

脱領土化は国内の平和化（訳注：これは同時に国内の植民地化でもある。これについては本書二三七ページ以下で詳述）を実現する。植民者の大規模な入植がおわって大量の加速化された回遊の時代がはじまる。**海外領土の植民地化**の時代の後に、国内の植民地化の時代がきた。隔離が加速され、本国国境のむこう側にひとびとを定住させるという大規模な移動はなくなるが、そのかわり日常的にたえず移動がくりかえされる。強制移送はなくなるが、労働とレジャーのための寄せては返す波のような動きが反復される。クラウゼヴィッツは「最小軍事部隊として構成され、まるで団体旅行で共同行動しているようにみえる個人の集団」についてかたっているが、今日、**公共交通機関**のおかげでそうした存在が一般化した。交通はいまや文明となった。プロレタリアートをはこぶ郊外電車も、バカンス客をはこぶ高速道路の自動車のながい列も、ひとつの**政治的等圧線**をしめしている。それはあたらしい国境であり、文字どおり最後の前線、運動とその暴力の最前線である。ドイツの地理学者ラッツェルが戦争とは敵の領土に自国の国境を移動させることであると定義したのはそうむかしのことではない。前線とは移動する国境にほかならず、軍事的等圧線にほかならない。今後、この前線は都市の内部や田園地帯のど真ん中に移動する。そして遠征軍の集団的軍事行動が大衆の不断の日常的移動に変化する。高速交通手段は二番目にあたらしい最新型の要塞である。しかしこの要塞は侵入をさまたげるための永続的な障害となることを目的とするのではなく、牧歌的時代（訳

注：すなわち乗用動物が発見された時代）とおなじように時間をかせぐことによって要塞の機能をはたす。迅速さは戦争の本質そのものだが、それはまた近代国家の本質でもある。「輜重隊の武器」であるコミュニケーション網の全体は国家装置の機構の深部にまで作用することにより政治権力の最終的所在地（であると同時に**非所在地**（訳注：non-lieu は「場所ではないもの」。速度としての権力は特定の場所に局在しない。non-lieu は通常の意味は「公訴棄却」。権力が責任を問われることがないという意味あいもあるか。））として機能する。「軍隊はのぞむとおりに、のぞむときに、移動し、展開し、後退することができれば、つねにきわめて強力である。」古代中国の戦略家、司馬法のこの言葉は臨時収容所と化した現代社会の気送郵便的《プヌマティック》（訳注：かってフランスで利用された圧縮空気で郵便物を送るシステム）性格を理解するために参考になる。現代社会の言語を絶する社会的回遊は戦闘なき戦争のベクトル的イメージにほかならない。この戦争には戦闘がなくとも恐怖がないわけではない。虐殺は宇宙にひろがり、犠牲者が速度過剰の戦場に累々とよこたわる。輸送革命の初期、モルトケ元帥はこうさけんだ。「われわれは要塞よりも鉄道建設をのぞむ。」この言葉を元帥の平和主義の現れと解釈してはならない。一八七〇年の独軍によるフランス侵入は「輸送速度増大による進歩」というイデオロギーにたいして手きびしい反証をもたらす結果になっている。なんと言おうと、勝利するということは前進するということであり、速度を獲得するということは権力をにぎるということなのである。というのもフリードリッヒ二世がオーストリア人にかんして述べたように「かれらは運動がのろく、計画遂行に緩慢だ、**かれらは時間が自分たちのものだとおもっている**」と宣言する走行権力者《ドロモクラット》はつねに存在するからだ。

このことはわすれないでおこう、われわれはみなオーストリア人なのだ。緩慢なるものと暴力的なるものがこの「速度の階級闘争」において正面衝突する。この戦いは荷役女性という最初の兵站支援手段にかんする改革がおこなわれてからずっとつづいている。輸送が生産を支配する、**破壊の生産**もふくめ。というのも輸送の問題は補給の問題とパラレルであり、行動の速度はつねに兵站システムの状態に依存しているからである。モルトケ元帥の鉄道建設要求の後、ルーデンドルフ（訳注：第一次大戦で実質的な参謀総長としてドイツ軍を指揮した軍人）は一九一八年こう述べている。「連合軍の勝利はドイツの鉄道にたいするフランスのトラックの勝利である」。もはや国民や国家あるいは将軍が勝利するのではなく、運搬手段が勝利する。領土をくぎる国境で戦争が展開されるのではない。輸送装置がうごく場所が戦場なのだ。そして第二次大戦初期、電撃戦の実戦司令官グーデリアン将軍（訳注：ナチス・ドイツの将軍）はこう結論した。「戦車のいるところ、それが前線である。」こうしてかれは、一九二九年に「街頭を制するものは国家を制する」と述べていたゲッベルスの主張を補完する。いまやすべてが前線である。というのもすべてが、永続的に、あらゆる領域で動員されるからである。輸送機械のあるところ、国家がある。緊急事態の非＝場所のなかに国々は消滅した。領域的空間は消滅し、ただ時間だけがのこっている。ただそれものこり時間の間だけ。

今後、各運搬装置は〈彼方〉が噴出する空間にむけて乗客を放出しながら、その時間を管理する。速度は暴力がもたらす利益であると同時にその進化形態でもある。領域的身体のむこう側にそれぞれの速度がつかのまの「時間の一地方」を構成する。そこでは地理学的な意味で距離が消滅してしまっているので、場所はもう旧来の役割をもっていない。高速道路はコミュニケーションの通路ではなくなり、速度の強制収容所となる。隔離・監禁はさまざまな警察的コントロールよりもむしろ移動の暴力から発生する。ドライバーは、車の性能向上によってマウトハウゼンの階段（訳注：オーストリアにつくられたナチス強制収容所マウトハウゼンには「死の階段」と呼ばれる急な傾斜の花崗岩のながい階段があり、おおくの囚人が転落させられ殺された）にも似た**道路植民地**をどんどん延長する。ドライバーはわざわざ料金所で金をはらってこの道路植民地にはいる。違反キップもスピード違反をとりしまっているようにみえるが、実際は過剰なスピードを公認しているのである。

　実際、輸送の走行体制的革命とともに《時間》の管理がはじまる。鉄道の《時間》信仰にかいまみえるのは場所ではなく時間を支配しようとする意図である。プロシアのフリードリッヒ大王の征服欲をすべての工業国が共有するようになる。その基礎となる原理とはすなわち、**権利の基礎となるのはもはや侵入ではなく、侵入の速度、純粋な速度である**ということである。迅速に遂行されるためには侵入路は直線でなければならないが、この直線《ドロワット》性は法《ドロワ》の消滅をも象徴する。緊急性が伝統的政治機構を文字どおり内側にむかって破裂させる。距離を縮約させることで、公的生活のすべての分野に〈行進する治安部隊〉が介入するようになる。関係の加速化からリスク・危険が生じるからそれに対処しなければならないという立派な口実のもとに、空間整備の後に、厳格な時間整備の計画がたてられ、**即時的予防措置**が整備されるようになる。

　防衛は《全面的安全》に変化し、ついに要塞化の原理を完成させる。すでにヴォーバンはその原理をつぎのように表現していた。「世界の居住可能なすべての場所を即時に戦場とすることができるようにならなければならない。」

運動が出来事を支配するのだから、技術躍進の本質的要素として兵站術の出現をかんがえてみるのがよい。進軍や要塞守備の組織に長けたローマ軍には財務担当官《ロジスト》がいたが、兵站術《ロジスティック》という言葉がつかわれるようになるには実は一八世紀をまたなければならなかった。当時のフランスではこの言葉は野戦中の軍隊の移動や補給にかんして発生する問題をめぐる考察を意味していた。当時、要塞建設よりも攻撃作戦の方が優先されつつあった。そうした攻撃作戦遂行のため軍隊の移動・補給の問題が重要性をおびつつあった。

モンゴメリー元帥（訳注：第二次大戦中のイギリス軍司令官）がその『戦史』で指摘しているとおり、「攻撃作戦が全域化し、部隊の指揮官に敵を探索してそれを壊滅させるよう指令がでるとき、**よりおおきな機動力と空間が必要になり**、その結果、作成遂行のための経済政策の役割が拡大し、巨大な軍隊をコントロールする必要性がでてくる。軍隊は作戦行動をおこなう敵国では自給できないから、その補給路を確保し、逆に敵の補給路を断つことがきわめて重要になる。**こうして、兵站能力が政治的想像力ときそいあうことになる。**」これは運動の戦争のはじまりであり、輸送革命の嚆矢である。と同時にこれは**縦隊**や**ライン**の復活の予兆でもある。それは最終的には要塞や石壁をまねた人間要塞のような密集軍団の放棄につながるだろう。もはや方陣はチェスで言う「最後の防御陣」のように防御のためのモールを形成するため以外には出現することはない。河川防衛も前線の線と同一視されたが、これもやがて作戦行動のためのラインとかんがえられるようになり、そしてアメリカの南北戦争の際に出現した鉄道ラインにつながる。こうしたことはすべて都市攻撃戦上、政治的にも重要な出来事の前兆となる。すなわち、**都市を攻撃するものはもはや都市を包囲しない、都市を貫通しようとする。**

軍隊は最初、重厚な正面をもった方陣に隊形編成するよう訓練されていたが、ヴォーバンは槍やマスケット銃のかわりに小銃と銃剣を導入し、方陣の厚みを六列から三列に減少させた。そしてその後さらに、**火器の力を最大限に利用するため、直線隊形が慣例となった。**火器のライン、可動縦列が騎馬隊の援護をうけ、騎馬隊がその斥候をつとめる。ド・ギベールはそうした隊形について、重要なこと、それは「部隊の厚みではなく、それが実現しうる速度の量である」と述べている。**個人が携帯する武器が強力になるにつれて歩兵部隊の隊形が細ながくのびる傾向は増大し、**ついには狙撃兵を危険な状況のなかにひとり配置するにまでいたる。一七世紀のスウェーデン国王グスタフ・アドルフの軍隊は「幕壁や半月堡をそなえた移動小要塞」だったが、一八世紀のフリードリッヒ二世によれば「軍隊は移動する砲台である。」ふたたびド・ギベールをひくと、かれが一七七二年に述べているとおり、司令官は**主力軍を複数の攻撃縦隊にわけ、最終的に一点に収斂する分隊のネットワークを形成する**ことが可能だ。積極果敢な将軍なら時代の強迫観念だった要塞を無視して、**敵の首都にむけて直接進軍し、それを主要目標とすることもできる**と、かれは示唆している。

こうしたかんがえ方は西洋近代の交通網、とりわけフランスの鉄道網を予告しているが、当時、これをある程度実践することができたのは土木局技師団によって道路網がかなり整備改善されたからである。しかし兵站の動きにかんするこのあたらしいかんがえ方が完全に実現されるためには、平和時から領土の管理組織をなおいっそう整備する必要があった。群衆が静的で点的な存在であった状態からとつぜん、水路や道路をつかって縦隊が永続的に線的に運動するようになる——こうした変化は後の輸送革命のひそかな端緒となった。都市を攻囲するかわりに貫通するという戦法は部隊の分割の序章となった。志願兵特別部隊はのちにそのモデルとなるだろう。それに、一七世紀から一九世紀にかけての軍隊のこのような「動き」は歴史のなかにはっきりとたどることができる。まず最初に軍事行動中の軍隊は厳密に幾何学的な隊形をもっていた。縦列はパレードか行軍のときにしか利用されることはなかった。ついで馬のほかに速い移動手段がなかったために大軍の移動を組織するのに困難がかんじられる時代がくる。そして最後にあたらしい戦争を発明しようとする野心がいだかれる。自然条件を最大限に活用するだけではなく、あたらしい国境、つまり河川網のあとをつぐことになる道路網・鉄道網という運動の最後の前線にささえられたダイナミックな戦争が構想されるようになるのだ。

最終的にこの**攻撃ライン**は強力な火力とおおきな移動速度を獲得し、火力と運動という二項式を完成させ、道路の線と軍隊の直線性に十全な意味をあたえる。軍隊は今後はそれ自体が**砲弾そのもの**となる。だからクリュズレ将軍は一八七八年に、ドイツ軍を「参謀本部という精密兵器によって発射されたおそろしい砲弾」と表現したのである。

最短の道がとつぜんもっとも暴力的な道になる。騎馬軍の必要性にこたえるために短刀がながくなって剣になり、矛が長槍になり、長槍も火器が使用されるようになって価値をうしない、ついで討伐部隊が縦隊となって細ながい隊形をとるようになり、そしてついに軍隊全体が加速された攻撃に砲弾としてうちこまれる。これが後に電撃戦となるのだ。

このような機動性のある機械化された軍隊にたいしても、たとえ大規模部隊の侵入が可能な地形でも、数カ所の拠点を要塞化して散開させ、これを防護壁として利用すれば、敵の進軍をさまたげるブレーキとして、あるいは地域的なシールドとして役だつことはまだありうる。これは**分散要塞**の時代で、軍隊を少人数部隊に分割する方法（その極点はコマンド部隊である）を要塞に適用したものである。つまり、抵抗を継続するために戦闘部隊をあらかじめ分散させ、敵の攻撃で意志に反して解体させられないようにみずから解体する戦法である。

つまり、分散のなかに姿をかくすことは防御の最終的形態なのだ。それまでは敵に捕まらないように城壁のうしろにとじこもり、かくれんぼ遊びのように要塞に一時的にかくれていたのだが、いまや敵に捕まらないためには、分散、しかも決定的に分散しなければならない。定住者の大墓所である城塞はその石のなかに遊牧民の移動能力を結晶化していた。つまり、土塁は攻撃の速度の価値を鉱物化し、壁の厚みは衝撃のあらあらしさをさししめしていた。ちょうど道路が速度の暴力の印であるように。機動戦は戦闘する大部隊を分散させると同時に、そうした永続的要塞を**溶解**させてしまう。前衛部隊の歴史は典型的である。それはこの漸進的溶解をあきらかにする。スキタイの騎兵は先頭に馬の群れをおいたてながら突撃した。モンゴル兵は軍隊同士が最初に衝突する部分に捕虜の集団を配置した。もっと最近では、一五世紀に、最初の軍事国民であるスイス人はモラの戦いでシャルル豪胆王の軍隊に対抗して非行少年部隊を突撃させ、その野心をくじくことに成功した。非行少年部隊というのは、スイスの都市郊外の非行少年たちで構成された部隊で、ろくな武装もせず、指揮官もおらず、自由に行動し、敵の意図をよみあやまらせてブルゴーニュ公の軍隊を混乱させる。その後で、長槍で武装した農民兵の大部隊や商人の騎馬隊が戦闘にはいってきたのだ。スイス歩兵がフランスの軍隊に特有な影響をあたえたことはよく知られている。教訓は無駄にはならなかった。一七世紀の初め、フランスの各中隊には何人かの「無鉄砲少年」が配備されていた。それは**最初の人間砲弾**だった。発明されたばかりの手榴弾があたえられたかれらは危険この上ない奇襲を単独でおこなっていた。だから「無鉄砲少年」と呼ばれたのである。ルイ一四世の時代にかれらは公式に「榴弾兵」と名づけられた。最初は連隊ごとに榴弾兵の中隊がおかれ、ついで榴弾兵の連隊がつくられた。おなじような展開が騎馬隊についてもみられる。イタリアでの戦争（訳注：ルネサンス時代のフランスのイタリア侵入）の初期、軽武装の騎馬部隊が編成された。部隊は戦場を偵察し、敵の補給物資を略奪することを任務としていた。それはストラディオとかアルグレと呼ばれていたが、最終的に「軽騎兵」と呼ばれることになった。銃騎兵にかんしては、かれらは榴弾兵とおなじ起源をもっている。戦争の運動のヒエラルキーでは最後にきたものが最初のものとなった。つまり最後に出現した榴弾兵、軽騎兵、銃騎兵が、携帯爆発物をもち、もっとも速い馬にのり、射程のながい溝付き銃身カービン銃をもった最初の兵士となったのである。

騎兵は過去においても刀剣武器の長さを延長させるきっかけとなったが、**単独行動をする騎兵は携帯火器の射程を延長する**最初の兵士となった。動きを制約されなかったスイスの都市郊外の不良少年部隊は密集軍団の正規部隊より優位にたつことができた。目にもとまらぬ速さでやってくる火器の砲弾の密度を前にしてはいかなる盾も装甲も適切な防御ができないので、それにたいする唯一の攻撃回避手段として軍隊が分隊にわけられ、分隊がさらに少人数部隊に分断される。それによって地上戦の最初の乗り物に兵士が乗員としてのりこむことが可能になったのである。

火器と運動という二項式において火器は実際は進行中の運動を妨害させないための抑止力にほかならない。射撃・砲撃は敵に自分の運動を妨害させないことを目的としている。射撃は人間を破壊するより、自軍の運動が継続するのを容認するよう説得しているのである。実際、標的自体はすでに価値がなく、追跡（＝継続）のみが重要なのである。すべてが継続されなければならない。**もはや走行は狩りの昇華ではない、それはとつぜん戦争の昇華になった**。フラー将軍が書いているように、「戦闘組織にとって運動は軍事力にとっての射程とおなじである。」砲兵隊が弾道学の巧妙な作用についてはじめたことを**速度戦争**は発展させる。それも論理的に。というのも運動機械はホイヘンス（訳注：一七世紀オランダの科学者、運動量保存の法則を発見）の研究と軍事技術者キュニョー（訳注：一八世紀フランス陸軍工兵士官。世界最初の蒸気自動車を発明）の「大砲運搬用蒸気自動車」からうまれたのである。

さきほど火力と運動の二項式の軍事的重要性について述べたが、そのとき言及しわすれたことがひとつある。それは自動車が普及してからはもう火力しかないということである。自動車の自走性は蒸気機関の火力やガソリンエンジンのシリンダー群内部での継続的爆発の結果である。したがって運動のための補給が継続的に確保されるのは弾道学的運動が継続される結果にほかならない。**移動《モビリザシヨン》（＝動員）は戦争そのものではない。しかし移動（＝動員）があるということは、運動の加速がおこなわれる時間のなかで戦争の暴力が展開されているということを意味する。**

モーリス・ド・サクスはこう書いている。「わたしは戦闘には賛成ではない。有能な将軍なら、生涯、戦争に従事しながら戦闘をするはめにおちいらずにすませられるとわたしは確信している。……**いわば敵を溶かさなければならない。**」ド・サクスのこの言葉は、運動とは戦いそのものにほかならない、ただ火器を使用しないだけであるということをあきらかにしている。〈移動という活動〉はまだナポレオンの**速さとしての活動**ではないが、しかしそれは輸送革命がはじまるずっと以前に運動の戦争を予告している。輸送革命の産物である鉄道の「列車」は連隊、大隊の行軍隊列を再現しているのであり、集団的移動のためにながい行列をつくって行進する兵士は列車の車両のつらなりの予兆なのである。列車《トラン》という名前自体、「砲兵輸送隊《トラン・ダルチユリ》」という表現からきている。また軍需品輸送隊は後に産業革命が世界中にひろめるベルトコンベア（ヴァレリー）を予告しているのだ。

ド・サクス元帥の戦略改革とともに、戦争は待機とひそかな滑走で構成される一連の〈ブラウン〉運動となる。動員（＝移動）が戦争の本質になるが、戦争は戦闘とはちがう。戦場を偵察する分隊にかんして、元帥はこう予言している。「かれらは目撃されることなく王国全体を横断することができる。」これはすでに**消滅の美学**である。掩蔽物の陰にかくれて消えるのではなく、運動のなかに姿をかくす。近代戦争はつねにより高度な速度を獲得することによって絶えずこの消滅の美学をより洗練する。フリードリッヒ二世やモーリス・ド・サクスにおいて、**運動の技術が対決の戦術と対立する。**

おもいだそう。権利を**基礎づける**のは侵入であり、通過するものは所有するのである。いまや、もっとも堅固に権力を基礎づけるのはもっとも速く獲物に襲いかかるものである。通貨が富を計算する基準となるように、速度が軍事力をはかる基準となる。速度がませばますほど、地域をコントロールする力は増大する。

運動の戦争において、すべてが調教され、再調教され、延長され、追跡され、そして消去されなければならない。狩りの昇華であることをやめ、戦争の昇華となった**走行＝追跡**は防衛手段を延長する過程の継続にほかならない。手ににぎる武器や義肢やメソポタミアやローマの交通路ではじめられた防衛手段の延長は、いまや移動機械のおかげで移動の時間にまでひろがる。その結果、二〇世紀のおわりには、**テクノロジー的貫通**が軍事行動の唯一の形態となるだろう。つまり軍拡競争のためのプロパガンダ以外の戦場をもたない「戦術」的軍事行動である。ナポレオンの言葉をきこう。「軍隊の力は力学の運動量と同様に、質量に速度をかけることで計算できる。」

そもそも戦争術とは**戦闘するエンジンの技術**である。大事なことは高速運動をおこし、速度を維持してできるだけながい間一定にしておくことである。速度はこうして運動の真の一次元となる。しかしカエサルの帝国からナポレオンの帝国にいたる間、速度の差はけっして増加することはなかった。その間ずっと馬が主たる移動手段であったからである。しかし加速度の欲求は増大することをやめなかった。それを納得するためには、一八世紀から一九世紀の馬術の進歩をかんがえるだけでよい。一七七六年、科学的馬術のパイオニア、デュパティ・ド・クランはすでに「**真に数学的な技術**である馬術を習慣やしきたりから解放しなければならない」と述べ、人馬は**調和的に一体**とならなければならないとしている。騎兵学校長デュパティ・ド・クランはその馬術解説書で馬術と物理学・幾何学・力学・解剖学との関係を論じているが、それは生理学者ジュール・マレーを想起させる。乗用動物の身体はもはや受動的機械にすぎず、その展開は数学的にコントロール可能である。ちょうど試験台の上におかれたエンジンのように。もうすこし後には、**馬を船のように**操る方法を提案するものさえいた。そもそも速度を馬術スポーツの本質的基準とするかんがえ方がわれわれに伝わったのもサラブレッドやアングロアラブ種をつくったブリテン島からだったのである。

馬の動きを考察する厳密科学としての馬学は本物のエンジン工学技術への導入となる。たとえばマイブリッジ（訳注：一九世紀後半のイギリス出身のアメリカ人写真家。史上初の動体の分解写真を撮影）による馬のギャロップの分析的幾何学は初歩的として無視されていた徒歩ですすむ〈戦闘する身体〉への幾何学的関心をふたたびよびおこした。**それ以後、事物そのものよりもその軌跡や軌道が重要になる**。運動学の研究がはじまり、運動する物体のまわりにひろがる未知の動きを追跡し、追求しなければならなくなる。マレーの**動体写真銃**のおかげで、馬の走行、鳥の飛翔そして人間の歩行が、移動するみぶりの連鎖として再現される。最新の狩りは「写真サファリ」である。それは動物をみせるというより、通常はみることのできない運動の各瞬間の継起、すなわち**飛翔ライン**をわれわれにみせてくれる。つまり運動する身体のストロボ測定法的構造があきらかにされるのである。

戦略地政学によれば、環境条件を考慮すると、「圧力はつねに同一の方向《サンス》に作用する」（マッキンダー）。だから《意味《サンス》の論理学《ロジック》》[10]を探求するだけでは不十分である。諸国家の経済・政治生活に影響をあたえる移動運動の方向《サンス》の兵站術《ロジスティック》を構築しなければならない。そのためには国家のベクトル政策（通信・輸送）と統計学とのあいだの照応・相関関係を把握しようとつとめなければならない。

（10）　G・ドゥルーズ『意味の論理学』ミニュイ出版

「すべての軍人にとって記憶とは知識そのものである」（ナポレオン三世）のだから、ヴォーバンが統計学を発明した経緯をおもいだしてみよう。ヴォーバンは『人口調査処方集』（一六八四）でわれわれの政治経済学の基礎となる統計学を発明した。

ヴォーバンは宮廷という王国の中心から国境へとむかう数おおくの旅行をおこなう。それは行軍閲兵のためと、またヴォーバン言うところの要塞という《不動の大型機械》建設のためでもあったが、そうした旅行の際、ヴォーバンは各地方の資源を綿密に調査してその風俗や習慣の変化を観察する。そしてかれはそこから法則をひきだす。実際、こうした旅行の行き帰りにおこなった**現地調査**から、ヴォーバンは後に、フランスの地理的描写とともに、**帰納的統計学**をみちびきだすのである。ところでこのことはわすれないでおこう。ヴォーバンがたえずくりかえし、いわば大量生産された（当時としてはきわめてまれなことなのだが）この移動はすべてヨーロッパ東端の戦略地政学的力線にそっており、**先述のマッキンダーの言う圧力が作用する方向に**おこなわれているのである。この時代以前は、主として宗教的意味あいをもったいくつかの大ルートをのぞいて、**遠方への移動が同一の圧力、同一の兵站的方向にくりかえしておこなわれるということはありえなかったのである。**

むかしの車引きによる輸送は商売上の競争や戦争に左右されるまだ不安定な交易戦術でしかなかった。そして、一六二六年に定期便がつくられた「国王の馬飛脚」郵便をのぞいて、旧来の旅はまだかなり例外的でしかなく、戦略的意味あいがあらわれることはまれだった。興味ぶかいことに、ヴォーバン元帥の周期的大旅行は鉄道網の周回を二〇〇年前に先どりしている。王国国境の巡回監察官にとって各要塞はちょうど転車台みたいな機能をはたしており、それがかれの旅の方向を決定する。つまりそれは円形機関車庫など不動の大型機械をそなえた「調節駅」だったのだ。円形機関車庫にはレールの上に機関車が方形堡のようにならんでいる。機関車は一七世紀の統計学的戦略家がたどったのと**おなじ軸線上をおなじ兵站術的方向をむいてならんでいる**。ヴォーバン元帥は「築城司令官」だったが、旅行の度に「点呼司令官」[11]のようなものになる。王国がかれの眼前を行進し、細部が詳細に点検され、国土が査察される。それはもはや軍隊の維持にかんし兵站面で責任をもった注意ぶかい士官の前でおこなわれる孤立したキャンプ内での軍隊の行進ではない。それは国全体の総合査察であり、**地理的身体を査察する理事会なのである**。

(11) アンシャン・レジーム下で武器や資材の点検を担当する士官

もはやたんに軍隊が地方長官の注意ぶかい視線の前に整列行進するだけではない。いまや行進するのは総査察官の方であり、かれが閲兵する地方の方がまるでパレードを見物するみたいにして整列する。地方を**まるで映画のように眼前に展開させる**この旅のくりかえしは実は**策略、運動学的トリックにすぎず**、移動観察者はそこから利益をひきだす。つまり地理的状況の連続をひとり知覚するかれはやがて地方の現実を無視するようになり、そして**慣習法**を改革して**行政的規範**を尊重するように要求するようになる。

かつて軍隊の軍事行動は規律によってじょじょに規格化されていったが、ヴォーバンはこの規格化を社会全体にまで拡張する。というのもかれがおこなおうとしたのはただ重量・計量単位だけではなく、国土の持続と延長までをも同質化し、均一化することなのである。そしてそのとき、国土は王の光輝ある身体と同一視される。これはまるでフランス革命をはじめることにひとしい。ただやり方は完全に軍隊式ではあるが。ヴォーバンにとって、こうした「本質の調節」はただしい**兵站術的公平さ**の実現にほかならず、それは税制の改革につながるはずだった。こうしたかんがえからかれの『国王十分の一税』(訳注：一六九八年に書かれ、一七〇七年に出版された本。収入に応じた均等課税を主張した)の構想がでてきた。この本はルイ一六世との葛藤の原因となった。ルイ一六世は、いかに賢者であれ、たんなる一兵卒が王国の根幹の改革に関与することをのぞまなかったのである。というのも「朕は国家なり」だからである。古代ギリシャの軍司令官とことなり、絶対君主は、**戦争が世界の居住可能な部分全体を支配し、占有する**ことをまったくのぞんでいなかった。というのもそれは国王としての自分の権力を不安定化し、一介の軍指導者に権力を奪われる危険にさらされることを意味するからである。ラザール・カルノーはまだうまれてもいなかった。フランスが帝国になるのはもっと後の話だ。

太陽王によりヴェルサイユは王国の中心となる。むかしの君主とその**従者**の運動がとつぜん停止する。(訳注：かつて輸送手段が未発達な時代、宮廷は現地で領土の収穫物を消費するため領土内を移動した)貴族をのせたふるい宮廷電車がヴェルサイユの車庫にとまってうごかなくなる。この後、フランス国王はもう移動しない、革命で強制されでもしないかぎり。まずルイ一六世の逃亡、つぎにルイ一八世がガンにむけて出発、その後シャルル一〇世からルイ＝フィリップまで、例外なく、すべての君主が革命のために逃亡を余儀なくされる。したがって、**君主制の移動停止は国民の動員**《モビリザシヨン》**（＝移動）の前兆となる**のであり、そしてあの一七九三年の「国民総動員令」は将来の公共輸送革命の第一ページになるのだ。一方、ヴォーバンののぞんだ空間と時間の普遍的調節だが、蒸気機関の発展のみがそれを可能にするだろう。鉄道輸送は旅程をきわめて規則ただしくすることに貢献し、それによって移動の運動学的反復を大衆化する。移動のなかでさまざまな地方の風景が幻惑された乗客の目にたえず展開していく。（こうした風景のたえまない展開をリュミエール兄弟も別の方法で実現するだろう。）そのとき、いままで例外的でしかなかった旅行が規範的傾向をもったものになる。**運行ダイヤ表**をみればそれはわかる。そこには「発」とか「着」と書かれていて、まるでダイヤ表の利用者に「出発せよ」、「到着せよ」と命じているかのようである。したがって一九世紀の国民国家は緊急事態（＝切迫国家）となる前に、まず行き先国家となったのである。

かつて軍事技師の弾道図面は要塞攻囲作戦を「砲撃計画」の弾道計算という幾何学的手続きに還元してしまう傾向があったが、いまやひとつの国家全体が戦略的な機械装置となり、駅や分岐線が行程の調節をおこなう。兵站術が経済・社会の動き全般に適用されるようになった結果、移動機械がついに戦争機械から宇宙の全体を継承する。かつてのようにいたる所に防水壁があるような社会が終焉し、流れを阻害する粘度の高さは拒否され、一様な水の流れがよしとされる。

圧力の流れをよくしようとする大規模な計画のなかで、交通網地図がじょじょに国土の地図にとってかわるようになる。つまりそれぞれの場所の点よりも**線**の方が優越するようになり、また幾何学的デッサンが君臨するようになった。とりわけ人や富の動きが**強制的におこなわれる**ようになったのである。

一七世紀において幾何学者でもあった一兵士（訳注：ヴォーバン）の戦略的行程が統計学的言説の発明に貢献したのだが、われわれは**ネットワーク理論**の起源を一八世紀の神学者兼数学者の戦術的行程に負っている。しかしいずれの場合でも都市攻囲術的図式は同一である。というのもここで問題になっているのはケーニヒスベルクの要塞でかこまれた旧市街にかんする謎を解くことだったからである。**つまりここでも都市の攻囲と貫徹が問題になっているのである。**旧市街にかかる七つの橋を一回の移動中に一筆でわたろうとすると歩行者はどうしてもすでにとおった橋のひとつをもう一度とおって旧市街をかこむ川をわたらなければならない。レオンハルト・オイラーはここに数学的原理が関係していることを理解し、あるネットワーク図においてまじわる直線の数が奇数である点が三つ以上ある場合には一筆書きでその図をえがくことは幾何学的に不可能であることを証明した。

この行程で重要なのは中心（中心街）ではなく収斂する場所、移動運動がもどってくる点である。方向づけが調節に優先し、調節軸が反転極、結節点、分岐点（ちょうどインターチェンジのように）に優先権をゆずるあたらしい非ユークリッド幾何学の起源がここにある。

それに、興味ぶかいことに、おなじ頃、軍事作戦行動が鉄道の操作を先どりするようなことをおこなっている。それはある隊形から別の隊形に継起的に移行するために、ラインや平行する部隊を折りたたむように進軍させたり、また直線に進軍させたりする複雑な一連の運動である。**ギベールの反転前線戦法やフリードリッヒ大王の斜行隊形といった軍隊の移動形式は鉄道の分岐の動きを予**

告している。というのもすでに部隊はここで転轍点における列車のように行動しているからである。一七世紀、一八世紀の軍事学に関連する文献はすべて列車の分割を予告するような分隊の移動方法について記述している。ジョミニが説明しているように、「**フランス革命は**旧来のあまりに単調な部隊編成方法を廃して**あたらしいシステムをもたらし、部隊がいかなる種類の戦場においてもみずからの判断で行動できるようにした。**(12)」

(12) A・H・ジョミニ『戦争術概論』シャン・リーブル

「別々に行進し、集結して戦う」、攻撃軍にかんするこのふるいことわざを鉄道組織は自分のものとする。というのも**鉄道の規則は軍律をまねてつくられたからである。**時間厳守にたいするほとんど信仰めいた態度は輸送の安全確保に必要な精神の緊張をたもつ戦略から発したものである。この輸送の安全確保のために鉄道信号として腕木式信号《セマフォール》と呼ばれる視覚式遠隔通信手段をもちいることが決定された。腕木式信号《セマフォール》はついで**ブロック・システム**をうみだす。「ブロック・システムとは、鉄道線を数キロずつの地域に分割するシステムで、各地域への侵入許可は腕木式信号《セマフォール》でおこなわれた。**信号は各地域に別の列車がない場合にしか地域への侵入を許可しない。**この装置に不可欠な補助的手段は電気通信装置で、それによって各地域がほかの地域と連絡をとることができた。(13)」こうした細心の予防策がとられたのは当時、鉄道が単線だったために列車の衝突や脱線の危険があったためである。「転轍機や信号が使用されはじめると、操作を担当する職員は操作を**あべこべに**やらないよう気をつけなければならなくなった。転轍機が侵入不可になっているのに信号が青になっていたら、とんでもない惨事になるからである。」鉄道網の出現と同時におこなわれたこの鉄道事故をふせぐための革新的手段は、**ある者にたいしてある経路をたどる許可はほかの者にたいしてそれが禁じられた場合にしかでないようにすることを要求する。**こうした経緯が輸送のよりおおきな安全を保証する一連のコントロール装置の要請へとつながったのである。イギリスのサクスビーとファーマーが各列車の運行速度を完全に同期化させる技術を開発した後、一八九八年にはフランス人アルベール・ムーチエが**ただひとつの操作で行程全体を制御できるようにする**ことに成功する。これは時間・空間調節の極みだ。たった一人の人間が、たったひとつの動作で、一瞬にすべてを制御する。これは時間管理省のはじまりだ。

(13) P・ルソー『輸送の歴史』ファイヤール

一八〇〇年、皇帝ナポレオン一世は「砲兵輸送隊《トラン》」をつくり、一八〇六年には「工兵輸送隊」を、そして一八〇七年には「輜重部隊」をつくった。この輜重部隊はのちに**配備された軍隊のすみずみにまで**行動できる「輸送隊《トラン》兵器」となる。これは最初は物資の、ついで部隊の輸送を担当したが、最終的にはこの武器は戦闘に参加し、前線部隊の支援活動をおこなうことになり、後の機械化部隊の先駆となった。歩兵隊の隊形について以前観察された現象が帝政時代からふたたび要塞にみられるようになった。火薬が改良されるにつれて要塞の幾何学的形態が崩れていったのである。ラザール大佐が論文で述べるように、**砲兵隊の能力が向上するにつれ、砲兵隊は要塞の外にでるようになる。**城塞でかこむシステム（「さまざまなやり方で製造されたあの不動の大型機械」）がおわり、想像上の前線にそって配置された「散開する要塞」の時代がやってくる。要塞の目的はもはや敵の**軍隊を停止させることではなく、軍隊の運動を上から見まもり、さらに自軍の運動を容易にさせることである**（ドレール大佐）。それはちょうど第一次世界大戦時の鉄道の調節駅がもったのとおなじ役割である。こうかんがえてみると「わたしは要塞の建設より鉄道の建設をのぞむ」と述べたフォン・モルトケの一見逆説的な選択もよりよく理解できる。最終的には、鉄道輸送、列車や機関車は、おそらくは古代二輪戦車用の最初の戦略的道路にまでさかのぼるながい兵站術的伝統の結果にほかならないのである。

一九世紀には行政の側でもすぐれたベクトル政策を立案する必要が生じたので、参謀部がじょじょにその重要性をましてくる。投入する兵力が増大し、また**鉄道のおかげで複数の地域で作戦行動がとれるようになった**ために軍事行動が展開される空間が拡大した。また**腔線つき銃身の銃や後には機関銃が使用されるようになったために戦術的に作戦地域を散在させる**必要があった。参謀本部の組織はこのふたつの要素を同時に考慮にいれなければならなかった。そのため、兵站活動はふたつの要素に分割された。「行程《トラジェ》」にかかわるものと「弾道《トラジェクトワール》」にかかわるものである。兵站業務は全体として、装備や兵士の輸送と火薬や弾薬の輸送の両方にかかわる。議員アベル・フェリーも「輸送問題は火薬問題と平行している」と述べている。こうして大規模兵站活動は一種の偉大なる弾道となり、運動の全体をあつかうことによって戦術と直接競合することになる。蒸気機関の発明者・先駆者であるサロモン・ド・コーの言葉をかりてこう言えるだろう、「兵站業務は移動する軍隊の理性となった」と。世界の居住可能なすべての地域に戦場をひろげるというヴォーバンの希望が実現されたからである。一八二〇年から一八三〇年のあいだに、鉄道が最初の通常運転を開始した。一八四八年、スチュアート・ミルは『経済学原理』で「生産するということはうごくことである」と宣言したが、ミルでさえ、やがて輸送が生産を支配し、この言葉の順序を逆転させなければならなくなるとまでは予想はできなかった。一八六一年、南北戦争がはじまり、北部軍将軍マック・クレーランによってはじめて「鉄の馬」が戦略的にもちいられた。一八六五年、イギリスは最初の「工兵・鉄道参謀部隊」を創設する。一八六六年、フォン・モルトケは最初の輸送線本部を設置する。一八七五年、今度はフランスで、軍事鉄道管理組織がはじまる。世紀のおわりには陸軍参謀本部長が陸軍大臣の監督下に鉄道軍事部局を指揮するようになる。

「軍隊をうごかす技術」である兵站術はしたがって、一九一三年にヴェルナー・ゾンバルトが指摘したように、産業の集中と専門化をもたらす。破壊の経済学が、大量生産の必要性のために、火器（大砲やマスカット銃）の口径や砲身の内径の規格化、ついで火薬や弾道の性能・射程の標準化を要求したのである。それは機械エンジンのシリンダーの規格化を準備する。ひとがなにをするにせよ、テクノロジーの飛躍的発展のきっかけとなるのは戦争であることは明白だ。一六七三年、ホイヘンスが「火薬機械」をかんがえだす時、モデルになったのは**単一シリンダー内燃機械**である大砲である。火薬機械はのちに内燃機関エンジンとなるのだが、その定義は意味ぶかい。ホイヘンスはこう書く、「わたしの機械では火薬のはげしい作用がコントロール可能な運動に還元される。」

このように運動機械は運動をつくりだすというより、兵站的に運動のコントロールと安全性を確保する、つまり運動の方向を制御する。一世紀たらず後、技師キュニョーがつくった運搬車は**大砲**

の動力牽引車にほかならなかった。その注文主は最初の王国砲兵隊監察官グリボーヴァル将軍だった。実際、運動性が増加し、より広大な空間を移動できるようになるにつれ、運動をコントロールする必要性はよりつよくなる。砲弾の弾道制御にくわえ、車の制御、兵站的制御が必要となり、そして国土の交通能力をたえず増加させなければならない。要するに、「時間とは重さと力をわかつものである」(ナポレオン)から、運動とはつぎのような単一の命題に要約できるものである。「力と速度の変化はおなじ方向をもったベクトルである」(アインシュタイン)。

一七七三年、大砲についで今度は鉄砲が金物製造業者オリヴァー・エヴァンズにあるアイデアをおもいつかせる。「かれは村の祭りにいった。そこであるゲームがかれの好奇心をそそった。それは鉄砲の銃身に水をいれ、栓でふたをして、銃身を熱し、栓をとばすゲームだった。[14]」これが高圧蒸気機関のはじまりである。ワットは爆発の危険があったので高圧利用をためらっていたが、エヴァンズはワットの危惧を批判し、八から一〇気圧でうごくボイラーを導入する。

(14) P・ルソー、同前

つまり蒸気機関とは戦争機械の延長である運動兵器にほかならない。われわれは技術革新の過程でこの「火力パイプ」という原型にふたたびであうことになるだろう。それはエネルギーの力(火薬、蒸気、ガソリン)とベクトル運動(弾丸、車)の両方を同時に方向づけることを可能にする。

一八一四年、スティーヴンソンの機械では、ボイラーには一本の火力パイプしかとおっていなかったが、一八二八年、スガンが煙管ボイラーを発明する。これには**四〇本のパイプ**があり、直接、火にあたる水の表面積を、そして機械の発生させるエネルギー量を飛躍的に増大させることができる。一八六七年、ベルペールはシリンダー本体に**二〇〇本のパイプ**を挿入し、発生エネルギーをさらに増大させる。

興味ぶかいことに、このマルチパイプシステムは一七世紀からすでに武器で利用されていた。射撃のテンポをつねに増加させたいというふるくから軍隊がかんがえていた結果である。一八三二年、サミュエル・コルトは弾倉つきレボルバーの特許をとり、製品を一八五一年、ロンドンの万国博覧会に出品する。余談だが、この武器にヒントをえて、ジャンセンが「レボルバー式写真機」を発明し、ついでマレーが「動体写真銃」をつくる。これはリュミエール兄弟の映画のもとになる。やはり一八五一年、ベルギーの大尉が「連装銃」を発明する。これは二五の銃身を回転シリンダーにつなぎ、二輪の台にのせたものだった。一八六一年、アメリカの**蒸気鋤の発明者**ガットリングがこれをさらに改良し、一分間で六〇〇発から一二〇〇発うてるクランクつき機関銃を実現する。一八九三年、さらにこれは電動式になり、三〇〇〇発まで発射可能になる。飽和点にまで達したかにみえるこの武器は、しかしさらに改良されてジェネラル・エレクトリック社が開発する二八ボルトのモーターで動き、**発射回数を制御する電子システム**をそなえた大砲に変身するだろう。しかしここでもう一度、旅行武器に、とくにスティーヴンソン親子に話をもどそう。一八二九年に「ロケット号」という未来を予感させる名前をつけられた機関車を発明したスティーヴンソンである。

一八五〇年、ロバート・スティーヴンソンは世界初の鉄橋「ブリタニア橋」を建設する。これは

四〇〇メートル以上もある鉄の巨大なチューブでできた橋だった。**負荷や列車の通過でおこる振動に耐えるよう設計された**網状構造は大砲の砲身のように機能した。そして橋の支柱は砲台のようなものだった。また蒸気機関車のために橋の幅の規格化が必要になった。さらにトンネルの内径は大砲の内腔の内径から発想したものだった。

　貫通が包囲にとってかわった後、とつぜん掘削や穿孔が輸送速度向上のための必要条件になる。鉄道のために土地を平坦に整地するだけではもはや十分ではない、さらに地下を掘削しなければならない。**あたかも速度はただ障害の欠如のみならず物質の不在を要求しているかのように。**

　それは加速自体が道となる大気圏や宇宙空間の征服を予兆するものである。地下鉄網の掘削は速度の暴力の進展の兵站術的な帰結であるが、このことはあまり気づかれていない。この（地質学的、地理学的）穿孔力は弾丸のそれと類似している。弾丸の任務とは発射回数の増加だけではなく、穿孔能力の改善でもある。**絶対速度は絶対的な空虚を要求するから、**機械の性能の向上は砂漠の増加と平行して進行する。**道路や鉄道建設のために買収された用地を整備し、表面をなめらかにした後、機関車や自動車はさらに行程が密閉されていること、完全な空虚をつくりだすことを要求する。**

　一八六〇年頃、ウジェーヌ・フラシャがサン＝ジェルマンで**気送列車**計画をつくる。そこでは「列車が気密チューブの中を移動するピストンと連携してうごく。機械がチューブの中を真空にすると、ピストンが前進し、列車をひっぱる。[15]」

（15）P・ルソー、同前

気送郵便の発送方法に非常によく似たこのシステムはもうひとつ別のシステム、今度は電磁気をつかったシステムの前身となる。一九四一年、ドイツの弾道学のエキスパートたちは**高速発射電磁気砲**を製造しようとする。「機械の外形は七〇メートルの長さのチューブで、これにたくさんの電磁コイルがつけられている。最初のコイルに電流をながすと、電流は自動的につぎのコイルに伝達される。最初のコイルの磁力にひっぱられて加速された砲弾は二番目のコイルにひっぱられ、最初の推進力に第二の推進力がくわわる。こうして電磁石から電磁石へと、**砲弾の速度はたえず増加し**、砲口では**秒速一八〇〇メートルにまで達する**。電磁石のコイルにかかる負荷は非常におおきいから、細い通気管がとおしてあり、また冷却用ファンもつけられている。砲弾がチューブに投入されると、高圧になった空気がその前にたまり、それが砲弾の推進力を弱める。この難点を回避するために砲内部のコイルのあいだにたくさんの穴をあける。[16]」

(16) ジグナール誌、一九四一年一一月号

このジューヌ・ヴェルヌばりの兵站術のユートピアを最近、ランド・コーポレーションのロバート・ソルターがプラネトラン計画で復活させた。それは**リニアモーターカー**なのだが、これは敵にむけて砲弾を発射するのではなく、客車のシートにむすびつけられた乗客を砲弾みたいに発射する。奇妙なことにその出発駅は無反動砲の砲尾に似ている。

マッハ二〇(**時速二二五〇〇キロメートル**)**で走り**、アメリカの東海岸と西海岸を三五分でむすぶ**この地下鉄はほとんど完全な真空状態のトンネル内部をとおることになる**。「磁場によって推進

力をえるこの機械はステーターの上を移動する。ステーター（これはトンネルにレールのように設置される）のコイルで発生した磁場は何千キロもの行程を高速で移動する。この磁場が乗り物を浮上させると同時に前進させる。実際、非常に強力な電磁気（その電磁気を発生させるコイルは冷凍装置で冷却される）によって列車に揚力があたえられる。同時にステーターにおくられる交流電気で発生した磁場が列車を前進させる。」（A・ドロジンスキー）

アメリカで国内航空運賃の自由化が陸上の公共交通機関にあたえた影響、とりわけ一九八〇年にアムトラック（訳注：アメリカの大手鉄道会社）の旅客部門鉄道網が三分の二に削減されたことをかんがえれば、**航空輸送の一〇倍も強力な陸上超音速交通は、まだ計画が端緒についたばかりとはいえ、**どれだけアクチュアルな問題かよりよく理解できる。**コンコルド**でもマッハ二しかだせず、ロッキードで開発中の水素燃料超音速飛行機の計画もマッハ五つまり時速六四〇〇キロしかでない。一九世紀末、セシル・ローズ（訳注：イギリスの南アフリカ植民地行政官）はこう宣言した。「列車は大砲より安価でより有効な平和の道具である。」**超音速で西海岸を征服しようとするこの計画のなかにどんな実現すべき平和がのこっているというのだろうか。**

紀元最初の数世紀に「野蛮人」がヨーロッパ空間に侵入したためにおこった都市崩壊が最初の散布、つまり**地政学的空間のなかへの人口の拡散**をもたらしたのだが、現在、時間が侵入してきたためにおこりつつある都市崩壊は移動手段の高速化による**時政学的場の限界内での人間の消散**をもたらしている。この意味ではつぎのように断言してもよいだろう。すなわち、かつて政治的重要性は、**間接的にではあるが、**ある空間（地域、国家）内の人口集中と一致したが、現在それは、人間・メッセージ・富の高度な流動性に起因する（領土、空間の）過疎化によってはかられる。空間が過疎化するということは逆説的だが移動時間のなかに人口が集中するということである。つまりやはり**間接的に**人口集中が国力の目安となるが、人口が集中すべき場所が今とむかしではことなる。実際、地理的人口集中時代には**人口密度**が政治的意味をもっていたが、いまやそれは**強制移送の密度**にとってかわられる。かつて移住者は主要都市に移住し、都市社会に統合されていったが、現在の循環的移住者は社会との統合をみずから解除する。移動速度の非・場所のなかへの強制移送は過去の移住とは比較にならない。全体的動員（労働、レジャー）は局地的動員（一八世紀の総員令や一九世紀の農村地帯からの都市移住）においてそうであったように、民衆をここからあそこに移動させることをねらっているのではない。加速されたリズムでひとびとを現実から**ひきはなそうとしているのである**。この社会的な規制緩和、人間活動の時間と空間にかんして細心におこなわれる非同期化はベクトル的権力の本質となった。いまや権力とは運動独裁の極致にほかならない。

こうかんがえると、現在の都市の危機の理由がよく理解できる。それは政治の危機と無縁ではない。**ポリス**はすぐれて政治的な場所であることをやめてしまった。交通通信手段が実現してしまった脱局在化という現象が都市崩壊をひきおこしている。この現象はまだ十分に認識されていない。というのもまだ目にみえる形では主要都市のある場所にはおこっていないからだ。人口集中の社会的・政治的問題は場所から非・場所に移っている。非・場所というのは交換や移動がほとんど瞬間的におこなわれる場所のことである。**かつて戒厳令《エタ・ド・シェージュ》（＝局在的国家）が空間への人口定住を実現さ**

せていたのだが、いまや緊急事態（＝切迫国家）《エタ・デュルジャンス》があたらしい都市となる。そこではひとびとは時間のなかに定住するのである。

　とすれば、国土整備の時代から時間整備の時代になるのは必然である。ただしこの時間というのは全面的動員の時間、すなわち絶対的社会的規制緩和の時間である。

　擬似領土である最終都市はなごりとして、あるいは輸送革命（すなわち速度機械としての戦争機械の革命）でもっとも重要な影響をこうむった存在として機能しつづける。交通通信の下部基盤である居住地域は加速された彷徨の郊外としてのみ存続する。地理的場所はたんなる要約にすぎなくなり、おぼろげな記憶をよびさますだけで、人間的経験の基盤ではなくなり、往復運動のなかで到達すべき極点にすぎなくなる。まだしばらくの間、こうした引力と斥力の極点は最後の土地登記簿に記載された区域でありつづけるだろう。しかしこの最後の都市の限定的相対性もそれ自体乗り物の過剰なはたらきかけにおびやかされているということを理解しなければならない。

　このようにさまざまな事態がすべて同一の方向をむいているが、このことはわれわれに重大な疑問をいだかせる。すなわち、こうした事態はよく言われるように、一時的な出来事ではなく、ひとつの決定的にあたらしい文化的政治的事態の到来なのではないのだろうか。それはわれわれに限界にかんするエコロジックな疑問のみならず、いまだ残存する近接性にかんする、エコロジーの問題とおなじくらい重要な、走行術《ドロモロジー》的疑問を提起するのである。

　空間の整備では前後が問題になるが、時間整備の経済学においては過去と未来が問題になる。瞬間性とともに権力は仮説的**時間の中心**に移動する。それは絶対的動員が収斂する軸である。そこでは集約性が粗放性にとってかわり、最大限国家、摂理国家がとつぜん最小限国家、運命国家に席を譲る。それが政治家集団のつぎの目的地である。そこではベクトル権力のステレオ政治的効果にしばられて野党と与党が、歴史的妥協についで「時間的妥協」を実現し、そのなかで両者が渾然一体となる。

第二部

消滅の美学

「国家にとってもっとも偉大なる栄光とは国境地帯を広大な砂漠とすることである」

ユリウス・カエサル

戦闘部隊全体を隠蔽し偽装すること、奇襲を可能にするために存在を秘密にすること、「変装」し、「地下潜行」すること、——こうした言葉はすべておなじ意味をもっている。変装したり、森の茂みの陰にかくれること、それは敵の視線の猥褻さ（訳注：原文の obscénité の語源は「悪い前兆」という意味の単語で、ヴィリリオはこの単語の二重の意味にしばしば言及する）からのがれることであり、露出を嫌って撤退・後退の運動のなかに消えることである。そのとき、追跡する者がなすべき仕事は間隔をつめること、間隙をなくすことであり、他方、逃亡する者にとって、武器は敵を破壊する手段であるというより、距離をつくるための方法である。両者の関心はひたすらかれらをへだてる距離だけであり、かれらが安全でいられるのは隔たりが維持されている間だけである。たとえたがいの間隔が一〇歩の距離に縮まっても両者の歩みの孤独さはいっそう強調されるばかりだ。

「ゲリラ」の身を守ってくれるもの、それは地形の連続性、自然全体である。道路や建物など、足がつきやすいものは避け、土地の起伏のなかに身をかくさなければならない。ゲリラは草や木を褥とし、嵐や夜を身にまとう。人間とのあらゆる接触を入念にさけて空間をまるめこみ、移動の速度によって時間を籠絡する。さらに迷彩色で形をも手なずけて、身体を事物のなかに隠蔽し、自分も自分の足跡もかくす。

兵站上の必要性、戦術的拘束、戦略的配慮、——戦争とはまずゲームの起源であると同時に、その発展形態である。破壊を企てるためにはまず自分の姿を消さなければならない。隠匿と迅速さが「偉大なる死の装置」(シャルル・ペギー)の核心である。現実世界を精神の不可視の領域とすること、それが戦術の目標である。相手の知覚をまぬがれたものはすべて予備兵力として温存でき、よく知られていないものは兵士にとって有効な武器となる。実際、戦争術とは消滅の美学であり、それがおそらく歴史のすべてなのだ。「軍人にとって記憶とは知識そのものである」(ナポレオン三世)から、戦争の連続としての歴史から理性の展開としての歴史にいたるまできわめて広汎な記憶を軍人はもっていなければならない。そうすればわかるだろう、軍事機構は秘密を動員し、そしてそれを国有化することを。わすれないでおこう、戦争機械とは破壊機械である以前に「監視機械」である。軍隊という制度はなによりも**かくされたもの**を軍事化すること、**知られざるもの**を徴兵することなのである。それが証拠に、無名兵士の墓（訳注：身元不明の兵士が戦死者の代表としてエトワル広場の凱旋門に埋葬されている）に埋葬されたあの知られざるものはフランスにおいて国民的アイドルとなっているではないか。

不可視なるものが兵役に徴用される。敵がまだ知らないものすべてが、あるいはただたんにまだあらわれていないものすべてが海軍でいう意味での武装《アルムマン》（＝艤装）、つまり戦争のための準備作業となる。攻撃武器と装甲の弁証法のなかで、正体を知られたものは軍事的に有効ではなくなり、目にみえるものはすでに破滅している。というのもそれは「まだわからないものを予想する」という**戦争ゲーム**の規則に合致しないからである。チェスからトランプゲームまですべての対戦形式のゲームは戦争ゲームである。そもそもトランプの模様は軍事的な意味をもっていた。兵卒、近習、従者、軍旗……それが後に、兵士の絵は消えて点になり、エースの札が中隊の軍旗をあらわすようになる。カードのキングは大革命の時代には戦争の神様とか平和の神様にかえられた……。ゲームは酒場でやる文明的な決闘であり、雅なる戦争（訳注：士官が優雅にレースをまとい、儀礼が重んじられた一七、八世紀の戦争をいう）の予行演習としてのサロンの戦争であった。戦争はゲームとしてはじまり、ついで君主にしたがって移動する宮廷貴族たちのためのスペクタクルとなった。要塞システムの戦略家たちが活躍する戦場にひとびとは物見遊山ででかけ、**野戦の布陣法**に熱中し、教会の聖職者たちでさえ戦場見物というレジャーをたかく評価した。ショデルロ・ド・ラクロの小説『危険な関係』も実際の戦争の戦略にたいするひとびとの関心を考慮にいれなければ理解できないだろう。運命の男が運命の女性のモデルであり、処刑の下準備としての化粧が愛のための化粧に先行する。動物全体に言えることだが、変装した戦士の魅力は雄の特徴であり、決闘のホモセクシュアリティーが美の起源である。美とは肉体にくわえられる拷問の第一段階にすぎない。刺し傷、浅くはいった切り傷、傷跡。そしてさらには切断や死。おそらく美とは最初の**制服**なのだ……。

戦う身体の装備という問題はわたしの好奇心をひく。ここでふたつの美術館を比較検討することが必要になる。ロンドンの帝国戦争博物館とアンヴァリッドの軍事博物館である。

前者には主に前世紀からヒロシマ原爆投下にいたるまでの軍用車やさまざまな軍事行動の舞台となった場所の資料が展示されており、後者には軍用衣類、軍服、軍旗、武器、甲冑が展示されている。

ロンドンの博物館では戦場（あるいは戦争の非＝場所といった方がよいのかもしれない）、とりわけ第二次大戦の戦場があつかわれ、とくに連合軍のドイツ空襲にかんして非常に豊富な資料を展示した展示室がある。パリの博物館では、中世から一九四〇年代にまでいたる武器や小物がカタログ的に展示され、ガラスケースにはぴかぴかの甲冑の傑作群が陳列されている……。イギリスの方は、まるで自動車修理工場にいるみたいだし、パリの方は衣装戸棚や軍隊の更衣室さながらで、帝政時代の正装や金属製亡霊のような甲冑から二度の世界大戦時のくすんだ、きたならしい軍服までそろっている。壁に展示された武具飾りや軍旗にとりかこまれたアンヴァリッドの博物館の展示室は籠やハンガーがならんで、まるで劇場のアクセサリー売り場みたいに、古今の軍人の色あせた古着を展示している。ここでは軍隊はまるで夏の流行服、冬のコレクション、「春のバーゲン品」を飾るデパートみたいにみえる。それにたいしてイギリスの方は、むしろ旅行代理店をおもわせる。アンヴァリッドの天井のたかい展示室には過去の戦士の亡霊が出没し、ロンドンの博物館があるべスリム・ホスピタルには消滅した帝国の地図や写真や肖像がおさめられている。博物館が亡霊的性格をもっているといっても、それは博物館がノスタルジーを喚起するとか、過去の栄光や消滅した攻撃性のほのかな記憶を保持しているからというわけではない、むしろそれは戦争術特有のものなのである、たんなる破壊の実践ではない、消失の実践としての戦争術の……。しかしここでもう一度、軍人の装備とその変身――カフカの変身といくつかの点で似ている変身に話をもどそう。古典主義時代に**軍服**が出現する。それは貴族の顰蹙をかうが、しかしこの装飾過多の服は士官の印で、羽根飾り、帽子、飾り紐、リボンなど部隊のなかで士官をひきたたせるためのものだった。つまり華美な軍服によって連隊を所有する人間の富をみせつけようとしたのである。軍服は身体を集団に統合する手段、召使いのお仕着せとおなじ身体の帰属表明の手段であると同時に、一大戦争絵巻のための演出手段のひとつでもあった……。一揆をおこした農民たちもおなじようなことをしている。かれらは一揆のとき、たとえばカミザール（訳注：一八世紀初頭、ルイ一四世にたいして反乱をおこしたセヴェンヌ地方のカルヴァン派新教徒）のように特有のシャツを着たり、蝶々《パピヨン》のように多色の服を着たためにパルパイヨとよばれたカルヴァン派のひとびとのように祭りの服を着た。赤や金色のような目立つ色を着用するのは、闘牛士の派手な服同様、血がながれても目立たなくさせるためである。軍隊の方陣も戦う身体もみずから敵の銃撃の標的として自分をさしだす。歩兵隊がちいさい移動能力しかなかったことと、当時の軍事作戦の隊形編成の幾何学的厳密さとは軌を一にする。銃弾から身をかわさず、隊列をまもり、たったままでいる。これは古代の軍団への復帰だが、古代にはまだ盾をつかっていたのにそれさえない。この事実は歴史のおおきな流れのなかで意味のふかいことだ。最初は古代の盾という掩蔽物、中世に兜、盾、さらに身体全部をおおう甲冑、ついで、マスケット銃が出現するとともにじょじょに防備が放棄されるが、最終的に胸甲騎兵の胸甲やヘルメット、そして今日の防弾チョッキなどである種の個別的防御装置が復活する……。

こうした兵士の装備の変化はもちろん破壊手段の変化、武器の進歩や作戦スタイルとも関係しているが、それればかりではなくそれぞれの時代が**戦う身体《コール》についてどんな政策を採用していたか**にもかかっている。**軍団とか連隊**（訳注：軍団、連隊はそれぞれ直訳すると「軍隊の身体《コール》」や「部隊の身体」となる）という言葉は一般にかんがえられている以上に明確な意味をもった言葉である。一八世紀から二〇世紀にかけて、イギリスではしばしばうまれた時から軍隊のなかでの位置がきまっており、特定の連隊に入隊するために有力者に力添えを依頼することもあった。戦争エリートとはたんに多少なりとも戦闘行為に秀でたものを言うだけではない。家柄、国王特権、武器の威力、富そして連隊の衣服の美しさなど、こうしたものがもたらす名声がエリートをつくっていた……。これは今日でもまだ「兵隊募集広告」にみられる。現在の宣伝文句には軍服は女性にもてるとか、技術が習得できるとか、いろんな乗り物の操縦をおぼえられるなどとある……。こうしたことすべては革命前のフランスの募兵宣伝に存在していた。したがって、軍服は出現したときから、主人のあたえる「お仕着せ」であり、またグループやある身分階級への帰属の印であり、さらに豪奢さの社会的演出でもあるのだ。軍服の華美さはサロンをでて実際の戦いという残酷な対峙の際にも存続した。「雅なる戦争」は、その時代が平和時と戦時の区別が意味をもたない時代だったことをしめしている。戦争も平和も、どちらもひとつの「政治情勢」だったのである。

しかし、華美さを制服によって一様化することは貴族階級（とくに地方の貴族階級）を国王の使用人にするための陰謀にほかならないという反応がすぐさまあらわれる。貴族は、衣服の輝かしい装飾にもかかわらず、その一様性をうけいれることで、かれらがまたあたらしくなにかをうしない、きわめて重要なものが消えていくということをみぬいていた。軍服が採用されたのは戦略的必要性から特別な軍事部隊があたらしく創設されたためであった。これは当時としてはそれなりの必然性があったようにみえる。しかしそれは結果的には軍隊内における、そしてさらには国際舞台における貴族の特権の終焉を認知する結果になった。こうした状態はさまざまな変遷をともないながら、産業革命の時代までつづくことになる。そして産業革命の時代になって、武器と鎧の弁証法のために、戦う身体の装備と武器に徹底的な変化が生じる。

第一次大戦最初期の数ヶ月のあいだに、ドイツ軍の機関銃使用による射撃能力向上と、自軍の**深紅色**の軍服のためにフランス軍は大量の戦死者をだした。そこで「軍当局は軍服への**派手な色**の採用を断念し、**中間色**を採用して**戦場での軍隊の可視性**を減少させるべきであるという点で意見の一致をみた。実験がくりかえされたが、赤い軍服や軍帽がこのましくないという結論はでても、それでは何色を採用するかという点では意見がわかれた。すでにイギリス軍はカーキ色を、ロシア軍は灰色、イタリア軍は緑色がかった灰色、ドイツ軍は灰緑色を採用していた。

混同がおこらないように、**隣国の軍服の色と十分に差があり、しかも目立たない色をみつけるこ**

とは困難だった。しかし、実は大戦の前夜、採用すべき色についてすでにコンセンサスができつつあった。ある巧妙な業者が青・白・赤三色の糸で織った布をかんがえだして、対立する意見を宥和させたのである。白糸と赤糸は最小限度におさえられ、その結果、全体のトーンは赤い点がはいったあかるい青というかんじになった。これがホライズンブルー（訳注：第一次大戦で採用されたフランス軍軍服の色）の生地のもとになった。ホライズンブルーは織りを単純化し、生産量をあげるために赤糸をぬいた点だけが三色生地とことなる。」これはアシェット年鑑一九一六年版の抜粋だが、このテクストは近年おこった兵士の変容を分析するためにきわめて有益である。**つまり兵士が一様な存在であることをやめ不可視な存在になる。**新兵器があたえる損害のために、戦う身体が視界から消え、環境のなかにかくれなければならなくなる。まわりにとけこんで、そして姿をかくす、これが軍隊の目標となり、そのためにさまざまな中間色、くすんだ色、オークル色がいろんな割合でまざった灰色のさまざまな色調が軍隊でもちいられるようになる。士官でさえその身分をあらわす飾りひもをもたなくなり、連隊番号をあらわす数字だけになる。それでも羽根飾りや白手袋にこだわる自殺志願者は規則違反になったが、いずれにせよ処分をうける前に戦死するので懲罰の対象となることもなかった……。

しかし問題はのこった。**隣国の軍隊の色とことなる目立たない色をみつけることがむずかしい。**銃撃や砲撃の的にはなりたくないが、戦場で敵味方を区別するために最低限の「国を識別するための標」はのこしておかなければならない。戦闘服というのは軍人の作業衣のようなもので、塹壕——当時フランス北東部で進行中の大型公共事業——の泥のなかを這いまわっても支障ないものでなければならなかった。

「青い作業着」を着た労働者同様に、「ホライズンブルーの作業着」を着た兵士も個性・個別性をうしなってしまう。一方、外出着は休暇中の軍人の「晴着」のようなものである……。各国に固有な軍服の色があり、フランスとその隣国では色がことなったのだが、このようなちがいは第一次大戦かぎりでおわる。画一化《ユニフォルミザション》の動きはさらに個人性が消滅することを要求する。古典主義時代の軍服《ユニフォーム》は軍人を壮麗にみせ、軍事作戦の舞台のうえで英雄をできるだけ目立つ存在にすることをめざしていたのだが、いまやすべての人間の身体を一様に隠蔽することがめざされる。各国はそのために自分たちに固有なタイプの〈消滅〉、固有の**目にみえない色**を選択する。ある国は大地にかえろうとして黄色がかったオークル色から灰緑色をえらび、別の国は遠方の青がすみ（ヴォージュ地方の青い地平線）のなかに溶けこんでしまおうとする。まるでブレリオ（訳注：飛行機で一九〇九年に初の英仏海峡横断に成功）とヴェドリーヌ（訳注：一九一九年にパリのギャラリー・ラファイエット百貨店の屋上に着陸を成功させたことで知られる飛行士）の祖国がかれらに敬意を表して、空の色を自分たちの軍人の印にしようとしたかのようだ。軍隊《トループ》はもはや偉大なる世紀におけるように「演劇の一座《トループ》」ではない。もう主役など存在しない。攻撃のときに**外出着**を着て出撃する士官もいるにはいたが、実際そんなことをしても戦死して決定的に舞台から退場してしまうだけだった……。もう端役しか存在しない、数を増やすためにあつめられた端役の集団しか必要ない。派手すぎる深紅色をやめた後、肌の色、ちょっとくすんだバラ色、女性下着の肌色がかったバラ色、**大砲の餌食になるためのバラ色**をえらぶことだってできたはずだ。カーキ色について言うと、この色は色以上のものだ。この色をえらんだものは、味方の識別というよりその解体を意図したのだ。というのもカーキという言葉はヒンドゥースタン語の「埃の色」という意味の単語からきているからだ。
戦う身体はもはや身体ではない。それはたんなる数字にすぎない。だから死体になったら認識票さえひきはがせばよい。みわたすかぎりなにもない野原のまんなかで戦うとき、機関銃の乱射を前にして、砲弾が嵐のようにふりそそぐなかで、知性も策略もなんの役にもたちはしない。しかし知性だけではなく、肉体もまた意味を喪失する。おおくの兵士が、めくらめっぽうに銃撃して、とおくの方でどんな敵をうちたおしたのかしっかりとみたこともないと告白している。恐怖というのはおおくの場合、敵がいるとわかっていながら、目にはまだみえないという状態からおこってくる。

兵士がいきうめになりながら戦ったこの戦争の物語のなかには非常に意味ぶかいエピソードがある。たとえばソンム県では土嚢が手にはいらなかったので、弾よけの防御壁がわりに死体がつまれた。また死体がたくさん埋葬された土地を掘ったりうめたりをくりかえしてつくった塹壕では土からつきだした死体の手足に布袋や飯盒をつるしていた……。

現代の兵士は攻撃の残虐さのなかでたんに非社会化されるだけではなく、非動物化される。かつて戦士は家紋につかわれた動物になぞらえて獅子や鷲や隼と形容されていたのだが、いまやそうしたものをすべてうしない、**亡霊**となる。身体の認識をうばわれた兵士は骸骨《オシュエール》となる以前にもう屍衣《シュエール》でしかない。（かれらの遺骨がおさめられたドゥオーモンの納骨堂は流線型、つまりかれらの死の原因となった砲弾の形をしている。）

こうした現象は大戦のおわりまでつづく。実際、当時「大地の装甲」と呼ばれた最初の攻撃用戦車の側面には偽装、迷彩、カムフラージュがほどこされた。

二〇年後の第二次大戦中、カムフラージュをし、雑多な中間色をほどこした服装はまず落下傘部隊でひろまる。またフィンランドやロシアでは冬の間、軍隊は白い服を身にまとう。しかし、いまやカーキ色はすべての国の軍隊で一般的に採用されるようになるのだが、その一方で斑点いり迷彩色が出現する。これは作為の世界で、ここではひたすら全面的にまざりあって見分けをつかなくさせること、さらには敵ととりちがえられることが目標となる。**均一性から「国家的」不可視性へ、われわれは融合と混同の世界へとはいっていく。**植物に変装した兵士はあの一般的な傾向を先どりしているのだ。つまり動物的な身体が消えるのみならず、兵士は枝や季節季節の植生や雪の白さなど、まわりの環境の種々雑多な要素を自分のなかにとりいれる……。さらには本来自分のものではない軍事的要素さえ。敵軍の服装で変装する部隊はときにスパイの役割を演じるし、**ブランデンブルク部隊**は進軍するにつれ、カメレオンみたいに敵軍の姿にあわせて変装する……。

もう誰が誰だかわからない。あるいはこう言った方がよいのかもしれない、視覚的偽装によってみんなが誰にでも、なんにでもなれる。最終的には、そして実際そうなりつつあるのだが、あまりにも明白な軍服は完全にやめにして、民間服のようなものでそれを代替することもできよう。実際、警察はとっくのむかしにそうしている。こうしてわれわれは出発点にもどる。**戦う身体の非物質化は脱領域化とおなじように進行し、**兵士は「無名戦士」となり、戦士は亡霊となる。ただしそれは変幻自在の幽霊で、デモの警備係も、スト参加者（ごみ収集人、郵便配達夫、航空管制官）の代役もつとめる。軍事プロレタリアートと民間プロレタリアートが幽霊みたいに渾然一体となる。

要約すると、戦う身体は革命前の戦争では舞台にのせられたみたいに演出され飾りたてられ、ついで産業的戦争の時代になってとつぜん隠れ蓑もどきの軍服の下に姿をかくされ、偽装して完全に消失し、うわべだけのみせかけだけで、明確なリアリティーをなくす。それはすでにして「民間」と「軍隊」の区別の消失の前兆だが、この民間と軍隊の渾然一体は政治的にはきわめて不吉な出来事だ……。さらに付言しておこう、この兵士の身体の脱動物化は軍隊の機械化と密接にむすびついている。戦う身体は歩兵隊のカーキ色軍服やアルプス猟歩兵隊の屍衣めいた白い軍服や落下傘兵の迷彩服のなかで消滅していくだけではなく、さらに自分を輸送する戦闘用乗り物のなかでも消失する。戦争による脱動物化と脱領域化が高度化して、ここでは乗り物による身体の「包装」という形をとっているのだ。身体は屍衣に、パイロットはミラージュ（＝幻）III、ファントム（＝幽霊）といった戦闘機の操縦室につつまれる……。最新の戦闘服は技術的義肢そのものとなりつつある。それは騎士の甲冑の復活だ。**戦う身体が復活しつつある。そのもっとも明確な印は乗り物、あるいはより正確に言えばその速度である。**「タイムマシン」の乗客のように、戦う身体が衣服のように速度をまとう。現代の戦士は速度のみを身にまとうのである。**かれは通過《パセ》する、死にいたる《トレパセ》まで。**現代の戦争はもはや戦う身体の技術ではない、それはとつぜん、戦うエンジンの技術になってしまった。

いままでは仮面や盾で自分をおおったり、壁の陰にかくれることによって姿をかくしていたのだが、いまや人は速度によって不可視の存在となる。

軍事的新秩序は速度の秩序、**走行体制《ドロモクラシー》**である。戦闘員を表示し階級づけるのは身体を飾る軍服ではなく武器である。ただし武器という言葉は、空間・障害物・身体を「貫通するさまざまな手段」という意味で理解されなければならない。フラー将軍が明確に述べているように、「戦闘員が槍をなげあうとき、武器の初速はおおきくないので途中でそれを知覚して、盾でふせぐことができる。しかし投げ槍のかわりに弾丸になるとおおきい初速のためにそれを回避することは不可能になる。」「エンジン＝戦闘員」の誕生とともに、回避《パラッド》どころか、戦闘装置は大サーカスのパレード《パラッド》さながらとなり、軍人は砲弾の運動力のなかに強制的に編入させられる。その極限の形が日本の砲弾人間カミカゼあるいは人間魚雷である。まさしく花火打ち上げ技術の神髄だ。砲弾を発射する人間自身が砲弾となって、目標と一緒にちりぢりばらばらになる。

こうなると今度は兵士だけではなく兵器そのものを敵からかくさなければならなくなる。こうして乗り物が、かつての戦闘服とおなじように、粉飾されるようになり、複雑なカムフラージュのもとにその輪郭が消失する。装甲車は灰緑や砂黄色、ときには密林の薄暗がりをまねてまだら模様にペンキがぬられる。飛行機は二色をつかいわけて地上の物体や空中に機体をとけこませる。機体の腹部はあかるい灰色にして地上の観察者が空の光と混同するようにし、機体の上部には逆に緑がかったペンキで、着陸したとき、自然と一体になるようにする。さらに飛行場自体が粉飾され、格納庫は「戦争用ペンキ」すなわちカムフラージュ用の網でおおわれる。手品で視線から消しさられるのは今度は場所、領土的身体そのものである。

「一瞬にして、飛行場が事実上森や平原、湖や村になる……。もちろん自分の姿をみえなくするという人間の夢は実現にはまだほどとおいが、姿をかくす技術はそれでも相当発展した。今日、戦争は擬態を必要とする。ゲームのようにしばらくの間だけ姿をかくすのではなく、ながい時間、巨大な物体や広大な空間をかくすことが必要になってくるのだ。こうした作業を実行するためにはひろい知識が必要である。その仕事を担当する人間は予想もしない危険、一見ありそうにない可能性についても鋭い感覚をもっていなければならない。カムフラージュの構築者はプロパガンダ担当者と正反対の仕事をする。プロパガンダ担当者はみんなにそれがなんであるかをはっきりとしめそうとし、カムフラージュの構築者はその逆に、世界を実際とはちがうようにみせるという仕事をまかされ、それに専念する。」

　第一次世界大戦の二五年後、一九四三年にドイツの雑誌ジグナール誌に掲載されたこの記事は隠蔽とカムフラージュの原理の進展をよくしめしている。総力戦（＝全面戦争）は戦場を拡大し、武器の射程を延長し、乗り物の行動半径を拡大したが、その結果、戦争の戦術的「次元」は縮小し、戦略的・兵站的側面が増大した。

　フォン・ビューローが書いているように、「戦略とは**敵の視野の外での**軍事行動にかんする学であり、戦術とはその内部での軍事行動の学である。」だから今後、あたらしく姿をかくすものがふえるにつれて戦略の領域は拡大していくだろう。乗り物、インフラ、爆撃にさらされる街、さらに国境地帯のような地域全体、こうしたもの全体が完全な**暗闇のなかに沈む**[17]。計画的破壊からまぬがれうるものはもうなにもない。領土のカムフラージュはこの破壊力の拡大をもっとも明確にしめすサインだ。**決定的に消滅させられないために、一時的に消滅する、**――これがあたらしい軍事的選択と言えよう。きわめて高度な爆発力や超高速の乗り物がこのような総動員をもたらした。作戦行動があまりにも迅速におこなわれるので国旗や軍旗などは役にたたなくなる、ちょうどすこしまえに速度のために国を識別するための軍服が無用の長物になったのとおなじように。パイロットや乗り物の操縦士は**操縦室**《アビタクル》を服としてまとう。だからその本来の**服装**《アビ》はもはや下着でしかない。

(17) 目標を捕捉すると同時に撃墜した敵機を記録することを目的として、非常に早くから戦闘機の機銃の砲身の真上にカメラがとりつけられていた。これは照準という行為において武器の機能と目の機能が最初から一体となっていたことをしめす。望遠レンズつき小銃の照門や長距離砲の照準器をかんがえてもらいたい。またナダールによる「気球」写真の発明や第一次大戦時の航空偵察写真の徹底した産業化は地域全体にたいしておこなわれる破壊行為が運動学的な性格をもっていたことのよい例証になるだろう。爆撃によって風景はたえず、そして完全に変貌させられる。だから連続して写真をとることで風景を再構成しなければならない。つまり不確かな存在になった領土を映画的に追跡し、解体され、再構成される地理的姿を把握するために参謀本部の地図だけでは不十分だからフィルムでそれを補わなければならない。総力戦（＝全面戦争）は戦争の舞台のこのような変貌をいっそう加速することになる。（P・ヴィリリオ『知覚の兵站術』参照）

整然と隊列をくんで戦争がおこなわれていた時代、きらめく衣装、軍旗、幟はほぼ無線信号とおなじような意味をもっていた。つまり敵にたいして自分の存在を告げ、味方と連絡をとりあうことである。現代の通信手段において、この方式はおわったも同然だ。「無線妨害」や「電子的対抗措置」は通信の分野において身体的カムフラージュをくりかえしていることになる。最後に、速度の戦略自体がカムフラージュといえる。電撃戦は予備的段階をすべてとばす。もう合図をすることはない。宣戦布告の瞬間に、そしておおくの場合、宣戦布告以前に、もうすべてが決せられている。

ここでも軍隊の速度と空中機動性が身体の装飾とともに旧来の戦争の慣習を一掃してしまう。一九世紀、フランスにおいてあたらしい**秘密警察**が誕生したが、それとおなじように現在、正規軍においては「私服兵士」へとむかう傾向がみられる。軍人と民間人をわかつのはただ通信・攻撃手段の性能だけである。内戦のスローガンが正規軍のスローガンになる。すなわち**前線はどこにもなく、敵はどこにでもいる**。機動作戦の速度はただたんに軍人の顔、武器の形態、軍事施設の輪郭を消し去ってしまったばかりか、前線さえも消滅させてしまった。時代がながれるにつれ、**戦場が決戦場に**、そして**前線**に変貌するが、電撃戦とともに敵味方をわかつ線は消滅する。ギュデリアン将軍もこのように宣言している、「**戦車があるところ、前線がある。**」

言いかえると、戦争機械が存在するところに戦争が存在する。しかし実際には、攻撃機械に言及されるとき、いかなる種類の場所が問題になっているのだろうか。戦争はいたるところにあるが、前線はどこにも存在しない。装甲車の攻撃は機動化されたゲリラ活動にほかならない。それは貧者の戦争、マイノリティーにとってそれしか選択肢がない奇襲や地下作戦を正規軍が戦略として採用したものなのだ。たとえばスウェーデンでは現在、兵士はパルチザンとなるよう訓練されている。国家は**自由戦争**と名づけたものを計画しているのだが、これはむかしでいうゲリラ戦の別名である。ただしこれは全面的ゲリラ戦、多数派によるゲリラ戦である。**実際、戦争があらゆる慣習、あらゆる規則、あらゆる自制からも解放されつつある**。戦略軍にかんしては、現在、原潜がもっとも強力な核運搬手段だが、それは破壊力がおおきいからではなく、その位置を確定すること、つまりそれを**出現させる**ことができないからである。まだ検知不可能な原潜は核抑止力のイメージそのもののである……。武器の無名性は兵士の無名性と軌を一にする。知覚されたもの、みえるものは補助的な戦術として役だつにすぎない。秘密にされたもの、これが力であり、位置が確定できないこと、それが防御手段である。これは粉飾の努力の極みであるが、このメーキャップは地球戦略的メーキャップである。つまり化粧品《コスメティック》をつかうのではなく、宇宙全体《コスミック》を舞台とする……。化粧する女性の魔性のかわりに兵器・ミサイル・戦車などが無際限にえがくアラベスク模様のかげに姿をかくす世界の魔性。世界はそれによって「戦略的」でありつづける、つまり姿がみえない「純潔」な存在でありつづける。諸国家間の平和共存はつくられた天真爛漫さのもつひかえめな魅力をもっている。地球の政治的人為性は地理的人為性のうらがえしである。人間の住環境の表象に適用されたあの幾何学、国境の限取りや色や線は、ちょうど化粧のファンデーションが健康の輝きとはなんの関係もないように、領土とはなんの関係もない。むかしサクス元帥が述べたように「わたしは戦闘に賛成ではない、有能な将軍なら、生涯、戦争に従事しながら戦闘をするはめにおちいらずにすませられるとわたしは確信している。……いわば敵を溶かさなければならない。」歴史の進行はかれがただしかったことを証明した。地図による位置確定から電子的遠隔検知にいたるまで、世界にさまざまな線がえがかれる。また鉄道・道路そのほかの基盤は世界につけられた傷跡であり、戦争が世界にほどこす入れ墨だ。こうしたことがらすべては戦争行為であり、そしてそれがえがいた線のために世界の姿がかすんできた……。道路の直線性は速度の歴史を想起させる。**直線は暴力の化石である。**大通りにはなたれた砲弾の暴力や第三帝国高速道路をはしる装甲車の暴力の……。

服装の画一性による身体の特質の消失は速度の単方向性による身体の消失とパラレルな関係にあ

る。総動員体制は粉飾の最終的な形であり、鉄道や高速道路の道筋は建物の間仕切り壁にかかれたカムフラージュのあとのようなものである。画一性が全体的調和と誤解されている。変貌したフランスは、みだりに装備をつけられた身体の姿をあらわしている。フランスの領土は空中ケーブルから空の飛行機雲にいたるまでコミュニケーション手段によって過度にメーキャップされている。空の青い空間に碁盤縞の線をひく飛行機雲のために、最後には空の色が完全におぼろげになってしまうだろう。

　実際、われわれは直接にものをみるという習慣をどんどんなくしている……。領土のかわりに地図、事実のかわりに統計。一九四八年にウィンストン・チャーチルが書いたように、「むかしの戦争では全般的傾向より部分的エピソードをもとに意志決定がおこなわれたが、近代戦争において、傾向の方がエピソードよりはるかに重要である。」

　溶かし、渾然とさせ、ぼかす。戦争は消滅の美学をあきらかにしているようにみえる。それも最高権力にいたるまで。指導者、士官あるいは戦略家として戦争で責任ある役割をはたす者、すべてがある抽象的過程の半指導者《スミ・コンデュクトゥール》（訳注：「半指導者」は文字どおりには電子回路の「半導体」。速度の支配のなかで指導者がみずから判断しない自動機械となる）となる。兵士や軍隊の後で、こんどは目標自体が無名な存在になる。指揮官にとって、ミサイル搭載原潜の指揮官にとって、照準計算機のメモリー以外の記憶はもう存在しない。磁気テープがそのリールのなかにミサイルの標的までの軌道を集約している。ちょうどローマの道が帝国の力を軍団の移動のなかに集約していたように。

　ドラムにまきとられていても、平野に展開されていても、直線は無限を象徴している。というのもそれはつねに自分と同一であるからである。最初の軍事防御帯である直線は暴力を予告しているが、それは認可されることのない暴力である。そこでは運動がすべてであり目的は価値がない。高級娼婦とおなじように、成功はなんの意味もない、ただ継続だけが重要なのだ。誘惑は出発を挑発し、純潔は旅へいざなう罠である。直線はひきつける力をもっている。ちょうど娼婦が兵士を寝室にひきいれるように直線はわれわれを地平線へとみちびくのである。

選ばれた場所《リュー・デレクション》から放出発射場《リュー・デジェクション》へ

「こうして我が民は、知性を欠いたために流刑となるだろう。」

『呪いの書』

ここで建築についてかたってもよいだろうか。ノスタルジーが言葉に直結するものだとしたら、たしかにそうしてもよいだろう。わたしは最近、ベルリン、というか、より正確にはアレクサンダー広場をうつした写真を何枚かみた。時期的には三〇年代から現在にまでわたるこの写真は広場の現状をみせるというより、その消失の様子をみせていた。つまり急速にひとつの光景が消えてはつぎの光景へとオーバーラップしながら移行するフェード・アウトの連続を。都会の光景の変化がこのようにとつぜん加速化されたのは戦争のせいだろうか。おそらくそうだ。しかし、ヨーロッパの街が戦争で焼きつくされたことが空間の消費のもともとの原因になっていることはたしかに事実としても、このような都市の風景のアニメーション化がはじまったのは——つまり政策決定者やそのほかの都市の演出家たちが都市設計と称して都市景観を、さらには領土の身体全体を揺りうごかしはじめたのは一九四五年以降のことだ。今日パリのレ・アル（訳注：パリ中心部の旧中央市場のあった地域。当時、再開発中）などについて歴史主義者たちはふるいモデルの再生をのぞんでいるようだが、かれらの保存本能は革新の主張とおなじくらい滑稽におもえる。いまやあたらしさとは速度のことであり、形式を変化させたり刷新することではない。伝統と革新のサイクルを加速させること、純粋な速度が問題なのである。旧スタイルの時代、新スタイルの時代があまりにもめまぐるしく目の前をとおりすぎていくので、スタイルの推移など建築術の全面的破綻をしめすシーンの連続でしかない。だから今日、ベルリンのみならずパリやニューヨークなど都市の敗北の構造的形態を知覚するためにはマレーの動体写真銃が必要であろう。

巨大都市の破綻はより広大な崩壊の前兆でしかない。実際、領土の全体にきわめて頻繁にひとびとが拡散されていくから、都市集中・統合の神話は消滅せざるをえない。一〇年前、マンハッタンで建築許可をえるためには同時に「解体申請書」も提出しなければならないというきびしい規則ができ、ひとびとはそれを成功と評価した。建物の姿が存続する期間は一二年に限定された。都市景観のこの異常なまでの流動性についてはそれを支持する理論家もいる。とくに日本におおいが、かれらは**都市新陳代謝論者**と呼ばれている。日本では一〇分もたたないあいだに都市景観が完全に消滅したという事件が二度もおこっているということは特記すべきだろう。言うまでもなくヒロシマとナガサキである……。今日、都市新陳代謝論者のひとり丹下健三はある専門誌で建築ならぬ建築家が将来消滅するであろうとなげいている。丹下は建築家を都市景観を消滅させる手品師にしようとしていたのだが、帽子のなかのウサギになったのはかれ自身だったというわけだ。あるいは日本の影絵みたいな存在になったというべきだろうか。すべてが急速に陳腐化してしまうこの消滅の美学が発生したのはなにも「産業デザイン」の責任というわけでもないようだ。まるで一世紀たらずまえの輸送革命が西洋最後の文化革命であったとでも言わんばかりに、われわれは鉄道の出現とリュミエール兄弟の映画の出現のあいだにふかい同一性が存在するとかんがえはじめている。「ベル・エポック」の時代、ラ・シオタの駅に列車がはいってくる（訳注：一八九五年、リュミエール兄弟がこの光景を撮影、上演した）とともに、すべてがうごきはじめ、活動しはじめる。すべてが軌道となり、速度をもつようになる――映像の映写《プロジェクション》の速度、そして大砲の砲弾《プロジェクティル》や飛行機の速度。最後に、一九〇五年、ある科学者がより完璧な手品を可能にする理論を主張する。論文は「運動体の電気力学」という題で、著者はアインシュタインという名前だった。今日、こうした動きはそのひろがりと歴史的意味をはっきりと知覚できるのだが、その時期はまた総動員体制の時期とも一致している。総動員体制とは速度のなかで速度によってひとびとをとおくへおいやる運動にほかならない。

一九七三年、装飾芸術美術館で開催された展覧会の際、七〇年ほど前にパリ近郊で撮影された風景が展示された。最近の写真とならべると、現代の都市構造に生じた亀裂がよくみえてくる。印象ぶかいのは、緑が消え、建物の大きさがおおきくなったという事実のほかに、近年の写真では、人口がかなり集中しているはずのこの郊外において、住民が一見して不在であることだ。都市からこのようにとつぜん住民が消えたのは、世紀の初め以来人間がよりおおきな速度を獲得したためである。住民は依然としてそこにいるのだが、たえず通過しているので目にみえない。この砂漠化した都市景観の「時間映像」はあたらしい《空虚《ヴィッド》》としての《速度《ヴィット》》をみごとにあらわしている。乗り物の消散作用のなかにとじこめられ、動力エネルギーの暴力によって孤立化した乗客は現前するにもかかわらず不在する。加速化された道のりの隔たりのなかに幽閉された交通機関利用者はいまや「住民」というよりはいきのこりであり、「社会の正規構成員」というよりはそのパートタイマーなのである。

ひとつ例をとろう。パリ一四区の住民の八〇パーセントは実際たんなる通行人である。この数字からはポルト・ドルレアンやポルト・ド・シャティヨン（訳注：一四区のパリとその郊外の境界にある地域）を通過してパリをでいりするひとびとの流れは除外されていることは念頭においていただきたい。つまりここで住民というのは幹線交通網をたんに通行するだけのものを除外し（そうしたひとびとの存在自体、すでに十分に意味ぶかい現象だが）、一四区の区域に滞在しているもののみをかぞえている。ところが、一四区に滞在していると主張するもののうち、八〇パーセントの人間がそこに持続的にとどまってはおらず、住居をもたないが仕事のためにそこに滞在するか、住居をもつが、毎朝仕事のために一四区をはなれて外に、それもしばしば非常にとおい地域にでていく……。これは「周期的移住」とよばれる放浪の好例である。そのために人間の社会のなかでの地理的位置確定が完全に不可能になってしまう。

それでは都市生活者はいったいどこにいるのだろう。最終的にかれの居場所といえるものはどこだろう。赤ん坊であるため、あるいは老齢や病気のためベッドに寝たきりという場合をのぞいて、ひとびとはまだどこかに滞在していると言えるのだろうか。交通機関利用者に聞いてみれば、「わたしはバスに住んでいます。知りあいに会えるのはバスのなかです。バスが職場と住まいの通路です」と無邪気にこたえるものが時々いる。また郊外電車がそうだというものもいる。一日のうち何時間もすごし、知りあいをつくるのは郊外電車の中だからだ。それにたいして、目的地についたら、孤独にひとり食事をしたり、住まいで夜の休息をとるだけである。本当の意味でひとが生活する空間というのはこれこれの行政区画とまったく無関係である。それはもう弛緩した指状突起のような空間でしかない。このあたらしい地形図に、さらに週末のレジャーの遠出やバカンスの大旅行をくわえるなら、全国規模で、さらには大陸規模、地球規模で空間がひきさかれることになる。そして、パートタイマー市民である乗客の居住エリアが空間的に位置確定不可能な場としてうかびあがってくる。つまり、一見すると都市への人口集中がいままでにもまして進行しているようにみえるのだが、本当は都市住民を輸送し四散させる排除の動きが現代という時代の特徴なのである。「人口密度」の高さをもって超巨大都市とするわけにはいかない。そんなふうに誤解したままでいると、社会的な消散傾向を増大させ、加速された移動の暴力による人間の排除をますます深刻化させる結果になるだろう。むかしは壁や仕切によって人間が隔離されていたのだが、速度は、われわれが気がつかないままに、それとおなじことをしている。しばしば新都市ということが言われるが……、もし本当に新都市など存在するなら、気がついているはずだ。あたらしくここそこにできる都市は新都市などというものではない、大都市のまわりにできたこれまでとおなじ旧態依然たる街にすぎない。ロンドンやフランスで、星雲のように街並みが発生することが確認される。しかし本当にあたらしい事実とは、人間を援助する力をもった大都市の破綻である。現代という時代固有の現象とは発車待合所（そう、「発車待合所」とわたしは書いたのだ）の異常な発展である。それは空港そのほかの放出発射場《リュー・デジェクション》のことで、かつては選ばれた場所《リュー・デレクション》だった都市がそれに変質してしまったのである。実際、北米の公共サービスを提供しうる大都市が破綻し、そのためにすでに移住する農民とプロレタリアートの社会統合の場としての集落という神話が終焉しつつある。これはおおくの点で脱植民地化に似た大々的**全面放棄**のはじまりだ。ターミナルや検問所や監視所に超集中した脱国民国家は都市住民と自分をつないでいる舫綱をとこうとしている。国家のあるべき場所はいまや速度の非＝場所であり、本質的にベクトル的な非＝国土である。そこでは空間にかわって時間が優越性をもつようになっている。その結果、フランスではきわめて真剣に国土整備省ならぬ時間整備省の創設が検討されはじめている……。

東西二大陣営の戦略をみてみよう。大洋（地中海、インド洋など）とそれに付随して港やいくつかの島をコントロールすることが戦略の中心となる一方で、都市はもはや勝負の賭金のようなものでしかなくなっている。つまりたんなる敵の攻撃目標になるだけで、まもるにもやっかいな代物になってしまっているのだ。これぞまさしく新都市で、開放都市であると同時に生贄都市である。それは恐怖の均衡の焦点にあって、全面的抑止戦略の人質という役割をはたしているだけなのだ。このことを実証しているひとつのエピソードをお伝えしよう。ある会合で、建築家であると同時に情報科学者でもあるネグロポンティーがわたしにつぎのようなことを教えてくれた。かれによるとペンタゴンはあたらしいタイプの世界地図を所有している。それは偵察衛星による地球資源調査の成果である。さまざまな動きがそれによってコントロールされているだけではなく、軍人はそこに都市の状態をかきいれそれを毎週更新する。ある区域で建築が完成し、市街地の輪郭が変化すると、すぐさまその変化はアメリカ軍の全世界土地台帳管理課に報告される。これが各国の各都市にかんしておこなわれているのである。この間までは征服した領土の地勢図をつくっていたが、それとおなじように現在は建物の調査目録をつくり、都市の形態を明細に記録する……いざというときのために。

これがあの有名な「脱＝都市計画」である。つい最近まで、橋を建設するとき、戦争で破壊されたらどうなるか計算してあらかじめそれにそなえておかなければならなかった。そしてほんの一〇年前には、ニューヨークで建築許可をえるためには「解体申請書」を提出しなければならなくなった。核兵器にもとづいた地政学の時代になって、破壊許可(18)が地球という星雲のように広大な世界全体で忍耐づよく、容赦なく準備されつつある。都市の終焉もこうした状況の一環である。かつては権力が定着する場所であり、要塞化された城壁国家として外敵にたいする抵抗の場でもあった都市はいまや生贄としてしか役にたたない。両陣営の軍人がたがいに相手にたいしてこの民間施設を生贄としてさしだすのだ……。かつてひとびとが「野蛮人」にたいする贈り物にしていたあのこわれやすい粗悪な小物類に似て、都市はもはや破壊・略奪されるショーケースにすぎない。西ベルリンは都市のこのような性格をよくあらわしている。いったん破壊されたこの都市は西側陣営の繁栄を誇示するために再建された。ドイツの首都という地位をうしなった西ベルリンはさらにその都市としてのリアリティーの一部も喪失し、東側にむかってひらかれた劇場としての都市、逃亡者のトランジットの場所、仮設の国際展覧会のための建築の実験場となる。生活の場所としてよりもシンボルとしてのみリアリティーをもつ都市、それがベルリンのあたらしいステイタスなのである。今日、ニューヨークが経験しつつある危機はベルリンのそれに非常によく似ている。ニューヨークはアメリカの東正面で、移住者の港、ふるくからあるアメリカン・ドリームのショーケースである。しかしそれにもかかわらず、この大都市はその経済的・政治的実質をワシントンに、というかむしろ西洋文明のターミナルであるペンタゴンにうばわれてしまっている。現代地政学の当事者にとって、まだ存続しているのはふたつの都市、モスクワとワシントンだけである。このふたつだけが、建築されつつあるふたつの脱国民国家的国家のレベルで信頼性のある都市であり、政治的リアリティーを依然として無傷のままに保有している都市なのである。もっともそれもながくはつづかないだろうが。[19] このようにさまざまな事実が符合しているのだが、それが実際的にどんな帰結をもたらすかは十分に認識されていない。すなわち、都市集住《シノイキスモス》が際限もなく進行し、社会的・空間的構造が衰弱する。かつて村落が衰退して国家都市が出現したが、それとおなじように現在、地方都市が弱体化して首都が国家全体と同然になる。今日、超国家的なものに吸収されてそれぞれの大都市が、東西両陣営の首都がその影響をうけ、知らぬあいだに主権を喪失し、たんなる請負政治の場所にすぎなくなる。これが正常化の意味である。プラハはいくつもある例のうちの極端なケースにすぎない。

（18）**郊外を全面破壊しなければならないのだろうか？**　郊外居住者は市街生活者とはことなった自分たちの独自性を主張しはじめているが、その一方で六〇年代に建設された大規模集団住宅に革命的な事態が発生している。クルヌーヴでは一五〇〇戸、ガニーでは五〇〇戸の集合住宅がとりこわされつつある。どの大都市周辺でもおなじような問題がおこっている。「コミュニケーション推進協会」は経済面からこの問題を研究して、つぎのような結論に達した。「五年間に三〇万戸の住宅をとりこわすと年間一〇〇億フランの費用が必要になるが、その結果一〇万人以上の雇用が創出される。のみならず、五年後には解体と改築による税収増加は投資する公的資金の総額を六〇億から一〇〇億フラン上まわることになる。とすれば、決断すべきであろう。」A・シルベール、ヌーヴェル・オプセルヴァトゥール誌、一九八二年

(19) こうしてみるとアメリカの一部の大都市の困窮の原因がよく理解できる。とくにミシシッピー河の東側ではシカゴからワシントン、セントルイスからボストンにいたるまで、都市の中心部の人口が記録的な速度で減少し、そのために大西洋岸・アメリカ中西部の都市の経済的均衡がおびやかされている。**一〇年で、セントルイスは住民が二七パーセント減少、クリーヴランドは二三パーセント、デトロイトは二〇パーセント以上の減少**……。こうした都市の一部の地域はすでにアメリカ映画によってひとびとの記憶に永遠にきざまれる存在となったゴーストタウンに酷似している。ヨーロッパでも産業都市の危機のためにおなじような状況になっている。イギリスのリヴァプールやシェフィールド、西ドイツのドルトムント、フランスではリヨンの状況もそうだ。住宅大臣ロジェ・キヨは最近、**一〇〇万戸の社会住宅の解体計画**を検討しはじめた。それだけの数の住宅があたらしい「生活様式」に合致しないと判断されたのである。公式に、老朽化が建物を解体する唯一の規準・理由ではなくなった……。**かつては不況のときには大規模公共事業をおこなうのが通例だったが、大規模な集合住宅解体がそれにとってかわろうとしつつあるのだろうか。**

いたるところで政治的地理学がつくりかえられている。産業の再編成が第三世界にまでひろがり、多国籍企業によって国際的な分業がおこなわれる……。世界を包括する政治秩序構築を主張するひとたちは国家が世界の一地方となるべきだとするのだが、それがいまここに実現されているのだ。

核の均衡で維持された平和のなかで恐怖をいだきながらひとびとが共存するこの偉大なる時代において、都市の人口はその地政学的状況ほどは重要性をもたなくなっている。ニューヨークとロンドンとパリのあいだにさしたる差はない。それはワルシャワとプラハとレニングラードについてもおなじだ。ただふたつ孤独な城塞のみがのこっている。モスクワとワシントンである。東洋から西洋にいたるまで都市の建築が似かよったものになり、さらには同一になってきている。それに注目していたら都市の衰退というこの現象にもっと前に気がついていたはずだった。というのも「同一性」はつねにふかいところでなにかが消滅していることをしめしているのであり、多様性や差異の印が清算されるということは文化的政治的崩壊を予告しているからである。毛沢東は現在の状況を地球規模での都市と農村の巨大な対立としてえがいたが、かれは都市の永続性、その生存能力にかんしておもいちがいをしていたのだ。たしかに都市は西欧的国家の歴史的勃興とともに発展した。しかし産業革命によって都市の拡散がはじまった。一九世紀をつうじて都市はいちじるしい成長をとげたのだが、そのためにわれわれは都市の生存能力について誤解してしまっているのだ。産業革命とは実際には軍事＝産業革命であり、それが最終的になにをうみだしたのか、それはまもなくあきらかになった。つまり移動能力であり、発射物の速度である。産業のめざすものとはまさしくそれであり、それ以外のなにものでもない。実際、都市への人口集中とは国民総動員の一エピソードにすぎない。つまり攻撃を前にひかえて国民に集合令がだされたのである。それをうけて国民は集合したが、その後、攻撃のために散開する。[20]今日、南米の星雲のようにひろがるスラム街は未来の世界の下絵のようにおもえる。たとえば一〇万人の住民を数えるリマ郊外のビラ・サルバドルのように、広大な土地が当局からみはなされ、貧民の自主管理にまかされる。しかし実は、自主管理といってもますます増大する貧困しか管理するものはない……。貧弱な家が大量に自然発生的に建設され、ひしめきあう運まかせの土地。そして所々に、港や空港の**乗りかえ待合室のような主要都市**がある。それはかつてのマンハッタンのような移動のための都市で、政治的・経済的・文化的移動《デロカリザシヨン》（＝空洞化、非局在化）のための永遠運動を保証することをめざし、社会的身体をたえず攪拌して、その非同期化を実現しようとする。それは世界的生物政治学の予兆となろう。

(20)「真の地方分権を実現するためには、とりわけ都市計画と住居にかんして広汎な地方分散を実施しなければならない。」A・モロワ、ル・マタン紙、一九八二年四月二一日

一部の理論家たちはこうした実践を、民衆がごく身近な環境を「統御する力を回復」したと評価するが、このような環境と政治の断絶がなにを意味するのかわかっていないようである。都市新陳代謝論者が夢想したユートピアが一〇年の歳月ののちにこうして自然発生的スラム街の共歓的共生のなかに実現する。しかし一〇年まえには丹下や磯崎によって建築技術の進歩とされ、またフリードマンが「モビール建築」と形容したものが、いまやとつぜん、貧困の建築術的表現、悲惨主義的《ミゼラビリスム》建築となる……。

港町がふつうの街と完全におなじになることはなかったが、空港もそれとおなじで、街というよりそれはプロジェクターであり、加速された放出発射場《リュー・デジェクシヨン》である。一般市民がその近辺にちかづくことは禁止されているが、そもそも騒音や大気汚染のために居住不可能である。そこでは個人は住

民ではなく、たんなる粒子である。このことを理解するためにはフランスやアメリカにおいてこの半世紀のあいだに空港の建築がどんなふうに変化してきたかみるだけで十分である。ブールジェの飛行場を例にとろう。ブールジェ飛行場は三〇年代頃に建設された、シンメトリックに構成された大規模建築で、中央管制塔やどんなおおきな駅にもあるコンコースをもっている。その二〇年後に建設されたオルリーにも本質的な差はない。あいかわらず大建築で、長方形のガラスを外観に利用し、すでにかなり発達した高速道路をアクセス手段としている……。ついでロワシー空港になるが、これはまさしく搭乗機械、環状インターチェンジである。搭乗口のある外周サテライトへのアクセスはまるで魔法をつかっているみたいに一挙におこなわれる……。実際、自動車からエスカレータへ、エスカレータから機内へ――技術の結晶である乗り物から乗り物へ、移動は間断なくおこなわれ、のりつぎを意識することもほとんどない。大西洋のむこう側でもケネディ空港とダラスの最新式空港のあいだにおなじような断絶が観察される。ダラス空港は見まがうまでにコンピュータそっくりだ。この空港はパリ市街地とほぼおなじ面積をもち、また年間の乗客数も一〇〇〇万人から一五〇〇万人で、やはりパリの人口に匹敵する利用者がいることになる。したがって文明の衰退に自覚的な民俗学者にとって「空港芸術」はきわめて意味ぶかいが、それとおなじように都市計画研究者も「空港建築」を重要視すべきであろう。実際、現代建築を有効に判断したいとおもうなら、まさしくこの空港や高速道路・工場街の風景を考察の対象にすべきである。社会のインフラ、人間という動物のダイナミズムのささえ、静的乗り物である建築はさまざまな機械化された義肢のひとつとなってその独自性をうしないつつある。すでに歩く歩道の存在によってエレベータと地下鉄や電車との差はなくなりつつある……。ちかい将来、乗り物と乗り物とのあいだにはひとびとが密集する広大な空き地しか存在しなくなるだろう。建築術は乗り物システムのなかにくみこまれて、巨大だがはかない道具にすぎなくなってしまうだろう。建築を「芸術作品」と呼ぶが、それは民生用の建築を喪失し、そしてやがては芸術すべてを喪失するであろう時代がその面子をたもとうとしているだけである。

未来派芸術家マリネッティは、レーシングカーは《サモトラキのニケ》（訳注：ルーブル美術館所蔵の古代ギリシャの彫刻「勝利の女神」像）よりも美しいと主張する……。そうかもしれないが、その美しさの持続期間はずっとみじかい。最新の《フォーミュラ1》マシンをみるだけでそれは納得できる。また一九一〇年以来の空気力学の急速な進歩をみれば車が速度のさなぎにすぎないことがわかる。つまりそれはいつになっても成体になることがない永遠の胚であり、変化する直前のかりそめの姿にすぎない。このたえざる変化の到達点とは別の乗り物、より高速度の乗り物の出現にほかならない。

速度の大きさ——このような表現はいったいなにを意味しているのだろう。速度が別の速度より速いという言い方は理解できる。しかし速度の「大きさ」などというのはナンセンスにすぎない。それは速度の速さはそれ以外のすべての計測可能な大きさを無に帰してしまうという事実を隠蔽している。ハイデッガーがプラトンを言いかえながら述べたように、「すべての大きさは攻撃のなかにある」。しかしここで問題になっているのは陶酔、深度酩酊（訳注：気密服を着用した潜水夫が水深三〇メートルに達すると発症するアルコール中毒に似た症状）にも似た〈大きさ酩酊〉のことであり、それが形而上学者ハイデッガーをしてこう言わしめるのである――物質と身体（動物の、社会の、そして領土の身体）の〈今＝ここ〉を放棄して、この世界からあの高みにむかって全速力でにげさるべきである、と。こうした逃走の勧めはあらゆるものを嫌悪する感情と区別がつかない。だからこうして消滅の美学はとつぜん美学の消滅となる。

一九七六年、最後に出現した芸術、第七芸術と呼ばれる映画芸術の誕生八〇年祭が祝われたが、『ラ・シオタ駅への列車の到着』という作品の運命的な性格に気がついているものはだれもいない。しかしこの映画を最初にみた当時の観客たちは機関車が出現するのをみてにげだしたと言われている……。これは反射神経的反応にすぎないのだろうか、それとも予感だったのだろうか。しかしわれわれは明日、どこにむかって後ずさりするのだろう。それはおそらくあのなにも（あるいはほとんどなにも）うごくものがないあそこ、地下、マントルの厚みのなかだろう。地下世界こそ最後の植民地化がおこなわれる場所だ。（訳注：本書一六七ページ参照）その岩石圏の世界に突入するためには地下に建造物をつくらなければならない。地下建築の網の目のようにめぐらされた歩廊は、闇の世界にひとびとをはこぶ乗り物となるだろう。現代中国でおこなわれているように。

第二次世界大戦がおわってから何度もくりかえされた数おおくの国際軍縮会議についてどのように解釈すればよいのだろう。それは平和共存のために必要だったのだろうか。世界を平和にするための偉大な計画だったのだろうか。それとも、それ自体があたらしいタイプの軍事作戦行動、一種の究極の戦略的行動で、それによって大国が恒常的に自分の戦力をあきらかにし、対立する場所をつねにかえながら、より確実に自国の軍事的優位を強化しようと努力しているということなのだろうか。

　生物兵器が禁止され、戦略核兵器が削減されたいま、つぎに問題になるのは気象兵器やその派生物である測地学的兵器の禁止だ。戦争という偉大なゲームは継続されているが、いまではもうむかしのようにチェスボードの上で師団や軍団のマークを移動させるのではなく、恒常的に戦場、あるいはオペレーションルームを変更することが重要な活動になる。**戦争ゲーム**がとつぜん**平和ゲーム**に変身してしまった。このゲームの対戦相手は不倫のカップル――夫にみつからないようあらかじめいくつかちがう場所を指定してそこであう約束をする不倫カップルみたいにふるまう。この**彼方をめざす戦略**においては、大事なのはゲームの外側、これまで一度も言及されたことがないもののなかに存在する。実際、すでにみたように、存在をあかされたものは軍事的に有効ではなくなる。攻撃武器と装甲の弁証法によれば、目にみえるものはすでに破滅している、というのもそれは「まだわからないものを予想する」という戦略ゲームの規則に合致していないからである。敵に知られていないもの、あるいはたんにまだ出現していないもののすべてが海事的な意味での艤装《アルムマン》（＝武装）を構成する。艤装とは出発し、港を出港し、移動を開始するための準備である。だからこの全面的平和というおおいなる宝さがしゲームがいったいなにをかくしているのか推測してみるがよい。一方で**都市攻撃**をめざし、他方で**軍備削減**をめざすこの二重の戦略が敵をあざむくためのみせかけにすぎないことはほとんど確実だ。一方、現在、さまざまな兵器システムに「硬化措置」（訳注：核爆発による電磁波障害などに対抗するためにとられる措置）がとられているが、これは防御という幻想をあたえるためにすぎない。要塞原理のなごりであるこの措置は、敵であると同時にパートナーでもあるロシアとアメリカ二国間のあいだに平和的関係が存在しているとわれわれにおもいこませるための大々的なペテンにすぎない……。軍事技術の専門論文で爆弾のミニチュア化とか、ミサイル誘導装置の精度向上などについておおいにかたられている……。それによると核運搬手段はより自律性をもち、ミサイルもより柔軟に使用することが可能になった……。いまや特殊部隊の短剣から攻撃用戦車、地上攻撃戦闘機、そして大陸間弾道弾にいたるまであらゆる種類の武器弾薬が製造されている……。武器にかんする出版物は増加し、大衆化しつつある。武器の見本市や展覧会やイベントが頻繁におこなわれ、テュイルリーの夏期臨時遊園地なみの盛況がブールジェの航空ショーでもみられる。こどもはもう鉛の兵隊を買ってもらう必要はない。いろんな「軍隊開放デー」の催しで本物の兵隊とあそぶことができる。兵器庫や兵舎での見学が可能になる。**武器の機密が安売りされるが、しかしそれは戦争の目的をよりいっそう秘密にしておくためだ。**あちこちであたらしく「戦争博物館」が開館される。そこにはごく最近までの軍服がならべられ、第一次大戦の潜水艦を陸上展示し、第二次大戦の装甲車を土から掘りだしてショーケースに陳列し、空飛ぶ要塞が空軍博物館に展示され、航空母艦が海軍博物館にかざられる。まさしく「勇者たちの平和」だ。ひとびとは家族づれで戦場見学にいく。イギリスでは戦争を再現するショーさえある……。フランスでは「過去の大戦争」というテレビのショー番組が人気で、西ドイツではカルル＝ハインツ・ホフマンという人物が私費でドイツ帝国軍のミニ版を組織して毎週末演習をおこない、過去をなつかしむ人たちをよろこばせている。いたるところで退役軍人会がさまざまな公的な祝賀行事にあつまり、むかしの装備で隊列をつくってシャンゼリゼ通りを行進したり、つまらない「戦争ゲーム」をあきもせずくりかえしている……。軍事的栄光をほこる滑稽などんちゃん騒ぎ。しかしまちがえてはならない。それは笛の音を先頭にして行進する陽気な殺人者集団の回帰を予告しているのだろうか。装甲戦車が殺到するのをわれわれはもう一度みることになるのだろうか。最近の中東での通常兵器による紛争はそれを一見示唆しているかにみえるかもしれない。しかしそんなことは絶対にない。**数日間あるいは数時間つづく戦争というのはそれ自体が博物館の展示物なのである。**たしかにそれはおおきな損害をもたらす。しかし実地に戦われる戦争というのはほんの一握りの俳優が演じる戦争の実物大「上演」にほかならない。そしてそれは全面的平和というおおきなゲームを混乱させることはないのである。実際、軍事作戦の舞台は軍事産業複合体の「実験台」以外のなにものでもない……。かつて航空機の性能向上をはかるためテストパイロットを死亡させてもそれは許容されていたが、いまではファントム戦闘機の対電子対策装置や地対空ミサイルの精度を改善するためにレバノンのゴラン高原の「モデル住民《パイロット》」が虐殺されてもひとびとはさしたる良心のやましさをかんじることもない。しかし本質的な問題は別にある。それは一見明白すぎてみえないのである。第一次大戦とはことなり、第二次大戦では事実上地球全体にまで戦線がひろがった。それは一九六〇年についに完成されることになるもの、つまり空間の征服（訳注：「空間の征服」は「宇宙征服」とも読める。一九六〇年代というのはそれにたいする言及か）を開始したのだ。実際、世界大戦の行きつく先は全面戦争である。以来、朝鮮戦争やベトナム戦争の存在にもかかわらず、戦争はそれが展開されるべき戦場をうしなってしまった。戦争で頻繁に利用されるオールラウンドの乗り物、水陸両用車や空陸両用車と同様、現代の戦争は特定の空間に位置づけられなくなり、脱領域化された。現前するさまざまな軍隊が、港や空港などいくつかののりかえ場所をのぞいて（例外は規則の確認だ）、つぎつぎと前線基地を放棄しているのをみて驚いてはならない。昨日まではまだ軍隊が「戦場で軍事行動」をおこなっていると言うことができた。また軍隊の野営地《カン》と戦場《カンパーニュ》は語源的に同一であった。しかし現在では、軍事行動は存続しているとしても、大規模な軍事協定のレベルでは、それはもう領土や戦場を必要としない。世界への侵入にひきつづいて、瞬間への侵入の時代がくる。**秒読みが対決の場となり**、最後のフロンティアとなる。時間戦争が領土空間をめぐる戦争にとってかわった。そのために両陣営はこんなにもやすやすと測地学的戦争や気象学的戦争を追放できたのである。

現在ジュネーヴでおこなわれている戦略核兵器削減交渉（SALT）で問題になっているのは、弾頭そのものではなくその運搬手段（巡航ミサイル、バックファイアーなど）である。つまり問題なのはいわゆる**核運搬兵器**なのであり、あるいはもっと正確に言えばその性能、速度なのである。

核弾頭（**それは外にむかって爆発する**）は三〇年もまえに空間の戦争を完成させたが、二〇世紀もおわりになって核運搬手段（**それはうちにむかって爆発する**）が時間の戦争を開始する。そこではもう領土の獲得がめざされるのではない。完全な平和共存のなかで、宣戦布告もなく、いかなる科学的爆発物よりも確実に、核運搬手段の速度がわれわれを領土的空間から解放してくれる。大昔に孫子が書いているように**迅速さは戦争の本質そのものである**。だから、われわれもみとめなければならない、今日、速度とは戦争そのものであり、時間の終焉であることを。つまり**エコロジー的戦争**が出現したのだ、種の棲息空間そのものにたいしてしかけられる戦争が。「反都市戦略」はそのひとつの側面にすぎない。しかし時間をさかのぼって、一九六二年のキューバ危機のときのことをかんがえてみよう。当時、核戦争開始を決定するための猶予時間はまだ**一五分**あったが、カストロの島へのロシアのミサイル発射基地建設のために、この猶予期間が**三〇秒**に短縮されそうになった。ケネディ大統領はそれを容認することはできなかった。米ソ・ホットラインの設置など、事件のその後の経緯についてはよく知られているとおりである……。その一〇年後、「通常時」の猶予期間は数分（五分から一〇分）に短縮されていたのだが、ニクソンとブレジネフのあいだで第一次戦略兵器制限交渉（SALT-I）がおこなわれた。この交渉の名称をみるかぎり、それは戦略兵器を制限することを目的にしていたようにみえるが、実はそれよりも冷戦当事者の「人間的」政治力を保持することを目標としていた。というのも、核運搬手段の速度がつねに増大することによって、いつの日か、**核戦争開始決定のための猶予期間が運命的な一分以下になり、東西両国家元首が熟慮することを完全に不可能にし**、開始決定が単純に自動化され、両陣営の戦略コンピュータが宣戦布告を決定するという事態におちいりかねないのである。[21] 最先端のミサイルでも**秒速三キロ**にすぎないが、レーザーは**秒速三〇万キロ**に達することも指摘しておこう。念のため、現在、電子技術研究開発の努力のおおくがレーザー兵器の開発に傾注されていることも指摘しておこう……。空間戦争の**戒厳令**から時間戦争の**緊急事態**へ移行するのに数十年しかかからなかった。まもなく政治家による国家統治の時代がおわり政治装置による国家統治の時代がくるだろう。

（21）「どちらの陣営でも、高精度ミサイルは敵のミサイル発射能力を破壊するためにある。この目的を達成するためには、敵のミサイルが地上から発射される前に自分の方から発射しなければならない。だから、**反応する**

ための時間は非常にみじかくなり、危機のときには戦争か平和かはコンピュータが決定することになる。」
（R・バーネット、ル・モンド・ディプロマティック誌、一九八二年四月号）

都市国家や国民国家など封鎖国家がおわり、**緊急事態（＝切迫国家）があたらしい都市となる。**われわれはそれになれるしかない。これは世界のおわり、というか場所の黄昏である。「土地なき民」パレスチナ人はこの無重力状態を最初に身をもって体験したひとびとということになる。かれらは空の海賊となる。かれらは**エアーターミナル**が自殺志願的性格をもっていることを力ずくで理解させられたのだ。芸術つまり空港建築についで、**空港政治**が出現した……。しかしこの空港は旅行するブルジョワが利用する空港の遊戯的性格ではなく、絶滅収容所の悲劇的性格をもつ。消滅した国土の虚無へとひらいた反都市の空港、終着駅、扉。加速された彷徨の空虚なコースをひとめぐりしてふりだしにもどるための放出発射場《リュー・デジェクション》。エアーターミナルは亡霊分光器で、みすぼらしい姿をしたひとびとの影や、移民、亡霊が最後の革命、**永劫回帰の革命**をまちながら、のりつぎ待合室で待機している姿がみえる……。これこそがまさしく反都市戦略である。つまり大衆全体が誘拐され、誘拐が**国家横断的な**政治ゲームの本質となる。幽閉とかゲットーとか、**国家内部へのとじこめなど**は時代おくれなやり方になってしまった。

《ヒューグ・エアクラフト・コーポレーション》の実力者がジェット機の機内で死ぬ前に、航空産業と映画産業の両方に同時に投資することが適切だとかんがえたのは、その両方がおなじ運動学的幻想を媒体するからである。大航空会社の所有者である「市民ヒューグ」にとって、世界はあまりにもせますぎた。かれは世界中に何十ものいわゆる別荘をもっていた。そしてどの別荘でもおなじ家具がおかれ、おなじ新聞、おなじ食事が通常の時間に同時に提供されていた。主人が場所に違和感をもたないためである。

　これは終末、世界の終末の予感であろうか。今日、すでにおおくの旅行者がフランスのロワシー空港でフランスのロワシー空港行きの航空券を手にする。そこにはまだ旅行といえるものがどれだけのこっているだろう。最後の放浪は時間の放浪に、すぎゆく時間のなかでの放浪になるのだろうか。ここでも、また別の所でも、出発は「片道旅行」である。ともかく**急いで行く**がどこかに行くことはない。というのもいたるところで、都市はトランジット待合室と化し、乗客は消滅のための運搬装置がくるのをそこでまちつづけるからである。この「うしなわれた乗客の部屋」はむかしの映画館の待合室そっくりだ。映画がまだ**常時上映**ではなかったあの英雄的な時代の映画館の待合室に。飛行装置の発射（＝映写）はまだ**常時**ではなく、出発時にしばられている。しかしもどるために出発する（が、どこに行くわけでもない）待合室のひとびとは映画狂とかわりがない。一九七六年一二月三一日に年のかわりを祝うためにわざわざパリにきて、コンコルドにのって機内でまた年のかわりを祝い、ワシントンについてフランス大使館でまた年のかわりを祝ったあの四〇人のアメリカ人などはそのよい例だ。それは、映画が気にいったとき、上演がおわっても、二度目、三度目の上演をみるために映画館にのこるのとすこし似ている。

「おまえはかつて世界であったものをたんなる一都市としてしまった」とガロ＝ロマン人ナマテイアヌスはローマを非難した。しかしそのとき、世界といっても本当はせいぜい地中海沿岸だ。この言葉はマルセイユ風の冗談にすぎない。しかしたしかに明日はこの言葉どおりになるにちがいない。ダラス空港は年間一億人以上の航空客が利用するようになるだろう。つまりこの空港だけでフランスの人口の二倍の人間がゆきかうことになる。このおどろくべき装置はただ反都市の実物大模型であるのみならず、反国家のそれでもある。搭乗記録に記載されたつかの間の市民たちはかならずしもすべて別人であるとはかぎらず、重複があるにちがいない。しかしかれらはすべていわゆる「ローテーションで出現する乗客」という環状的アイデンティティをもっている。かれらは同一標準時間帯の住民で、位相幾何学的存在である。その典型例はたぶんサラ・クラスノフであろう。彼女は精神医の手からのがれるために一九七一年、オランダ航空の飛行機にのり、連続五ヶ月間、ほとんど空港からでずに、大西洋を一六〇回以上わたったあと、アムステルダムのフローマー・ホテルの一〇三号室で破産して死んでいった。

第三部

走行光学《ドロモスコピー》

「戦争の最初の被害者、それは真理だ」

R・キップリング

運動が出来事を統御する。速度が透明さを活性化し、外観を変貌させる。移動の加速行為をとおして、騙し絵とはちがった種類のあたらしい幻影がつくりだされる。画布に絵の具の油が吸収されてくすんだ色になったふるい絵のように、背景となっていた風景が表面にうきあがってくる。まるで墓から掘りだされるみたいにして、生気を欠いた事物が地平線から出現し、つぎつぎとフロントガラスの表面にしみこんでくる。風景が生命をもちはじめる。遠近法の消失点が攻撃拠点となり、そこからあたらしい風景の輪郭がつぎつぎと矢のように発射される。移動者とは地平線の奥にかくされたものをみる窃視者であるが、かれにむかって事物が一直線にとんでくる。移動の目標が光源となって光線を発する。観察者はその光に眩惑され、風景の前進に魅了される。風景のみかけの運動を発生させる軸がとつぜん移動装置の速度のなかに具体化される。しかしこの具体性というのは完全に瞬間に依存した具体性である。というのもフロントガラスの表面にとびこんでくる物体は知覚されるとすぐさまわすれさられ、小物いれにしまいこまれて、まもなくリアウィンドウのなかに消えてしまうからである。

われわれは認識を改めるべきだ、これはまさしく「第七芸術」、ダッシュボードをキャンバスにした芸術なのだ。**ストロボスコープ**は急速な運動をする対象をスローモーションでうごいているようにして観察可能なものにするが、それにたいして**走行光学装置**《ドロモスコープ》（訳注：速度が光学装置として機能する）はうごかないものをまるではげしい動きをしているようにみえさせる。

乗り物に搭乗するということは同時に（たとえば道ばたから）去るということでもある。さらに、乗り物とはフロントガラスをスクリーンにしたプロジェクター装置でもあり、またフロントガラスは操作盤とともに一種のイーゼルを構成しているとも言える。移動する主体は乗り物に乗車することによってこのイーゼルの前に身をおくことになる。操縦者の眼前におかれた**ダッシュボードというキャンバス**はひとつの全体を構成しており、移動の主体はガラスにぶつかってくる物体（映像のみならず虫や小石や鳥の場合もある）の到来だけではなく、計器やメーターの動きも観察しなければならない。乗り物の操縦に没頭するなかで内部と前方の両方に注意が集中する。移動の主体は創作家となり、フロントガラスの透明なスクリーン上でひそかに演じられる一連の**速度の舞台芸術**をハンドルとシフトレバーをもちいて創作する。走行とともに光景が単調に展開するなか、さまざまな事物が視野の奥底、前進する方向のかなたに知覚される。そしてそのひとつひとつが永遠に延期される衝突の瞬間へとむかって収斂していく。突進する乗り物の運転席という劇場特別ボックスのなかで操縦者はダッキングの動作をくりかえす。かれは突進してくる事物をすすんでもとめると同時に、おそれてもいる。しかしこの事物の突進はあまりにも非現実的なので、移動者はこの自殺行為的前進をやめようとはしない。実際、走行光学《ドロモスコピー》がつくりだす幻像は走行の衝撃力を隠蔽し、そのいつわりの外観が、突進する操縦者に保証と安心感をあたえる。レーシングカーは流線型を採用して空気抵抗を最大限におさえた形態を実現しようとするが、その意味ではレーシングカーはその成長がたえず先のばしされた胎児のようなものだと言える。それはまた全面的離脱の形象でもある。速度のさなぎであるレーシングカーの〈発育〉とは、よりおおきな速度を可能にするよりよい形態の出現である。モーターを始動させることで発生する走行光学的形象についてもおなじことが言える。ダッシュボードはフロントガラスにうつった映画の映像のスナップショットにほかならず、突進する風景は運動学的幻想にすぎない。ストロボスコープとは逆に、走行光学において現前する事物の不動性は消滅し、移動の主体にして観察者たる操縦者に幻想をあたえる。高速で移動する窃視者＝移動者は映画館の観客とは正反対の状況にいる。つまり**投射されているのはかれ自身**である。かれは映写（＝発射）のドラマを演じるものであると同時にその観客でもある。そして移動の瞬間のなかで自分自身の終焉を演じるのである。

　したがってダッシュボードの芸術は猟とその光景の代替物であると同時に、決闘とその偽装の代替物でもある。シフトレバーやハンドルはそれぞれ剣や盾として機能する。速度という武器が攻撃機械を発射して、それを景色のなかにおくりこむ。景色は敵軍たる地平線が発射する砲弾のようなもので、操縦者はハンドルでその砲弾をかわし、回避する。フロントガラスの鏡のうえで、ウィンドウ・ウォッシャーやワイパーが透明さを維持する。ちょうど自動車が走行するためには道路に障害物があってはならないように、透明さは映像が走行光学的《ドロモスコピー》ふるまいをするためには必要なのである。ガラスがあるにもかかわらず、車体の開口部はたんなる明かりとりではない。それは周囲の場所のさまざまな記号がうごきまわる舞台である。速度の変化がもたらす舞台装置の変化がその舞台の上で展開されている。ダッシュボードの枠は乗客の視野を限定し、展開する光景の加速化をいっそう促進する。そしてそれが車の速度の加速化に相乗的効果をもたらす。すなわち移動の時間間隔の縮小とダッシュボードの照準の枠の縮小という二重の縮小から走行光学的仮装が発生する。

　自動車の運転席というのは本当は**風景のシミュレーター**にほかならない。実際、一部の超音速飛行機では着陸場所を肉眼で視認することがほとんどなくなり、「飛行シンセサイザー」の電子画像が利用されるようになっている。同様に、飛行教習所ではパイロットは航空シミュレーターで実際に飛行しているような幻想をあじわい、自動車教習所では映写装置がもちいられる。操縦席からとった映像の展開をみることで、操縦士は将来、実際に飛行機や自動車を操縦するときのダッシュボードにむきあう自分を想像し、それに対処できるよう準備をする。フロントガラスにうつる走行の光景のなかで、世界はビデオゲームになり、走行の演出家が主導する透明さと貫通のゲームとなる。走行の演出家にとって、事態をコントロールする能力とは運動の適性にほかならない。つまり**運転免許証**さえあればよいのだ。

走行光学的映写を制御することで移動の安全が確保される。旅行者は快適に移動しながら不動の姿勢をつづける。乗客にはそのステイタスにかんするあらあらしい真実はけっしてあかされてはならない。さもなくば死がまつばかりだ。はげしく移動するものは「映像《イマージュ》のようにおとなしく《サージュ》」し、赤ん坊のそれをおもわせるような帯紐にむすびつけられたままじっとしていなければならない。かれらには目の前に急速に展開する曇った色をした光景の露出を無力なままに観察することしかできない。走行光学的シミュレーションが継続されるかぎり、乗客の快適さは保証される。しかし逆に、それがとつぜん衝突という形で暴力的に中断されると、窃視者＝旅行者はすぐさま不思議の国のアリスさながら、ダッシュボードの鏡のむこう側になげだされてしまう。この死への跳躍は、しかしながら同時に真実への跳躍でもある。というのもそれは乗客の本当の運動の軌跡をあらわしているからである。客席と舞台の距離がなくなり、観客が役者となる。シートベルトがふせごうとしているのはこのような**移動の反乱**である。

映画とはちがって、走行光学装置をあつかうときはかならず運動の局面のひとつひとつに応じて行動しなければならない。さもなくば大事故がおこる。速度が変化すると、作者＝操縦士は加速、減速、静止カット（すなわち停車）さらには**後退トラヴェリング**（つまり駐車場でのバック）などすべてのシークェンスをフロントガラスのスクリーンのうえに、速度の変化にあわせて継起させなければならない。

発射（＝映写）されたものがじょじょに停止するにつれ映像の速度は減衰するが、それはギアボックスのなかで速度が減少するのと軌を一にする。局面を継起させることは速度にとって義務である。走行のそれぞれの段階（第一段階、第二段階、第三、第四段階）のどれひとつとしてとばすわけにはいかない。作者＝操縦者は運動専制の走行体制的秩序を維持しなければならない。

この走行＝追跡は、正確に言うと風景をよこぎるのではなく、風景を穿孔し、**明るみにだす**。操縦者は、現実が手袋のように反転するこの風景の穿孔を確認するにすぎない。行きも帰りも、道のりは遠さということの意味が反転するトンネルにほかならない。速度の変化が風景の変化をもたらし、風景が変化するにつれて、場所にかんする情報の内容が展開されていく。自動車エンジンの動きの状態のそれぞれが踏破された環境の意味の各段階に対応する。走行光学的形象をとおして、それぞれの速度が**時間**（通過時間）**の一分野**のようなものとしてあらわれてくる。フロントガラスの切れこみはしたがってたんなる窓ではなく、でいり可能なフランス窓で、そこをとおって乗客がたえずでいりする。窃視者＝旅行者はこのフランス窓をとおって到着点にむかってひきずられ、突進していくのである。

フロントガラスのスクリーンはドラム型回転ドアの垂直回転木戸のようなものである。このドアはすこし**トンネル**のように機能していて、そのトンネルのなかを車が水平軸方向に進入する。まわりに展開する風景はドアの扉に相当する。この卑猥なる反転のなかで、風景はその下着を露出する。領域的身体（＝国土）が景色の衣装をたくしあげてドライバー（訳注：原文は「支配人」で、直訳すると「場所の主人」）を挑発し、速度の暴力を行使して空間を陵辱するようしむける。しかしこの透明なスクリーンはまた一種の目盛板でもあり、走行光学的シミュレーションのなかで走行の暴力性をはかる計器としても機能する。ダッシュボードの油圧警告灯などの計器は**エンジンの状態**をわれわれに知らせてくれるが、フロントガラスはわれわれに道のりの状態を指示する。走行光学的ヴィジョンはガラスと道という二重の透明さのなかで物理的世界の展開を**明確に**みせてくれる。横断された道のりの視野の偽装されたゆがみは**場所の状態**にかんする貴重な指摘である。日常的な運動がダッシュボードというギャラリーに陳列されることで、移動の文化革命が公開展示される。自動車で走行するにつれ、フロントガラスのスクリーンにむかって映像が殺到する。これはちょうど地球がうごいているのに、みかけ上、空が運動しているようにみえるのにひとしい。そのみかけ上の運動の中心は到着点という盲点である。つまり、移動手段たる乗り物とは内爆をくりかえす機械であり、移動する破局にほかならないのだが、その利用者も道路の特権的観察者になるというより、接近する事物が潰走するさまを観察するだけにすぎない。移動目標が走行速度によって道を破壊する。自動車は砲弾であると同時に映写装置でもあるのだが、その自動車が標的とするものの存在が間隔を破壊して廃墟にし、できるだけ速く目標に到達したいとおもう走行的欲望が移動の間隔のなかで光景を暴力的に八つ裂きにしてしまう。走行の抗しがたい吸引力が事物の固定性を溶解して流動的にするとともに、移動の時間・**時間間隔**を消滅させてしまう。空間的距離は認知可能なものとしてどこかにきちんと存在しつづけているのだろうが、それも移動能力が低かった時代のふるい道路のおもいでやなごりにすぎなくなりつつある。国土のもう一方の端がますますちかづいてきているが、場所の堅固さは高速の美学のなかでたんなる視覚的現象となって消滅し、移動の目標がまるで**写真機のシャッター**のようにふるまって、みえるものを決定する。ダッシュボードは木々が急激な運動をしたり、道にそってならぶ家々や丘が一瞬のうちにすぎさっていくさまをありのままにとらえることを可能にする。しかし、到着地点へ極度にひきつけられるために、写真機の**絞り**がしぼられたみたいになり、乗客の視野が変化して、スナップショットの光度が減少するのとおなじような効果が発生する。

走行誌学的《ドロモグラフィー》撮影装置たる自動車が加速されるとすこしずつフロントガラスがとじられたみたいになる。移動の目的地にできるだけ早く到着しようとすればするほど、窃視者＝旅行者の視野、その**被写界深度**（訳注：画像上で焦点があっている前後の範囲）はせばめられてしまう。

今日、コミュニケーション手段はこれまでのようにたんにある一点から別の一点への移動を実現する（ちょうど橋がそうするように）だけではない、高速の移動手段は移動の一時的形象化ももたらす。とどまるもののはかなさをシミュレートすることによって、コミュニケーション手段は空間の終焉という一見信じがたい現実を目にみえるものにする。走行光学的《ドロモスコピー》幻影は世界の縮約という逆説的現象を説得的に提示することに成功するのである。

ダッシュボードの活気は終末の天変地異的運動、つまり**終末の到来**について旅行者に幻影をあたえる。魔法の鏡のようにフロントガラスをとおして未来をみることが可能になるからである。そもそも、遠隔映写装置《テレヴィジョン》（すなわちAVメディア）がとおくにあるはずの存在の映像をわれわれに提供することによって近接性をシミュレートできるようになったずっと以前から、走行映写装置《ドロモヴィジョン》（すなわち自走的メディア）は静止しているものをすぐに視野の外に消失させて、事物のはかなさをシミュレートしていたのである。最終的には、高速化によって事物が遍在的になり移動が瞬間的になって、隔たりとともに空間そのものが消滅し、それによって走行映写装置が遠隔映写装置と完全に一体化するときがくると想像することも不可能ではない。

今後、自動車にのりこむとき、われわれは自分自身が**発射（＝映写）されることを覚悟し**なければならない。乗車するということは研究所にはいるようなもので、われわれはそのとき、ひとつの謎を解くよう努力しなければならない。すなわち機械化された彷徨《エランス》の支離滅裂《アンコエランス》さという謎を。われわれは旅行がまきちらすこの離脱の論理をみぬこうと努めるべきなのである。

建築史上、窓はまず礼拝の場所にはじまり、その後一般の住居にひろまったのだが、それは窓の開口部が空を寺院に近接した場所にみせかけ、それに**ふれることはできなくても、ながめる**ことを可能にするものだったからだ。もっと後になって、こんどは絵画史において、透視画法幾何学が批判的に把握される距離の存在を科学的に確認し、それを**イーゼルにおかれた絵**のフレームのなかで表現することが可能になった。今日、**ダッシュボード**のディスプレーはそれとおなじような偽りの隣接性を実現する。リアウィンドウ、サイドウィンドウ、フロントガラスという四つの面をもった自動車は**折りたたみ式パネルの四枚つづき絵**を構成している。絵の眺望はたえず変化するが、そのなかで旅行愛好者は変化する風景のたえざる攻撃の的となる。自動車の遠近法がもたらす錯覚は普通の絵の場合とおなじだが、しかしそれはいまや画布の表面だけではなく、地球の表面の上に展開する。運転されるもの《コンデュイ》（＝車）が地塗り塗料《アンデュイ》にかわる。作者（運転手）がアマチュア（乗客）をひきつれ、操縦行為《コンデュイット》によって地塗り《アンデュイ》された透明さのなかをすすむ。かつて画家はえがかれた絵のなかにみせかけの深さを導入することで芸術愛好家をひきつけたのだが、現在、走行光学的作品は世界全体の深みのなかに運転手も乗客もひきずりこんでしまう。かれらは一緒になって、半透明な井戸のようなものの中心をしめながら到着地点が発する光へとむけて発射される。そして刻々変化する光景がこの井戸の内壁のうえに展開されるのである。

運転席では、直接隣接しているものは意味がなく、とおくにあるものだけが重要である。旅行が継続されているあいだ、前方《アヴァン》が前進《アヴァンセ》を統御しており、推進速度がそれ固有の地平線を形成する。つまり速度が**おおきければおおきい**ほど、地平線は**とおくに**なる。フロントガラスの哲学はたんなる視覚《ヴィジョン》以上のもの、つまり予見《プレヴィジョン》を必要とする。というのもたんなる視覚は前進によってあざむかれやすいからである。走行の現在を決定するのは未来であり、加速化された彷徨において過去はつねにのりこえられる。準拠すべき点は本質的に未来であり、したがって走行映写装置はとりわけ**発掘手段**として機能する。**コミュニケーション手段**としても、それは「やってくるもの」しか伝達しない。旅は一方向にのみおこなわれるから、「とどまるもの」はずっと以前に、出発という考古学的時間のなかに消えてしまったのである。旅の探鉱者（＝予見者）である運転手にとって、運転席は**予見のための席**であり、道程の未来の管制塔である。逆から言えば、飛行場の管制塔は航空管制官にとって航空路線の運転席なのである。フロントガラスのスクリーンにうつった景色のみかけ上の運動にせよ、レーダーのスクリーンにうつった飛行機の実際の運動にせよ、旅の管制官にとって大事なのは予見、予見的知識なのである。

いまや移動装置の技術が身体の戦術にとってかわった。だから速度によってうみだされ、知覚されると同時にうしなわれる世界の光景は勝者の光景とほとんど同一となる。そしてダッシュボードに展開されるゲームは戦争ゲームの知られざる一形態にすぎないとさえおもえてしまう。おもいだそう、戦争の弁証法において、明るみにだされたものは動員解除され、軍事的有効性を喪失する。みえるものはすでに破滅している。というのもそれは予見という戦略的ゲームの原理に合致しないからである。同様に、自動車レースをおこなうレーサーにとって敵対的な地平線の動きは、戦争指導者にとっての敵の動きとおなじようなものである。走行光学は戦争ゲームの洗練された形である。それはいわば速度のビデオゲームであり、電撃戦争ゲームなのである。この電撃戦争ゲームにおいて参謀本部の軍事作戦はたえず洗練化される。結局のところ、高速でうごく車のそれぞれが指令車、「コマンド・カー」になるのである……。また、「操縦席」の歴史的変遷をかんがえてみるといろいろなことがわかる。ついこの間まではまだ運転席は屋根でおおわれてはおらず、大気にふれ、エンジンの音をきき、車体の振動をかんじながら運転をしていたのだが、速度が向上するにつれ、運転者はじょじょに内部にとじこもっていく。まず最初は運転手は防塵用ゴーグルのうしろにかくれ、ついでフロントガラスがつくられ、最後に車体の屋根で完全におおわれた車内で運転する。

パイオニアたちの「体感運転」が「道具運転」になりそして「自動運転」になる。おそらくやがては自動車の運転が完全に自動化されるだろう……。

実際、自動車の操縦席は未来の政治がどんなものになるか、そのイメージをあたえてくれる。自動車の操縦盤は、まるで占いの水晶玉のように、権力のありうべき未来の姿を、みようとする者にみせてくれる。ディスプレイや計器盤はそのくぐもった光で将来の政治のたどる道をてらしだす。

あらたなる「戦争機械」が最新の「監視機械」をうばいとり、両者が一体となる。かつてのような武器の機能と目の機能のあいだの区別がいまや消滅し、攻撃機械が照準装置と一体となり、視覚の破壊が生命の破壊とおなじになる。残念なことに、**走行光学的事故**《ドロモスコピー》はその直接的帰結が**衝突事故**ほど華々しくはなく、事故の残骸はまったくのこらないから、「一見して」だれも視覚の安全性には関心をはらおうとはしない。しかし風景の深みのなかに突進していく乗客をおそう眩暈をまえにして、われわれは自問すべきだ。乗客は**大きさ酩酊**(訳注:本書一二三ページ参照)にかかり、そのために一定の加速水準をこえようとする。この**大きさ酩酊**はおそるべきものである。このためにとつぜん、世界の大きさやそのひろがりが操縦士の力への意志と渾然となってしまう。**通過される地方に光をあてるのは攻撃である**。領土はもはや前進の暴力によってしか存在しない。前進は到着点を特権化し、場所一般の重要性を喪失させる。定住民の場合、窃視者は全望的視界の収斂点たる鍵穴の背後にひそむ。しかし窃視者=旅行者はかれらとことなりそんなことをする必要はない。走行はもはや延長された視線にほかならず、場所と目が語源的に一体となってしまうからである。

マルチン・ハイデッガーも一九三三年、ヒトラー総督の哲学に加担してつぎのように述べている。「〈はじまり〉はまだそこにある。それはずっとむかしに存在したものとしてわれわれの背後にあるのではない。われわれの前にあるのだ。〈はじまり〉がわれわれの未来のなかに不意に出現してきた。それはわれわれをこえて、とおくの方に、はるかとおくに配置されたものとして、その偉大さを屹立させる。われわれはそれにおいつくべきだ。」その後、おおくの**民衆の導き手**(=**運転手**)や**偉大なる指導者**が絶対権力の走行光学的スクリーンの背後にあいついで出現した。しかしそうした指導者の子孫の一隊も指導者そのものとおなじくらい不安をかんじさせる存在である。つまりバイクや自動車の運転者、そして**ファミリーカーを運転するひとびと**であるが、かれらは日常生活からちょっと逃避する行為のなかで大規模な侵入という走行光学的秩序を再生産する。こうしてひとびとは速度の暴力を分有するのだが、それはいかなる政治的影響をおよぼしているのだろう。自動車の運転においていかなる民主主義的幻想がうまれてくるのだろう。自動車の運転はいかなる宗教的儀式とかかわりがあるのだろう……。

かつて航海は難破――すなわち船をささえる要素であるはずの水のなかに船が消滅する――という災害をうみだした。それとおなじように、加速化された交通は衝突事故――別の車のなかに車が消滅する――というあたらしい種類の災害をうみだし、発展させた。衝突とは**速度で構成された鏡**であり、走行の暴力性がこの鏡に反射して移動の客体と主体に投影される。衝突がもたらす大混乱は要するに速度の座礁である。そもそも「衝突《テレスコパージュ》」という言葉をみてみると、それがふたつの意味で構成されていることがわかる。ひとつは「とおくから観察すること」（望遠鏡《テレスコープ》）であり、もうひとつは「区別なくまぜる行為」（激突する《テレスコペ》）である。望遠鏡がもたらす視覚的錯覚はとおくのものを接近させ、それを観察することを可能にするが、自動車がもたらす視覚的幻想は〈ちかく〉と〈とおく〉を区別することなくまぜあわせる。だから、加速化された走行は知覚の混乱に似ている。走行は〈とおく〉を〈ちかく〉へ不当に接合する。高速で走行する車の職務は乗客をはこぶことではない。物理的現実を溝にそってすべらせ、移動させることである。つまり、望遠鏡の補助レンズがやるように、視覚的経験における前景、後景の秩序を変更するのである。

速度は距離にかんするわれわれの認識（知的認識）をじょじょに消滅させる。速度はわれわれを遠方にあるものに暴力的に接近させるが、それによってかえってわれわれを感覚的現実からとおざけてしまう。移動の終点にむかって高速で前進すればするほど、われわれは退行する。**速度とはいわば早発性の老衰による身体障害をもたらすものである。それは文字どおりの意味でひとを近視にしてしまう。**実際、森林を伐採した土地や砂漠や軍事防衛上の必要からいっさいの障害物をとりはらった地帯など、視野の深度が拡大された地域では、**とおくにいることによってひとは対象を視覚的に接近させるが、**加速化された走行においては**接近行為はひとを対象から肉体的にとおざける。**というのも地平線はつねにとおくににげさっていくからである。「監視装置」（監視望遠鏡、監視塔）は高さの作用やレンズの光学的特性によって地平線を接近させるが、「戦争機械」（乗り物やさまざまな運搬装置）は、乗客を地平線にむけておくりだすことによって、隣接する世界からとおざける。したがって、乗り物によってとおくの地域がちかくになるという事実は、むしろとおざかる行為、後退とかんがえるべきである。それは文字どおり「ここ」からの撤退行為なのである。

この点で、ジェット推進は輸送革命以来進行している動きを象徴的にあらわしているようにみえる。走行術《ドロモロジー》的に言えばジェット推進がプロペラによる吸引にとってかわったのだ。いまや高速で航行する飛行機は、一定量の運動エネルギー（質量と速度の積）を**進行したい方向とは逆の方向**に放出することでささえられている。つまり攻撃は力の後退から生じるというわけである。ちょうど走行の暴力性をうみだしているのがエネルギーの消費、浪費であるのとおなじように、**飛行機を推進**

しているのは後退の速度なのである。

実際、加速化された航行が前方にむけておこなわれるとき、領域的空間は後方になげだされる。空間は弾道の軌跡がえがかれる場にすぎなくなる。**領土が移動の加速のために利用されるだけの存在になる。**時空間の消費は地球資源の消費の延長であり、そのあたらしい形なのだろうか。また世界の諸次元は世界が運動の場として利用されるときにのみ発生するとでも言うのであろうか。

そもそも、空気より重い飛行体が空を飛べるのは速度によってささえられているからである。つまり飛行機はその軌跡の速度が通路となっているのであり、高速の推進力が高度上空における飛行の道路網となっているのである。**速度**は飛行機を離陸させ、**乗客を空へみちびく。**航行を可能にしているのは道路——遠方にいたるまで障害物をとりのぞかれた空間——ではない。**それは速度である。速度《ヴィット》が虚空《ヴィッド》を踏破することを可能にするのである。**

だから「速度製造器」である**エンジンは通路を製造する。**地表面上空の大気の厚みへとつながる通路《アクセ》をつくるのは（速度の）過剰《エクセ》である。しかし、あえて指摘する必要があるだろうか、運動の場として世界を利用するにも限界がある。地球という惑星の地平線は湾曲しているからだ。つまり速度の過剰の暴力も結局は後退と（港や空港への）永劫回帰をもたらし、乗客も最後は出発点にもどらざるをえない。つまり**すべての旅行はゼロ秒へとむかう秒読みとして機能しているのだ。**衝突がもたらすあたらしい破局、それは到着点と出発点の激突であり、この激突はますます頻繁に発生している。実際、超音速機は太陽より速くすすむから、パリから出発する以前にニューヨークについてしまう……。かつては出発、移動、到着という三つの項が存在していたのに、いまでは出発と到着というふたつの項しか存在していない。輸送革命とともに、そして加速化が進行することにより、間隔という概念がじょじょに消滅してしまった。たとえば航空路では「空間的距離」（キロメートル）という概念は「時間的距離」という概念にとってかわられた。飛行機の前進の暴力によって運動の場として空間が消滅し、時間だけが存続するようになった。しかしこの縮約＝衝突はさらにつづき、飛行機の推進力がますにつれ飛行の道のりの**線の長さ**が短縮される。そしてちかい将来にはきっと到着しか、**到着点**しか存在しなくなるだろう。出発そのものが計画の瞬間性のなかに消えてしまうからである。ＡＶコミュニケーションの場ではすでに事態はそうなっている。視聴者はヘッドフォンをつけたりスクリーンの前にすわったままでいるのに、**スクリーンに映像がうつりヘッドフォンに音声が到着する。出会いのために出発する必要が完全になくなっているのだ。**電話で二人の通話者が注意ぶかく耳をすまして相手の声が到来するのをまっている。対話にふさわしい空間的・時間的距離を否定することが、まさしく出発・門出の否定につながっている。ここでは後退の対称性は明白である。つまり両方の人間が自分の家にとどまって電話やテレビ放送が到着するのをまっている。実際、出発に関心をよせるという考古学的趣味の時代はおわった。**前進する速度が増大するとともに、到着をまつ人はますます現実から撤退し後退する。**したがって逆説的ではあるが、走行光学とは**とどまるものが到来するのをまつ行為なのである。**フロントガラスのスクリーンに展開する木々、テレビのスクリーンにうかびあがる映像……こうしたものは現実の代替物である。みせかけの運動は模造品にすぎないのだ。しかし可視性という概念、ひいては光についてもう一度かんがえる必要がある。**ものがみえるのは地平線をのぼり沈む太陽のみかけの運動があるから**

である。つまり太陽が運動しているようにみえるという走行光学的幻想、それがわれわれをとりまく世界の光景を組織している。だから空や窓のなかをうごく太陽の運動はフロントガラスにうかぶ物体のそれと同一である。**逆に言えば、自動車にのった窃視者＝旅行者がめざす彼方の地平線は諸天体が天文学的世界のなかを行進するさまをうつしたパノラミックなスクリーンにほかならない。**われわれ人間は地球という乗り物にのっている（つまり一時的に居住している）。この乗り物としての惑星が年周期的運動をするなかで日々われわれに展開してくれる光景、それが諸天体の動きなのである。

地表上で影が移動するのは運動学的幻想である。それは太陽がのぼり、そのために地面がせり上がったり、とおくの地平線が上昇するようにみえるのとおなじように、なにより地球の自転の結果である。**したがって、ものがみえるのは大気のスクリーンがうみだす現実効果であり、その透明性は大気に照明があたるために生じているのである。**

現在、「人工的空」が大量に生産されつつある。現代的住居にはおおきなガラス窓が大量に利用されているが、これは走行光学的スクリーンなのだ。また社会的透明さという（全体主義的な）イデオロギーが成功をおさめつつあり、さらに運動制御や遠隔操縦、各種監視装置などますますおおくの領域でＡＶ技術が利用されるようになっている。こうした事象を考察することはきわめて示唆的である。速度が過剰になるにつれ、光景がじょじょに道や通路に変身する。その結果、**日常生活はますます「光学的不寝番」となり、みることがいきることのかわりとなる。**あたかも、現在、われわれみんなが肉体的に出発することなく到着する時をまちながら、ＡＶ装置のまえにとどまりつづけることに満足しているかのようである。おそらくわれわれはみな、走行光学装置によってやがて瞬間的にあらゆる場所に遍在することが可能になると期待しているのだ。

実際、もはやひとつの媒介《メディアシオン》しか存在しない。それは運搬手段、自動車ではなく、速度である。AVメディアと自動車（すなわち走行光学装置）のあいだにもはやちがいは存在しない。両者はともに**速度の機械**であり、速度を生産することによって媒介する。両者は一体となる。というのも、目の機能と武器の機能は、輸送革命のときに合体し、つながったからである。

ここにはあきらかに「メッセージとはマッサージである」とするマクルーハン風の多幸症的幻想が存在する。（訳注：マクルーハンの著書『メディアはマッサージである』、「メディアはわれわれのどんな部分にも触れ、影響をおよぼし、かえてしまう。メディアはマッサージである」南博訳、河出書房新社、一九九五年、二六ページ）言語や話し言葉や映像を伝達し、コミュニケーションする手段（これ自体の有効性は手書き文字や印刷と大差ない）の存在が媒介《メディアシオン》を成立させるわけではない。**媒介《メディアシオン》とは当事者同士のコンタクトをどれだけすばやく実現するかという問題なのである。**最終的にコミュニケーション手段の多様性（AV、自動車……）はたいした問題ではない。というのもいずれにせよすべてが「虐殺を伝達するコミュニケーション手段」となってしまったからである。

しかしもう一度、速度の暴力という問題にもどろう。もし迅速さが戦争の本質そのものであり、またキップリングがかつて述べたように「戦争の最初の犠牲者は真実である」ならば、こう言うべきだろう、「真実とは速度の最初の犠牲者である」と。それこそ走行光学が顕著にわれわれに教えてくれているところであるし、また孫子の「軍事力は外見との関係によって決定される」という言葉の意味するところでもある。戦争は外観にたいしておこなわれる企ての特権的な形であるから、**力すなわち軍事的運動の暴力は外観の調節をうける。**それはなにも隠蔽とか策略、偽装などがおこなわれるからというだけではない。**軍備とはそれ自体、運動という事件の産物、**つまり専門家が「兵站術」と名づけるものだからである。そもそもひとつ誤解があるからそれをただしておくべきだろう。古代の**投げ槍**や近代の**砲撃**の本質的な目的はけっして敵を殺したり敵の軍備を破壊したりすることではない。それはまず第一に、敵の**企図**の破壊だったのである。つまり敵に前進をおもいとどまらせ、**進行中の運動を中断することを強制する。**攻撃された側が敵の攻撃に対抗するための行為であれ、侵入行為であれ、**(軍事的)事件を統御するのは運動であり、軍備を生産するのは運動である。**それこそナポレオンが「戦争への適性とは運動への適性のことである」と宣言したときに意図していたことであった。ところで、かつて迅速さが戦争の本質であったのだが、現在ではさらにこう断言しなければならないだろう。すなわち迅速さは戦争の絶対的形式になった、と。輸送にかんする産業革命は「機械を製造」したというより「速度を製造」した。このような産業革命とともに、**速度はいまや純粋状態における戦争、純粋戦争となった。**

宣戦布告なき戦争状態である緊急事態(=切迫国家)とは不意打ち状態(言いかえれば「純粋な到着」の状態)にほかならない。それは空間と時間を否定することによって、意図を宣言することや出発そのものを否定することになる。行為の場としての世界にたいして挑まれるこのおどろくべき戦争状態――これは純粋なはげしさである――は物質の真実性と次元の現実性を消滅させてしまう。速度とは絶対戦争(あるいはむしろ最終戦争と言った方がよいかもしれない)であり、これによって次元の真理としての物理的世界が終焉する。速度は事実状態にたいして挑まれる戦争状態であり、事実の敗退を誘発するものである。こうして世界が姿をかくす、まるでながい旅行のはてにわすれられてしまった大切な人のように。われわれはかつて過去の映像にノスタルジーをかんじていたのだが、いまやわれわれは現前する世界へのノスタルジーにひたりきることになろう。現前する世界そのものが純粋に想像的なものとなってしまったからである。

物理的世界の諸次元は、それが行為の場としてどんなふうに利用されるかに依存している。そして速度はそうした次元をついに否定するにいたった。いったい次元とはなにか。

B・マンデルブロは著書のなかでその問いにたいしてつぎのようにこたえている。次元とは解像度の問題であり、次元の数的値（それはゼロから複数次元まである）は対象と観察者の関係に、すなわち観察されるものと観察するものの距離に依存している。[22] **空間的次元は断片的メッセージにすぎず、幾何学はそれをさまざまに解釈しつづけるしかない。**だから「世界の真の次元」はたんに（幾何学的、地理学的）映像の解像度の問題だけではなく、その速度の問題でもあるとかんがえるべきだろう。観察速度が増加するにつれ媒介《メディアシオン》される次元の値は走行光学的に変化（マンデルブロは「とびはねる」と言っている）しつづける。つまり**次元を伝達する手段**である運搬手段や乗り物（測量士、補助レンズ、顕微鏡、望遠鏡、自動車、衛星……）は同時に**次元を消滅させる手段**でもある。これは究極の交通事故であり、この事故によって光速のなかで可視的世界の現実性が消滅する。次元が内爆し激突事故をおこす。速度の光の輝きのなかで外見が不在となり、外観が消滅するのだ。

(22) このことを確認するためにひとつの複雑な物体、たとえば直径一ミリの糸でできた直径一〇センチの糸玉のようなものをかんがえてみよう。これはいわば潜在的に、複数のことなる物理的次元をもっている。この物体を一〇メートルの解像度でみてみると、それは点にみえる。つまりゼロ次元の形態としてあらわれる。しかし一〇センチの解像度では、それは玉であり、三次元の形態になる。一〇ミリの解像度になると、それは糸の集合で、したがって一次元の姿になる。〇・一ミリの解像度になるとそれぞれの糸が一種の柱のようなものになり、全体は三次元の形象となる。〇・〇一ミリの解像度になると、それぞれの柱が糸状繊維に分離され、全体はふたたび一次元となる。こんな風にして次元の値は断続的に変化（＝とびはねる）していくのである。」（B・マンデルブロ『フラクタル物質』一三ページ、序文、フラマリオン社、N・B・S、一九七五年）

ものがみえるのは光の放射速度がものの表面に効果をおよぼすからにほかならない。また物体は速く移動すればそれだけはっきりと知覚することができなくなる。だからつぎのような自明の理をうけいれざるをえない。すなわち視野のなかにはいるものはすべて加速や減速という現象をとおしてみられている。速度の大きさはあらゆる面で照明の強さと同一の効果をもつ。**速度は光であり、世界中の光のすべてである。だから外見とは運動にほかならず、**外観《アパランス》とは瞬間的かつ欺瞞的透明さ《トランスパランス》にほかならない。移動する視線、場所であり目でもある視線によって事物が一瞬にとらえられてはすぐに後方に消えさっていくのとおなじように、空間的次元それ自身もうつろいやすいつかの間の現象にすぎないからである。

それ故、速度の源泉（発電機やモーター）は光の源泉であり、映像の源泉である。世界の次元に話をかぎれば、速度の源泉とは世界の映像の源泉なのである。走行光学革命は「高速」を出現・発展させ、それによって同時にさまざまな物理量をあたらしいやり方で表象する大量の写真を発展させる《デヴロペ》(=現像する)ことに貢献した。輸送革命はこうして外観にかんする手工業の大規模産業化をもたらしたのである。**速度**(したがって光と映像)**をつくる町工場がとつぜん**〈現実〉の運動学的映写をおこない、世界、人工的映像の世界を製造し、**走行光学的シークェンスをモンタージュする大企業となる。そこでは〈運動がもたらす錯覚〉の光学によってあらたなる光学的錯覚がうみだされる。**

したがって幾何学の歴史的機能は「運動=権力」を漸進的、進歩主義的に再編成することであり、全域的兵站術つまり**時間兵站術**を発展させることであったようにおもわれる。この時間兵站術というのは可視の領域にだけ適用されるのではない。なぜなら可視の領域とは速度がうみだす現実にすぎないからだ。そうではなく、それは物理的現実全体に適用される。外見と運動のあいだの関係をたえず更新することにより、幾何学はさまざまな〈地平へと突進する力〉の調節を実現したと言える。つまり外観にあらたなやり方で光をあて、物質が遠近法の産物であり、次元やレンズに左右されるものであることをあきらかにすることによって、幾何学的企図は次元を消滅させるとともに、物質の消滅を加速化したと言えよう。要するに速度は形而下的なるものと形而上学的なるものとのあいだの隔たりを苦もなく飛びこえることを可能にしたのである。

速度の光

「出現するものはすべて光のなかに出現する」
タルソスのパウロ

「到着するためにまつ必要がなくなれば、われわれはいったいなにをまつことになるのだろう。[23]」この疑問にたいしていまではつぎのようにこたえることができよう。「われわれはとどまるものの到来をまつ」と。これが速度の光の出現、つまり輸送革命が実現されたことの目にみえる結果である。実際、エンジンの出現とともに、あたらしい太陽が世界の風景を根本的に変化させた。このあたらしい照明によって生活自体がとおからず一変することになるだろう。乗り物は二重の意味でプロジェクターである。それは速度を生産し乗客を放射《プロジュテ》するが、またイメージを増殖させもする。つまり運動学的《シネマティック》であると同時に映画的《シネマトグラフィック》でもある。この速度のプロジェクターのおかげで、視覚的にすべてがうごきだし、眺望が崩壊しはじめ、さらにそれにつづいてすぐに物質や物体の崩壊がおこる。空気抵抗を最小にする形状（流線型）の研究の開始はこうした物質の崩壊過程の萌芽だった。というのも**流線型とは速度が物質と一体化して装置の外観となったものだからである。**こうした物質の崩壊はやがて走行空間の全面的再構成へとつながり、そして最終的には原子爆弾による世界の解体へとつながるだろう。つまりむかしからあった風化という現象に、速度がつくりだす相対的な風の作用がくわわり、それが車と風景の両方を浸食してそれにあたらしい形をきざむ。この相対的な風の作用はやがては乗客そのものにもおよぶだろう。手でおおっても太陽の姿をかくすことはできないように、速度の光をおおいかくすことはできないが、しかし**イメージの伝達（映画的）や物体の輸送（運動学的）それ自体もすぐに崩壊しはじめるにちがいない。**そして速度によって生じた光景のめざましい混乱に誰もおどろかなくなるだろう。**その時、ちょうど目の錯覚が生命の真理のようにみえているのとおなじように、運動がもたらす幻想が眺望の真理であるとみなされるであろう。**

(23)『領土の危険』ストック社、一九七六年、「乗り物」参照

なぜわれわれは運動学的幻想光学と映画的光学幻想が別々のものだとおもいちがいしてしまったのだろう。**フィルムの回転とそれがうつしだすものをどうして真理と同一視してしまったのだろう。**それはおそらく、幾何学の兵站術の歴史が大昔から視野の相対性を隠蔽し、**継起的な次元**という術策により、遠近法のなかで、照準を真理と、みえるものを現実とみなすようにわれわれをしむ

けたからである。**外見だけを見、すべての外見だけを見、運動を排除し、また運動を観察する場合でも速度を排除する――こうした態度は「静止主義」である。**コペルニクスからガリレイそのほかを経過してウェゲナーにいたるまでの科学者にたいするひとびとの反応をかんがえれば、この静止主義的態度が宇宙進化論や地球科学の歴史を通じてずっと作用していたことがわかる。今日、われわれは住環境《アビタ》（その領域は事実上消滅した）に住んでいるというより、速度の習慣《アビチュード》のなかに住んでいる。速度は現実と同一視されるようになる。速度がうみだす本当らしさがわれわれを現実から疎外する。われわれは速度の視覚効果を意識しなくなってしまい、加速化によって生じる知覚の混乱を正常なものとおもうようになってしまった。

モーターという第二の太陽の出現とともに、人間中心主義の最新形態、あたらしく独創的な形態が出現した。モーターは速度と映像の源であり、「窃視者＝旅行者」はたえずそれを基準にして**位置調節**をし、不動点と**一致した位置をしめる。**この不動点の不動性は完璧である。というのもそれは一瞬の視線のなかに圧縮された地球物理学的外延の軸線と一致するからである。**モーターの軸線が生命の木、世界の軸となる。**われわれは大昔から太陽の光の速度にさらされていたが、いまやわれわれは自走装置がうみだし投射する速度の光に過剰露出されている。そのとき、運動の謎は運動学的シミュレーターのそれと一体になる。かつて地平線に沈みゆく太陽（や月）の走行光学的効果が**地球中心主義**（＝**天動説**）という存在しうるかぎりでもっとも壮大な（運動）光学的錯覚を生じさせ、人間中心主義という荒廃をもたらしていた。しかしいまや、速度の源泉が大量生産されるようになって、人間中心主義の模造品たる自我中心主義が倍加され、その反響が無限にこだましつづける。

速度による遠近法的構成の革命とともに「追跡形式の猟」は「まちぶせ形式の猟」に変化し、**走行の装備が猟の武装**にとってかわる。加速化された反復的移動が最新の世界のイメージ《イマゴ・ムンディ》を投影する。たえず移動する乗客は自動車室内という映写室でまるで白く輝くスクリーンに映写しているみたいに世界を移動させる。自動車のたかい性能のおかげで、暗室（＝黒い部屋《シャンブル》）は白いカメラ（訳注：カメラは「部屋（シャンブル）」の語源で、もともとはやはり「部屋」の意味。「黒い部屋《シャンブル》」は「カメラ・オブスキュラ」を意味する可能性もあるが、ここではやはり映写室をさしているとかんがえるのが妥当か）と一体になり、窃視者＝旅行者が陣どる操縦席は移動の様子を展示する明々と照明された部屋、光景を展示したギャラリーとなる。踏破された世界はかくして純粋な表象になる。しかしそれは歪曲された表象である。というのも、すべてが前進によってゆがめられているからである。前進はもはや持続と延長の絶滅の表現でしかない。かつて**東洋**と**西洋**という言葉は太陽の走行の出発と到着とを意味し（訳注：「東洋」orient、「西洋」occident はそれぞれ「日の出」、「日没」を意味する言葉）、地球の地政学的組織の道標となっていた。そして、**到着の印である（と同時に衰退の印でもある）西洋が出発の印である東洋よりも重要視されていた。**しかしわれわれはいまやつぎのような事態にたちいたったことを確認する、すなわち目的地に到着した西洋は速度を大量生産することによって**緊急性を常態化しつつある。緊急性とはつまり純粋な到着のことである。**それはついに出発を、すべての出発（つまりすべての東洋）を消滅させて、一瞬のうちに世界周航を実現する。速度の光に過剰露出された宇宙において〈場所〉が黄昏をむかえている。だから西洋が凋落し、そしてそれは物理的世界の凋落となるだろう。というのも、集中機動化部隊の戦略理論家のひとりJ・F・フラー将軍が指摘していたように、「ア・プリオリにおこなわれた攻撃はみずからのうちに致命的な結果の萌芽をひそめており、攻撃はその成功そのものによって弱体化する。」

輸送の産業革命によってモーター＝発電機が出現したのだが、これはながいあいだ人類進歩の夜明けだとか輝かしい星の**出現**であるとかんがえられてきた。しかしエンジン性能の向上が飛躍的に加速化されるにつれ、それはむしろ**衰退**、後退、現実からの撤退の様相を呈するようになった。しかしここで、もう一度、世界が速度の光に〈露出〉されるという表現が不適切であることをあきらかにしておかなければならない。地球物理学的場はたんに〈露出〉されているのではなく、〈過剰露出〉されているのである。距離計（訳注：同一物体からくるふたつの光路のずれによって距離を測定）の場合とおなじように、いまや世界のリアリティーは二重の光源によって構成される。**つまり太陽の照明と乗り物による速度の照明が永続的にかさなって世界をてらしだしているのである。**そしておそらくわれわれはまもなくあの「逆説的な光」の日の出にたちあうことになるだろう。すなわち過剰露出のこの光がさらに強力になり、光（速度）が過剰になったために闇が発生するという逆説的な事態がうまれる。**これは最新のステレオ視的衝突**（訳注：「ステレオ視的」であるというのは二重の光源があるから）**である。ここにおいて西洋的緊急事態は永劫回帰**（訳注：本書一四九ページに速度の過剰によって移動がつねに最終的に出発点への回帰になることがかたられている）**というよりむしろ回帰の不可能性を意味するようになる。つまり来るもの、もどってくるものの存在が決定的に否定される。というのも、すべては依然として到着はするのだが、しかし出発せず、とどまりつづけるからである。**

到来の瞬間性以外のものすべてが放棄される。そのとき、休息こそが最大の長距離旅行となる。昼と夜の交代自体がなくなる。というのも夜はもっともながい昼、もっとも最大の光と同一となるからである。[24]

(24) サンフランシスコからヨーロッパにもどるためにはグリーンランドの氷の上をとおる航空路をとおるが、一年のうちのある時期に、この航空路でおどろくべき現象を経験できる。つまり夜がないのだ。背後には夕方の赤い光が、そして同時に前方には曙の緑の光がみえるのである。

場所や事物の位置は加速度の光の過剰露出のために完全にとりかえ可能なものとなり、極と極さえいれかわり可能となる。その結果、この一種の瞬間的自動交換においてコミュニケーション手段はついに武器や虐殺手段として姿をあらわす。しかし実はコミュニケーション手段とは本来的にずっとそうしたものであったのだ。

このように速度によって事物と事物が接触させられ、事物が黄昏の光によって照明される。**外見が永遠に消滅する。そして事物は外見をこえて運動のなかにたえず落下していく。**速度はもともと重力のもたらす接地効果に対抗するものとかんがえられたのだが、その速度自身が一種の**代替的重力**、意のままに方向を決定できる重力に変身する。これは兵站術の絶対的勝利である。モーターが光と映像をまきちらし、いわば「太陽」となってパラドクスにみちた曙をもたらしたのだが、かくしてさらに第二の重力の偶発的影響が発生する。この第二の重力によって**物体は二重の意味で落下することになる。すなわち惑星の引力によって質量のあるものが落下するだけでなく、乗り物の引**

力の瞬間性のなかで光という質量のない存在が落下していく。

質量は運動量を減少させ、移動にブレーキをかけて加速に抵抗するという特性をもっている。しかしこれまでは不可能だった光速での物体の移動が可能になると、そうしたかつての質量の特性もついに無に帰することになるだろう。だから、核分裂や放射性物質の爆発のみならず、乗り物によっても世界が消散する可能性があることをわれわれは無力なまま見まもるしかない。すなわち、過剰な速度の光が遍在するなかで、すべての質量、すべての物質が内側にむかって爆発し、物理的場がふたたび凝縮されて終末にいたり（訳注：ビッグバン以前の状態への宇宙の回帰がイメージされている）、持続と延長の両方が空っぽになり、**臨界的質量**が後もどり不可能な地点にまで達する。そうしたなかで、**すべての表面が対面して、唯一のインターフェイスのなかで過剰露出される。**これは地球中心主義の絶対的勝利であある。ここにおいて〈西洋〉がついにその完成をみいだすのだ。

むかしの日時計は最初の走行光学的速度計だったが、すこし前からスクリーンが鏡にとってかわりつつあるようだ。いまでは体操やサッカーや馬術などさまざまなスポーツの競技者がビデオや有線テレビをとおして自分のプレイをライブ画像で、あるいは録画で、みることが可能となった。たとえば、ソミュールの乗馬学校ではテレビ・ビデオ装置が完備していて、騎手は調馬場をはなれることなしに、馬場をとりかこむ一二台のモニターのひとつをみて自分の動作を分析することができる……。こうした記録技術の発達によってだれもが録画や、さらには鏡をみるように**ライブ画像**で、自分を観察することができる。それも**リプレイ**で好きなだけ、自分の動作の形が目に焼きつくまでくりかえしみることができる。テレビ録画で動作の時間的連鎖が判断できるだけではなく、**スローモーション**で動作を復元することも可能である。スポーツの訓練の目的のひとつは動作をすばやくおこなえるようにすることだが、そのすばやさが自分自身をよく知るための障害になっているということなのだろうか。

こうした奇妙な人格分裂がますますおおくの職業で発生するようになっている。それは**自己コントロール**（これは技術的自走性の増大の直接的結果である）があたらしい倫理となってしまったからだろうか。じょじょに直接的動作そのものよりも**光学的監視行為**の方が重要性をもつようになり、**知らぬうちに人生をいきることがよそよそしい身体を目視操縦する行為になってしまったからだろうか。**

スポーツ選手にかんして、そのステレオ視覚の効果はめざましいものである。訓練によって身体をある種の努力に慣らし、コーチや**モニター**の指導でえらんだ姿勢をとれるようにして体操や馬術を習得するだけでは十分ではない。競技者はさらにスクリーンのガラスに自分をうつしだすことをまなばなければならない。競技者はテレビ**モニター**のおかげで演じるものであると同時に自分自身をみるものとなる。そしてかれの生命力はとつぜんとおくにある事物の映像の展開と一体化する。主体は、その演技がスクリーン上で精彩をはなつその瞬間のなかに自分を発見し、創出する。**かれの眼前にその動作のひとつひとつが自分の行為の地平線のようにうかびあがってくる。**かれは自分の身体を見物する内向的旅をおこなうのだ。旅が進行するにつれ景色が展開していくように、身体の運動が走行光学的周波数のなかにあらわれ、そして消えていく。競技者の身体は一連の映画のシークェンスに変化する。かれは動作のあやまりや不完全さをおいはらうためにみずからを追跡し、**自分自身を標的とし、自分に命中することを期待し、自分に射撃の照準をあわせつづける。**こうして最後にはいくつかの反射的動作を記憶できるだろうとかれは期待する。乗り物《ヴェイキュル》（＝媒体）という人工的装置によって「身体のイメージ」が二重化されたためにこんなふうになったのだ。これは新種の貝殻追放《オストラシスム》で、いまや行為者は直接的意識を断念しなければ自己を所有することができない。かれにのこされるのはただ視覚のみである。しかしそれもとおくの方から距離をおいて自分の姿をみることができるだけなのだ。

そのとき、「世界のイメージ」同様、身体のイメージも加速化された移動によって変貌する。競技者は自分自身からはなれ、（遠隔視的《テレビ》）凝視のステレオ視覚的距離化のなかで自分を**遠征軍**（＝「とおくに派遣された身体」）とみなすが、まさしくかれはその瞬間にみずからのみぶりにたいして支配力を獲得する。ＡＶ装置による光学幻想と走行光学装置の移動による幻想光学はもはやおなじひとつの手品にすぎない。スポーツ選手は**遠隔操縦された自閉症患者**である。かれは自分のために自分の映像をうけとり、自分の質量・容積を二次元のシルエットやスクリーンにうつる影と交換する。そうするかぎりにおいて、かれは自分の運動能力を増加させることができるのだ。テレビはもともとは視野の外にあるものをすぐにみえるようにし、とおい地点にあるものをちかづける役目をはたしていた。（たとえば船の操舵席には計器盤のほかに光学コントロールスクリーンがついていて、巨大な船体の死角をうつしだし、衝突を回避できるようにしている。）しかしいまやテレビはそれとは正反対に、**競技者にたいしてかれにとってもっともちかいものである自分の身体をとおく**

からみた光景を提供しているのである。それはあたかも自己受容性感覚（訳注：自己の体の各部の位置、運動、緊張を認知する深部感覚）がとつぜん身体の欠陥に転じてしまい、中継放送技術によってその苦痛から人間を解放してやらなければならなくなったみたいに……。いまやAVシステムや走行光学装置システムはさまざまな近接性を逆転させ、身体や領土の基本的な限界を完全に無視するようになった。「撮影」や「録画」によって、あらゆる眺望がその質量や延長や物質、ひいては行動との関係をゆがめられ、無限に増殖させられながら、とおくへとおいやられる。ちょうど鏡で映像が無限の彼方にまで反復されるように。

こうして運動＝権力は全面的解剖とでも呼ぶべき現象となる。もはやなにものもそのままの状態では存続できない。映像の展開が真理となるだけではない。視野が走行光学的に解体するなかで、自己を遠隔化する行為は自分を生贄にささげる行為となってしまう。たとえば内視鏡検査において、旅は自分の身体を構成する器官を内視する行為となる。視線がいきた物質の中心部へ侵入し、動脈をとおって心臓に到達する。こうした視線の動きはもはや自動車が踏破する外的領域の走行とはまったくことなる。これは肉体の穿孔であり、**存在の内密な次元への灌流**（訳注：薬液などをゆっくり生体組織のなかに注入すること）**なのである。**臨床学的観察が強引に身体の皮をはぎ、その内部に侵入する。肉体から切りはなされた臓器がまるで**生命の暗黒の断片**のようにつぎつぎとわきあがってくる。このメスのもとで、肉体の厚みはまるでひとつの地下世界であるかのようにたちあらわれる。内視鏡が走行光学的生体解剖をおこなって、この地下世界にひそむ欲動や寄せては返す波の流れを明るみにだす。そしてそのとき、窃視者＝旅行者はもっとも完璧な位相幾何学的反転をみずからにおこなう。かつて身体は直接的自己受容性感覚をとおして把握されていたのだが、いまやそれはビデオスクリーンによるステレオ視覚的距離化に媒介された形で把握されるようになる。そして視線が強制されて内側にむけて反転し、内臓がとつぜん身体を対象にした発掘作業がおこなわれる一連の地域のようなものになる。**この内密な迂回路のなかで内視鏡の照準がとらえるのは生命ののこりかすである。**移動の加速化によって地球物理学的空間の**持続**と**延長**は無に、あるいは無にひとしいものに帰せられた。そしていまや速度はマッスの密度そのものにたいして攻撃をしかけ、それを生体解剖しようとする。まるでとつぜん物体全体の**堅さ**や**厚み**が速度がおこなう追跡行為の目標になったかのように。そもそもこのことは最近の走査型電子顕微鏡の進歩をみても確認できる。この顕微鏡をもちいれば瞬間的に、立体的に、かつあらゆる角度から、不透明な物体をみることができる。それは物体の「ほんのちいさな空洞」にいたるまではいりこんで、きわめて意味ぶかい探索をおこなうのである。また（民生用、軍事用に）地下施設整備がすすんでいることもその傍証となるだろう。人類は伝統的に地表面を利用してきたが、いまや大地の深部の岩石圏が開発されつつある。

　輸送革命以来、遠方がきわめてちかいものとなった。その結果、物質の抵抗と不透明さがあらたなエキゾティズムの魅力をもつようになった。**遠さはいまや踏破の時間や距離できまるのではなく、素材の堅さ、堅固さによってきまる。**かつて遊牧民や騎士たちをひきつけたのは広大にひろがる平野だったが、いまやわれわれの足下に目もくらむような一大世界がぽっかりと口をひらき、われわれはひそかに自分たちの身体がこの固体のなかに落下することをのぞんでいる。透明さという（全体主義的な）イデオロギーはここで移動のイデオロギーとむすびつき、すべてを明るみにだし、トンネルを貫通することを要求する。かつては大陸の広大さへの(植民地主義的)陶酔に身をゆだねていたが、いまやわれわれは大陸の下にある地下への陶酔に熱中する……。かならずやちかい将来、さまざまな突進速度が極度に強化され、われわれは物質の密度を、探索の障害となっていた稠密な物質の密度を、ついには空にしてしまうだろう。ちょうど、地球物理学的次元や地理的距離を消滅させてしまったように。**つねにより速く、つねによりたかく、そしてつねによりふかく。**国土の地下や動物の皮下を透明にすること、——加速化された移動がこうした方向に転換するのは必然的である。われわれは**空虚をつくる**ことに専心しているのだから、遠からぬうちに素材の密度そのものを容認できなくなるだろう。レーダーやソナーやレーザーをつかった地震観測がすでにそうした物質の内部に穴をあけ、その内部を明るみにだす作業をおこなっている。われわれはまもなく領土の身体という障壁をなくさせるだろう。かつてわれわれはこの地球という星の表面を征服し、開発したが、新時代の穴居人たるわれわれはいまやそのマッスそのものを攻囲する。ネットワークの兵站術的幾何学のおかげで、われわれはこんどは大地の深部を植民地化するのである。

そのとき、惑星の厚みは人類の移住が可能な最後の辺境としてあらわれてくるだろう。しかしそれは**闇の世界への植民にほかならない。それは最終的にはうしろむきの激突にすぎず、宇宙征服のうらがえしであり、退却である。要するにそれは人類が物質の中心部に後退していることにほかならないのである。**

俳優や演説家はAV装置を利用して自分たちの「舞台での演技」を形づくっていくが、さまざまな「ゲーム（＝演技）の規則」自体も放送や中継の影響をこうむる。それが**AV技術の圧力**と呼ばれるものである。

世界中にテレビ中継された史上初の冬のオリンピックとなったグルノーブル大会の例をとってみよう。時差のせいもあって四億人のテレビ視聴者がJ・C・キリーの三種目優勝を実況中継でみた。その結果キリーは大西洋のむこう側でたいへんな広告的価値をもつようになる……。テレビはプレーヤーに影響をあたえた後、こんどはゲームそのものに影響するようになる。実況中継の圧力（大気圧）はプレーヤーや審判に影響をあたえ（審判はプレーをみる角度がテレビ視聴者のそれよりも不利な位置にあるので、しばしば信用をなくしてしまう）、さらにはイベントを直接見物するためにあつまったひとびとにも影響をあたえる。

何百万人もの窃視者が現前すると同時に不在する。こうした窃視者の存在とこの儀式の経済的・政治的価値が、開始される行為に実質的におもくのしかかる。わざわざ移動し現場にたちあう何千人かの観客はすこしずつその価値をうしない、不在し、孤立して自分の家にとどまる何百万人かのテレビ視聴者の方が重視される。したがってわれわれはつぎの事実をもう一度確認することになる。**すなわち待機してとどまるものはやってきたものをはるかに凌駕する。**とすると、自走的乗り物よりもAV媒体の方が完璧に優位であるかのようにみえるかもしれない。しかしここでもやはり両者はおなじ運動学的光学が発生させるおなじ錯覚にすぎない。というのも、実際、両者はみずからが誘発する近接学的混乱のなかでむすびつけられ、不可分な関係をもっているのである。

情報伝達媒体が乗り物よりも優位なのはその道具的機能的特徴がよりすぐれているからではな

く、**ただ現在のところその伝達速度が乗り物より速いからにすぎない。**撮影、カメラによる録画、技術者のコントロール・モニターへの中継、テレビ視聴者による受信——こうしたもののあいだには依然として地理的間隔が存在している。可視的世界のひろがりに起因するこうした隔たりは、テレビ視聴者が移動するわけにはいかないから、撮影オペレーターが移動して克服するしかない。静止衛星、通信衛星があるとはいえ、まだ定点観測するためのカメラ網が地球のすみずみにまで設置されているというわけではないのだから。たしかに都市の大交差点にはすでにそうしたカメラが設置され交通を監視している。そしていまや道路・鉄道・航空のための管制センターが数おおく存在し、さらに情報の流れを統制する種々の装置も存在する（映像調整室、ミキシングのコンソール）。しかし死角も限界も対蹠点もないような全体的視野をリアルタイムに、永続的に伝達する**普遍的モニター**とでも言うべきものはまだ存在しない……。

軍事力を遠隔探知するシステムは存在する（たとえば常時すべての飛行物体を監視・識別するアメリカの「北米航空宇宙防衛軍」ノーラッド・システムがそうである）。しかし大部分の大型の乗り物では遠隔操作が可能になっているのに、最大の大型乗り物である地球ではそれはまだおこなわれていない。われわれはこの地球という天体の乗客であるが、地球では**影の領域**が依然として圧倒的に多数派である。だから輸送手段をコミュニケーション手段の**兵站支援**として利用することが絶対に必要になる。つまりオペレーターを物理的に移動させ、中継放送の技術者という遠征部隊を派遣しなければならないのである。

哲学者のアランはこう言った。「迷信的であるということは、われわれの思考が事物のなかにあり、それをうごかすことができると信じることである。」**とすると、運転するという行為は迷信的な行為なのであろうか。**

一九七七年一〇月、ヒューストンでのことであるが、アポロ宇宙船が月面に設置した遠隔測定装置を操作していた研究室が機能を停止し、コントロール・スクリーンがつぎつぎと消えていった。それ以来、この死の星ではなにもうごくものがない……。「知るものは星に命令をあたえる」という占星術師たちのふるい格言が実証されたのだ。

天体の移動がつかのまの映像の移動にとってかわられた。そしてあらたな占星術たる走行術《ドロモロジー》は天体のかわりに技術的対象を観察する。コミュニケーション手段とは踏破された空間と踏破に要する時間のシミュレーターである。だから速度と映像の発生装置であるエンジンは乗客を移動させる手段であるというより、その位相をずれさせ、非同期化させる手段である。乗客はテレビの調整室でやっているように映像を操縦することをまなばなければならないのみならず、地球のみかけの動きを操縦することもまなばなければならない。というのも、どうやら、いまや**地球はますます速くやってくる**からである……。

とすると運搬手段《ヴェクトゥール》(=媒体)が機械的特質をもとうが、電子工学的特質をもとうが、そのちがいは重要ではないということになる。というのも、最終的に問題になるのは伝搬の力、**すなわち結果としてではなく原因としての速度だからであり、そして速度は空間を圧縮すると同時に時間を拡張させるからである。**

したがって映像や電波の伝搬と事物や物体の伝搬というみかけだけの区別はわすれるようにしたほうがよい。**時間の長さは強度によってはかられるだけだから、一時代の技術のあり方をもっとも意味ぶかく反映する産物は距離である。**そもそもこのことは最近の生産様式の変化が立証していることでもある。おそらく現代におけるもっとも重要な――しかし一番気づかれることがすくない――生産物とは世界の終末の生産である。（訳注：ここで「世界の終末」と言われる時の「世界」はひろがりや距離を内包した存在としての「世界」がかんがえられるべきであろう。直後の「後背地」も中心から距離によってへだてられた場所）運動性能の加速化により後背地が消滅させられた。われわれはこの**走行体制《ドロモクラシー》的天動説**の受益者であるというよりたんなる傍観者にすぎないのだ。

こうした極端な状態を前にしてわれわれは自問せざるをえない。これはよく言われているように、偶発的な現象ではなく、文化的・政治的にみてひとつの新時代の到来なのである。いま提起されているのは、資源の不足・枯渇といったエコロジー的問題だけではなく、慢性的近接症というそれにおとらず重要な問題なのである。すなわち距離の枯渇という走行術《ドロモロジー》的問題が生じているのである。

実際、一八四八年にはまだスチュアート・ミルは「生産するとは運動することである」と宣言することができたが、その後、公式は逆転し、現在では逆に交通と運搬（＝伝達）が生産を統御している。**いまや走行術は、それぞれの乗り物が一学派であるような、ひとつの科学を形成しているかのようにみえる。**

走行や時代による走行手段の変遷を研究するとつぎのような事実を発見し、いわば知の考古学としてそれを確認できるだろう。すなわち、それぞれの運搬手段（＝媒体）や乗り物はひとつの「世界の見方」、つまり人間の運動にかんする兵站術的理論をあらわすものとみなされ、ついでそのように公式にみとめられる。「小説とは大道を散歩する鏡である」と書いたスタンダールはそのことを直感していたのである。

そうした意味で、すべてのあたらしいコミュニケーション手段は「旅行日記」に少々似ていると言えるかもしれない。あるいは延長と持続にかんするヌーヴォー・ロマンと言った方がよいだろうか。それともより正確に、世界の破滅への前進の最新状態と言うべきだろうか。走行手段の変遷研究において、それぞれの乗り物は道のりの途中でおこる偶発的小事件とおなじようなやりかたで考察される。つまり乗り物とは**移動の事故**、歴史のある瞬間における世界の実質とは対立する**偶発事(＝事故)**とみなされるのである。そして移動手段は「移動・伝達手段」としてだけではなく同時に通過の時空間を**ごまかす(＝トリック撮影する)手段**としても知覚される。乗り物にのった事物や対象が移動するだけではない、風景そのものが移動する。**高速の乗り物は**距離を追放し、**移動が実行されるまさにその時間のなかに事故(視覚的激突や衝突)を誘発する**という事実をわれわれは確認しなければならない。

実際、交通事故の際にこうむるゆがみや傷は、移動という全面的な離脱行為のなかで道のりのさなかに乗客や乗り物がこうむる微少なトラウマの外的な印、目にみえる形でなされた記録にほかならない。移動とは交通によるペテン行為(＝トリック撮影)である。この点でも、これが真実だということは映画をかんがえれば確認できる。映画のフィルム回転のトリックやジョルジュ・メリエスによる意図せぬ最初の「特殊効果」をみればよい。メリエスはこのようにかたっている。「オペラ座広場を撮影しているとき、カメラがうごかなくなった。歯車をしらべているあいだに、道を行くひとびとの顔ぶれがすっかりかわってしまっていたが、その時はそれに気づかず、フィルムを最後まで撮りおえた……。しかし現像して、びっくりした。最初はカピュシーヌ通りからきた乗合馬車を撮っていたのだが、この馬車がデジタリアン通りにきたときには霊柩車にかわっていたのだ。」

この滑稽なエピソードは光学にもとづいた映画的《シネマトグラフィック》幻影の好例である。しかし、これはまた移動のもたらす運動学的《シネマティック》幻影をかんがえるためにも参考になるだろう。乗り物は行動領域の位相をずれさせると同時に行動そのものを非同期化させる手段なのであるが、こうした乗り物のベクトル的性能がこのエピソードではまったく考慮されていない。乗り物は移動の次元の突然変異と移動主体の配置転換の両方を誘発するものなのである。旅行者はとつぜん一時的に出現した〈彼方の世界〉を偶然に幻視するものとなる。メリエスが一九〇〇年に『月世界旅行』や『不可能な脱衣』でトリック撮影を駆使してつくりだしたあの《彼方の世界》のように。『不可能な脱衣』という映画では旅行者が服を脱ごうとするがどうしても脱げない様子がえがかれている。かれの服は脱いでもすぐにもとにもどってしまうのである。この現象にいらだった人物は自分の服をだしぬこうとして、服を不意に、そしてますます速い動作でひっぱるがどうしても成功しない。服の方もますます速くもとにもどってしまうのである……。水が瓶にもどるように、あるいは壊された建物がとつぜんもとどおりになるように、気をつけないと、明日にでも、こんどは地球が加速化されたために、「旅行が不可能に」なるかもしれない。

病的癒着現象である出発の無用性はまもなくすべての行為の無用性となるだろう。事物がぴったりと密着し、ひきはなされることがない。事物のこうした極度の近接性のためにわれわれは疎外される。やがて高速運搬手段は生物の種そのものを突然変異させ、おそらくエミール・コールやメリエスがえがいた夢幻的生物たちとおなじくらい愚かしい存在に変化させてしまうだろう。

「映画的トリック撮影」という概念はリュミエール兄弟の功績でもある。かれらは華々しい幻想の大家であった。実際、かれら以前に運動学的展開のリアリズムを主張するものはいなかった。マレーの動体写真銃は運動の真実と称されるものを実現するための初歩的なトリックにすぎなかった。運動を継起的場面に分解し、瞬間的な態度や身振りを記録して身体の移動を素描するこの手法は**映画以前**とでも呼ぶべきものだ。一方、メリエスやアニメ作家エミール・コールは**映画の彼方**へ、速度の光が実現すると称する真実性のむこう側につきぬけてしまう。ところで、映画は生命感覚可能なるものの統一性を復元するかのようにみえるのだが、しかし本当は映画とはたんなる**視覚**[25]にすぎない。

(25)「映画、それはいかなる形であれ、視覚である」、ルネ・クレール

リュミエール兄弟の手前側にもむこう側にも、トリック撮影は存在しない、というかもはや存在しない。その理由は単純である。すなわちそこではだれも**展開されるものの真実性**、つまり映像の展開の客観性など主張しないからだ。あるのはただ交通の幻想、あるいはこう言った方がよければ「特殊効果」だけである。それはマイブリッジやマレーでは唯一の運動を細分化するトリックだし、メリエスやコールの場合にはシークェンス全体を細分化して実現されるトリックである。メリエス

とコールはフィルムの展開を不条理にまでおしすすめたといわれるが、かれらはただそれを完成させただけである。つまりかれらは、たんに主体を運搬・伝達するだけではなく、それを変身させる。かれらにとって、マレーのようにたんに人間の映像を**うごかす**だけでは十分ではない。そうではなく人間のふるまいのシークェンスの全体を**絶対的速度にまで加速する**ことが問題だった。だから最終的に重要なのは加速と減速、つまり「運動の運動」であり、これがメリエスの映画の真の主題となっているのだ。メリエスの手法はルイ・リュミエールのそれとはことなる。ルイ・リュミエールにとって映画は生をえがいた映像が効果的に真実をうつしているという幻想を観客にいだかせるための口実であった。それにたいしてメリエスは速度の想像的荒唐無稽さによって観客をおもしろがらせたり怖がらせたりすることを目ざすのだ。

　行列や道路、輸送隊列などは映画というアイデアの萌芽であったが、映画とは表象の理論《テオリ》（訳注：théorie は「行列」という意味もある）である。フィルムが展開することによって、視線の瞬間のなかに世界が構築され、そして解体される。フィルムは「偽りの光」でできた時間と空間を整備して世界を構築し、そして構築が完成する**まさにその寸前に**世界を解体し破壊する。それは**終末の到来**の観察者、かつて旅行者だったがいまや「見る者」（マルセル・デュシャン）でしかない旅の主体を移動させることによってである。旅の主体は走行体制社会における一種の出世主義者《アリヴィスト》、成り上がり者《パルヴニュ》である（訳注：それぞれ「到着を至上の価値とするもの」、「到達したもの」という意味を原義とする単語。旅行者は到達すべく旅をするが、いまや距離が廃止されて、旅の過程、途中が存在しなくなる）。遊牧民のテントは定住民のうすぐらい部屋にとってかわられたわけだが、さらに走行体制的社会になって、いまや世界は移動のためのたんなる待合室と化してしまった。

D・H・ローレンスは『黙示録』(26)で「人間が宇宙と密接な関係をもちながらいき、現在とはまったくことなったふかく情熱的な注意力をもって天体の動きを観察していた時代」を痛切なおもいをこめて哀惜しているが、かれは勘ちがいしているのだ。おそらく今日以上に**宇宙力学的**運動を待望し、それに注意をはらった時代はなかった。しかしこの宇宙力学的運動はサブリミナルな光によって変貌させられてしまった。いまや空間に展開するのは恒星の光だけではない。宇宙は速度というサブリミナルな光によってもみたされている。時間も速度によって**補正された時間**であり、時間の神クロノスの統べる時間と正確には同一ではない。それはエンジンのエネルギーの狡猾さがうみだした時間なのだ。

(26) D・H・ローレンス『黙示録』、ファニーおよびジル・ドゥルーズ序文、バラン社、一九七八年

かつてオリエントの都市は象徴的な意味で世界の中心に位置しているとされていたが、その後、世界の中心は移動した。それはいまもなおたえず移動しつづけ、しかも移動の速度はますます速くなっている。というのも、移動機械本体、つまり西洋の発明した**光景発生装置**たる速度発生装置の運動遂行軸が世界の中心軸となったからである。「知=権力」は排他的優越性をもっているが「運動=権力」はこれに対抗する。こうした「運動=権力」の理論である走行術はかくされた科学（速度の科学）であり、生命の科学を兵站術的に補遺・補足するものである。走行術はたんに時間的《クロノロジック》

であるだけではなく時間兵站術的《クロノロジスティック》でもある。走行術は歴史的事実を偽造して物語をつくりあげるわけではない。歴史上、発明された乗り物のひとつひとつがその当時にあってはあたらしい**現実感をつくりだす効果**をもっていた。走行術はそうした速度のつくりあげる現実効果を記録するのである。

走行術はもともとは猟の昇華であったのだが、それはこうしてじょじょに**空間の旅立ちを記念する記念館**となり、（メッセージや人や財の）**移動手段によって時間が開始されたことを物語る歴史**となったとかんがえられる。かつては獲物が狩りだされていたのだが、いまや狩りだされるのは領土である。速度の大量利用は走行という行為によって**次元**としてのあらゆる物理的身体（訳注：領土的身体、すなわち領域的ひろがりと動物の身体をふくんだ観念）を挑発し、領土の身体を狩りだし、地球物理学的領域のひろがりを無に帰せしむると同時に、動物の身体も死滅させてしまった。

ナダールが一八六三年に書いたように、「空気よりも軽いのに空気に対抗しようとするのは狂気の沙汰だ。空気に対抗するためにはとりわけ空気よりおもくなければならない。**空中移動でもなんでも、体は抵抗するものによってしかささえられない**。しかし同時に、移動が可能であるためには、抵抗する空気は人間に譲歩しなければならない。人間はこの傲慢で異常な抵抗を消滅させ、従属させなければならない。」

航空写真を撮った最初の写真家がこんなふうに抵抗、譲歩、従属といった軍事用語をもちいているのは啓示的であるが、抵抗するものによってしかささえられないというのはどういう意味だろう。移動手段がさまざまに革新されるなかで、**どんな抵抗、どんな反抗が問題になっていたのだろ**

うか。昨日は追跡形式による猟だったのが、今日ではまちぶせ形式による猟がおこなわれるようになった。だから、次元やさまざまな測定法自体も幾何学者によって武器として発明されたのだ。[27]つまりそれは移動にたいする時間の抵抗や前進にたいする空間の反抗を除去する手段だったのだ。

(27) 道具は身体を延長する。武器は砲弾によって身体をさらに延長する。**とすれば直線は幾何学的武器とみなすべきだろうか。ユークリッドの公理は速度の昇華なのだろうか。**

幾何学は通過するものの統治や移動するものの権力を保証するための恣意的断片化・分割である。それは**物質のリアリティーの移動のシステム**であって、一般的にかんがえられているようにその記録のシステムなのではない。つまり幾何学は古代以来西洋が構築してきた「運動＝権力」のかくされたもう一面だったのだ。実際、生産することがまずうごくことであるとしたら、**測定するとは移動することである**。それはたんに、測量するためにはあるきまわり、移動しなければならないからというだけではなく、(幾何学的・地図学的) **表象のなかに土地を移動させなければならないからである**。つまり地球物理学的リアリティーを完全に相対的で人間中心主義的な価値しかもたない測地学的輪郭のなかにおくりこまなければならない。このことをL・F・リチャードソンにつづいてB・マンデルブロが、海岸、ブルターニュ沿岸の測量を例にして論じている。「海岸が直線だったら問題は簡単に解決するが、自然な海岸は極度にまがりくねっている。そこで、一人の人間が海岸線にそってできるだけ線からはなれずにあるいて、自分が踏破した距離を測定すると仮定しよう。ついで人間が海岸線からはなれる距離の許容量をどんどんちいさくしていこう。こう仮定していくとある時点で、正確さを期するためには人間のかわりにネズミをかんがえなければならないし、さらにハエ等々と、許容量をちいさくすればするほどちいさい動物をかんがえる必要がある。こうして海岸線に忠実であろうとすればするほど、必然的に踏破される距離はながくなる。**そしてその最終的な距離は非常におおきいから、事実上それを無限であるとかんがえてさしつかえない。**つまり、人間中心主義的なかんがえ方がどうしてもなんらかの形で介入してくる。**地理学的距離**という一見無害な概念でさえ完全には《客観的》ではない。というのもその定義には観察者が必然的に介入してしまうからである。[28]」

(28) B・マンデルブロ『フラクタルな対象——形、偶然、次元』、フラマリオン、NBS、一九七五年

したがって**測定するとは位相をずれさせること**、現実の位相を観察者にむかってずれさせることである。観察者たる幾何学者、すなわち「窃視者＝測量士」はみずからの移動を開始する、まさにそのときに尺度を生産する。しかし大きさや長さを生産するこの運動はなんらかの「移動手段」を利用することによって（あるいはそれに攻撃されることによって）加速させられることもある。この点はブルターニュ海岸線の近似的距離の変動にかんする研究では考慮にいれられていない部分である。それはつぎのような表現からもうかがわれる。「もし海岸が直線なら問題は簡単に解決する。」ここには測量の時間的側面が考慮されていない。ブルターニュ沿岸をあるいて測量する人間やネズミやハエというイメージはそれぞれ特有な移動速度を人間や動物の姿をかりて表現しているにほかならない。つまりそれは時空間を移動するいきた身体をあらわしているのだ。いまここで、

高速移動可能な運搬装置を仮定し、測量する動物の移動を加速させてみよう。そうするとすべてが一瞬にしてふたたび変貌する。**一方で、長さは無限にのびてゆく**。これはこの問題の形態学的側面である。**しかし同時に他方では**、測量行為の加速化そのものによって**距離はゼロへとむかってゆく**。これは測量するものの「本性」がどうであれ、そうなのだ。というのもその本性は移動の速度と不可分であるからである。

今世紀の初めから、われわれは「距離」の漸進的消滅にたちあっているが、すこし前から超音速機が飛躍的に発展するとともに、「距離＝時間」の自称進歩主義的消滅を目撃しつつある。いまや「移動を解放する運搬装置」が世界の尺度となった。この移動手段は道のりの空間と時間を非同期化させる。ちょうど、かつて幾何学者や測量士が地理形態学的リアリティーを**測量し**、地球を測地学的表象の移動システムに従属させることによってその**位相をずれさせた**のとおなじように。

現在、測量システムや測量器具は**時間記述的**というより**走行記述的**《ドロモグラフィック》である。[29] いまや踏破された空間の計測の基準となるのは通過のために必要な時間ではなく、速度である。速度は時間や空間をはかるための特権的尺度となった。超音速機において、速度計の単位はキロメートルではない、速度は加速の強度、つまりマッハによってはかられる。マッハというのはうごく物体の速度とそれが移動する大気中での音速との比である……。しかしこの「計測単位」は本当の**速度の単位**ではない。というのも、音速は絶対温度の平方根に比例するからである。

(29)「サン＝ルイ仏独共同研究所はレントゲン高速動画撮影装置を開発した。この装置は一秒あたり四〇〇〇万コマの映像をとることができる。この装置はおもに弾道学や爆発学でもちいられるが、これによって物質内部

のよりダイナミックな姿をとらえることが可能になる。」F・ジャメ、《ラ・ルシェルシュ》誌、一九八二年五月号

したがって唯一の計測単位は絶対温度の産物である絶対速度である。つまり**光の速度**である。これは時代おくれの太陽崇拝と言うべきなのだろうか、太陽の光がすべての現実の尺度の基準となる。**速度の光が地球という惑星をてらしだし、それを表象する。**しかしこの表象において問題になっているのは、つまりその光が地球という現実の尺度の基準になる太陽とは、むかしのように東から西へとむかって走行する太陽ではなく、はげしい核融合と強力な放射光をはなつ太陽のことなのだ。

実際、昼や夜が生活にリズムをあたえることはなくなった。この走行光学的「まがいものの光」のなかで曙は黄昏にひとしい。速度は区別することなく生も死もあたえる。実際、核の危険についてレオ・スジラールが幻滅をこめてかたっているように、「おそらく、地球は太陽系のなかで一番大切な惑星というわけではないのだ……。」

第四部

ネガティヴ・ホライズン

「みえるものは一見してみえないものに由来する」

タルソスのパウロ

砂漠は反転した天空であり、この空のなかで速度が目にみえる形をとって展開する。かつてその先駆者たちは上空にむけて飛翔することを熱望していたが、今日のスピード記録挑戦者たち[30]は地上での最高速度記録樹立を目標にしている。地平線がふたたび征服すべき理想となった。**砂漠、それは欲望である、絶対速度という肉体をもとめる欲望である。**

(30) L・ヴィラ『スピード記録挑戦者たち』アティエ、一九七二年

空虚は速度のパフォーマンスを演じるための格好の舞台である。空虚はたんなる欠如ではなく、

過激なる〈通過〉儀礼がおこなわれる場となる。だから途方もない駆動特性をひそめた奇抜な場所がさがしもとめられる。砂漠化した台地、塩湖、凍結した水面、際限なくつづく海浜、それらは**スピード記録を撮影するために最適な写真感光板**である。たとえばソルトレークシティー西部のあのきわめて印象的なボンヌヴィル砂漠のように。それはかつての内海が干上がった後にできた砂漠なのだが、**この土と砂の表層（＝フィルム）がチャレンジャーたちの記録挑戦の試練（＝現像）の場となり**、半世紀も前から地平線にむかった加速のつかの間の勝利がくりかえされる。実際、**砂漠は速度の光が映写されるスクリーンである**。だから、さまざまな表面（国土、身体、物体）がじょじょに砂漠化していくのは、照明が強力になった当然の結果である。

　地平線について土壌学的にこれまでだれも気づかなかったひとつの見方が可能である。すなわち速度は風化による土地の砂漠化の一要因である。**堅固な地の塩たる砂漠が走行術《ドロモロジー》的突進がおこなわれる度に拡大する。**

　狩猟の昇華であるレースは障害物のない地表面を必要としていたが、戦争の昇華である速度記録はさらに純粋な表面を要求する。**地面は起伏や凹凸をとりのぞかれ、加速を実現するために鏡のようにみがきこまれる。**(31) 速度によってとつぜん道のりが望遠鏡のようにたがいにのめりこんで《テレスコパージュ》（＝衝突して）短縮されるが、これに地面の反射光、つまり「地面効果」（訳注：飛行機が地面や水面ちかくを飛ぶとき生じる揚力などの変化。ここでは地面の形状が自動車の速度にあたえる影響）がつけくわわる。自動車が速度を実現するためには地面の空気静力学的整地が不可欠だが、しかし同時に空気動力学的に車体が接地性能を十分にそなえていることも重要である。つまり砂漠は厚みにおいても成長する。加速化は道のりを線的・面的に矯正したが、さらに接触部分《インターフェイス》の整備を完全におこなうことも要求する。「国家の最大の栄光はその国境地帯を広大な砂漠と化することである」とすでにカエサルが主張していた……。物質には気体・流体・固体という三状態があるが、なめらかで純化された表面になった砂漠はこの三状態以外の状態への物質の最初の変貌なのではないだろうか。かつてハーシェルが指摘したとおり、**ななめから光をあてられた物質は鏡のようなはたらきをする**……。ななめからの照明はなめらかでない表面を光を反射する表面にかえてしまう——これこそまさに走行光学《ドロモスコピー》的照明にかんして確認できることなのである。**すなわち加速化された眺望は光源のようにふるまう**。速度により距離が短縮されて行程がゆがみ、それが深さの印象を強調する効果を生じる。その結果、ななめにあてられた光とおなじような光学的矯正がおこなわれる。車はそのベクトル特性を道のりにそってならんだ事物に伝達する。その結果、暗箱（カメラ・オブスキュラ）や鏡でおこるのとおなじような反転がみられる。つまり、本当は前進しているのは車で、反射して映った事物はとまっているのにそれが後退するようにみえる。また、ちかくの風景はみかけ上、速い運動をしているようにみえ、遠景はうごかないようにみえる……。実際、動画であれ静止画であれ、ほとんどの映像は**光と反射面・記録面**（自然にある反射性物質や感光乳剤……）**とのあいだに相互作用をおこさせ**、それによって可視領域を捕捉してできるのだが、このときいつでも映像の反転という原理がはたらく。起伏の知覚や距離（時間的距離）の推定のためには立体《ステレオ》視覚の感度のよさが不可欠である。両眼によって視覚をえているわれわれが三次元像をえるのは片方の目がもう一方の目にたいして**ずれた映像**をうけるからである（これは「プルトリッヒ効果」と呼ばれている）。加速移動する物体については、このずれは乗り物のガラスの偏光効果――**つまり速度というななめからさす人工的照明が周囲の遠景・近景と干渉しあう作用**――によっていっそう強化される。

(31) 自動車の空気力学的特性にかんする議論は道路を鏡とみなしている。車とその鏡像(道路に映った)はタイヤというささえによってつながれている。したがって自動車の動きは「車=鏡像」というシステムの内的連結力の強さにのみ依存している。

必須の運動学的基準点である地平線は加速が実現されるための条件そのものである。**速度は地面すれすれで観察される時、地面の反射光という光学的現象としてあらわれてくる。**「望遠鏡的」(前進)に、あるいは「走行光学的」(加速)にたえざる変化をとげる表面効果である加速は実際、幻覚のひとつの形にほかならない。レーシングカーの運転席についた人間は視線の倒錯症状におちいり、貪欲に前方をみつめる。あたらしい「乗用動物」にまたがったとき、かれはうまれつきもっている立体視的照準をあたらしいタイプの視覚補綴器によって補完するのだ。それはかれに**運動的幻影をもたらし、その視野を動力学的に変形する。**目の錯覚とはここではおそらく知覚空間の「起伏」と称されるものについての錯覚にほかならない。

自然の風は地面を風化(空気静力学的)させる。また自動車の運動が発生させる相対的な風もやはり風化作用(空気動力学的)をもち、**距離の起伏を消滅**させる(これが運動的幻影だ)。道のりの踏破に要する時間はじょじょに短縮されるが、それは最終的に空気抵抗を最小にするために物体の凹凸を減少させる作業と通じるところがある。走行による景観の加速(これは光学的幻想である）は地面や自動車の表面の形態学的変身を運動学的に表現したものにほかならない。つまり**流線型とは光学的歪形のとりわけ知られていない一形象にすぎないのではないだろうか**。一方では、地面が変形し、塩分や風の速度で黒こげになって完全に乾燥する。そして他方では、空気との摩擦係数を実効的に改善するため車体の輪郭がテクノロジーによって変形させられる。**限界速度の探求はまずなにより地面と技術にかんする一連の変形をつうじておこなわれる。つまり、レーサーを一時的に幻覚状態におちいらせるために移動手段とその支持体の両方が変形させられる**……。レーサーの一人が説明しているように、「砂浜で完全に自由に全速力で車を走らせるのはせまいレース場でトレーニングするのとはくらべものにならないくらい刺激的だ。」絵の二次元の**枠からぬけでること**、すでにこれが偽透視画法をもちいた〈だまし絵〉の画家たちがこころみたことであった。それとおなじように、絶対速度の記録を樹立しようとするものたちもサーキットの三次元的舞台からぬけでることを目標とする。垂直的な速度を実現するためには飛行体の部品を**軽量化**しなければならないが、水平的速度の場合には、それとは正反対に、地上走行システム（道と自動車）を極限にまで**延長し**、さらに地面のグリップをよくして接地性能を確保するために自動車の重量をそれなりに増加させる必要がある。(32) **空気力学的抵抗をすくなくし、道のりにかかる時間を短縮するために、速度は物体をながくひきのばす**——道路の直線も車体の縦断面も。コースも車体も無際限に延長される。**通過時間が短縮されるにつれ空間はひっぱられ、のびきってしまう**。時速一〇〇キロをこえた最初の自動車（イエナッツィーの《ジャメ・コンタント》号）は全長ほぼ三メートルだったが、地上に密着して走行した乗り物ではじめて音速をこえた車（スタン・バレットの《バッドワイザー・

ロケット》号）はほぼ一一メートルあった。しかし、この線の延長、**自動車の車体図面の変形は地面の変形をともなう。**一八九九年にイエナッツィーの記録の舞台となったアシェール農業公園大通りの全長は三、四キロだった。三〇年代、四〇年代のシーグレイヴとキャンベルが挑戦した場所ペンダイン・サンドとデイトナ・ビーチは二〇から六〇キロだったし、J・コッブ、C・ブレッドラヴ、A・アーフォンスが記録を樹立したユタの塩湖は一五〇キロ以上だった。**速度がつくりだす偽の遠近法は時間的距離を短縮し、行程の起伏を減少させるために、物体（自動車や地面）の空間的距離を延長する。**トライアルのための**走行支持面**が自然にあるいは人工的に静力学的に摩滅してなめらかになり、行程の加速化された眺望が動力学的に摩滅してなめらかになる。このように**すべてが光学的歪形**をこうむりつつあるのは、技術の動力学・運動力学的エネルギーによってさまざまな種に突然変異がおこりつつある兆しである。

(32) ある数学法則によれば、最大可能速度は正確に重量の平方根に比例する。

「わたしには生成しかみえない」とニーチェは宣言していた……。この点について、こうつけ加えてもよいだろう――「空間とはすべてがいつもおなじ場所にあることをさまたげるものだから」、と。速度を征服するということは「抑止の駐車場」を探求することにひとしい。（訳注：「抑止の駐車場」は都心への車のりいれを抑制するため都市周縁部に設置された駐車場。速度という「駐車場」に事物はかくれ、街から姿を消す）速度というこの最新の「場所」において、物体とその形象はたんに**同形的**であるだけではない。形象は物体の**完全な姿**である。つまり両者は完全に相互交換可能となる。遍在的瞬間性という詐術によって両者が**同質に、そして走行質**《ドロモジェーヌ》になったからである。（訳注：「走行質」dromogèneは「同質」homogèneに「韻」を踏むため特にこう訳した。ここでは「走行からうまれた」、したがって「走行の性質を分有する」という意味とかんがえられるが、数ページ先では文脈を考慮して接尾語gèneのもうひとつの意味の可能性を採用して「走行発生的」とした）

黙示録の国であり、光を反射させる表面である**砂漠は映像をひそめている**、過熱した空気の層がうみだす幻影、すなわち**蜃気楼のつくりだす映像**を。

つまり、ハーシェルの発見（一八〇九年）以前、ニエプスの感光板のユダヤ・アスファルト（一八一六年）やフィルムの銀塩のずっと以前、**砂漠の砂は典型的なホログラフィー的啓示のための材料だった。**

実際、ホログラムは偽の遠近法を洗練したものとか、完全な映像の完成などではなく、その正反対のもの、つまり**起伏の衰弱であり、すべての遠近法の根絶なのである。**

今後、「偽物」とみなされるのは光学的歪形をうけた像ではなく、深さ、長さ、遠近法的空間の中の時間的距離の方である。**水平方向にむかう「解放の速度（＝ロケットの地球脱出速度）」を獲得することによって、われわれは三次元のリアリティーと呼ばれるものから解放される。**速度は道のりを踏破するのにかかる時間からわれわれを解放し、それによって同時に**われわれを事物と場所と環境の「厚み」から文字どおり解放するのである。**

もう時間も存在しない。起伏も存在しない。もはや現実と現実のあたえる印象のあいだに顕著な差異はない。

「地面すれすれの場合にしか速くすすむことができない。速度とは重力の近代的な形なのだ。」ポール・モランのこの言葉は上昇速度がまだちいさかった時代のもので、地球の重力からのがれるなどということはロケット・エンジンのパイオニアがやっと想像しはじめたかしないかといった頃の話だ。今日、速度がわれわれを重力、したがって重さから完全に解放してくれた。言いかえれば、われわれにはもう到達できない高さなどない。一方、われわれは現在、地表で解放の速度（＝脱出速度）を獲得しようとしているのだが、**それは深さを廃止し、時間の長さをおわらせるためである。**垂直方向で地球からの脱出速度を獲得することによって高さは宇宙的距離にかわった。それをうけていまや、水平方向への脱出速度獲得によってこの地球という惑星空間のなかでありうるもっとも広大な「長さ」を不動の極点とすることがめざされている。**純粋速度は同時に、高さでもあり長さでもあるものとなる。それは絶対的力のアルファでありオメガでもあるのだ。**

「太陽が凹面鏡にあたると、光が焦点に集中して像をむすび、そこに最大の発熱効果を生じさせる。それとおなじように、戦争のエネルギーはさまざまな偶然をつみかさねながら、ひとつの主要な戦闘に収斂し、そこで最高度に凝縮された効果をうみだす。」（クラウゼヴィッツ）

いまや技術はこうした絶滅的な凝縮を完全に実現する。比喩が現実となった。**現実の光の速度は**瞬間的破壊の方法であると同時に高度な映写手段でもある。つまり**光の速度が絶対的武器となり、速度の光が完全な映像、純粋な力のホログラムをうみだす。**

かつて走行は狩猟の昇華された一形態であり、その加速化は戦争（電撃戦）の昇華、最高度の白熱であった。そしていまや**純粋速度は局地的戦闘をこえた戦争、レンズの焦点や砂漠の純粋な表面**

を必要とする純粋戦争の最高度に凝縮された結果となる。

もはや猶予なし！ この黙示録的命令はまたなんらかの混乱をひきおこす可能性のある余計なもののすべてを排除するということを意味している、地面のほんのすこしのでこぼこから広大な国土にいたるまで。表面はスクリーンあるいは鏡となる。そしてそこに距離の全方向的投影がおこなわれ、旧来の地理学の表面積の全体がホログラフィー的に表現される。

砂漠は速度とともに増大するのだから、問題はもはや映画が〈場所〉なしに成立するかどうか（映画館かそれともテレビかといった類の問題）ではない。問うべきなのは、〈場所〉が依然として速度というなめからさす照明がうつしだす映像なしにすませられるかどうかである。

砂漠の広大なひろがりは人間に敵対的な表面であるが、同時に征服者の姿をうつしだす鏡でもある。また、それは何世代にもわたって探鉱者や遺跡・埋蔵品をさがすひとびとをひきつけてきた。眩暈と究極の速度をもとめるレーサーはそうしたひとびとの末裔だ。元世界記録保持者アート・アーフォンスが述べているように、「われわれは惑星間の広大な空間を征服したが、この母なる大地の上での移動手段についてはあまりおおくのことを知ってはいない。」

宇宙征服の華々しさとは対照的なこの大気圏内への帰還は奇妙におもえる。垂直方向への速度に夢中になっていたのに、なぜとつぜん水平方向での最大速度の探求が再開されたのか謎だ。**砂漠に依拠するというのは母なる大地の表面にたいする崇拝なのだろうか……。**一九三〇年代、王立飛行部隊のパイロット、マルコム・キャンベルが空の冒険を放棄して地上高速記録樹立競争に参加している。それ以降かれが飛行機をつかうのはヨーロッパやアフリカ大陸の上空を飛んで、空から**走行発生《ドロモジェーヌ》地帯**、つまり高速走行に好都合な場所をさがすためだけだった。荒涼とした台地や無機質で墓場のような地形をかれはさがした。それは以前、ペンダインやナインティ・マイルズ・ビーチの硬化した砂の上での速度記録樹立の試みが風や潮に影響されたためで、かれはそうした要素に依存することがない環境をもとめたのである……。一九三〇年代のキャンベルの空から陸への転向は意外な選択だったが、それと同様、今日、**ネガティヴな地平線**にひとびとがふたたび魅力をかんじるようになったのは不思議なことである。

垂直推進ロケットの秒読みがおわった後、いま、地表上で「音速の壁」をこえる水平推進ロケット打ち上げの秒読みがはじまる。スタン・バレットのバッドワイザー・ロケットは地上でマッハ一をこえた最初の自動車だったが、**通常アメリカ空軍機に装備されるサイドワインダー・ミサイルを補助推力に利用していた**。この記録が樹立されたのは一九七九年一二月、アメリカ軍エドワード基地においてであったが、おもしろいことに、一九四七年一〇月一四日、チャールズ・イエーガー大尉が「音速の壁」をこえるためにベルX1機に搭乗して飛びたったのもこのカリフォルニアの空軍基地からであった。

四個のロケットからなるジェット推進エンジンをもったこの実験戦闘機は幅が八メートル五四だったが、その全長はバッドワイザー・ロケットとそう変わりはなく、スタン・バレットの自動車が一一メートル五七であるのにたいして、一〇メートル八五であった。

三二年をへだてて地上機と航空機の性能がほぼ同一であるという事実はわれわれを当惑させる。

迎撃機の戦略的目標はできるだけ速く大気圏空間をこえることであるからベルX1機の目的は理解できる。それにたいして、「道路を走行するロケット」がなにを目的としているかについては、奇妙に非現実的なかんじがのこるのである。

「一番むずかしいのはただ適当なコースをみつけることだった」と今日、超音速記録の当事者たちはかたっている。一九七九年九月に最初の実験がおこなわれ、ユタ州の塩湖で時速一〇二七キロが達成されたのだが、以来、「音速」計画は適当な実験場をみつけられないために、期日をおくらせ、最終的に延期しなければならなくなった……。

実際、コースの舗装が劣化する。つまり塩がかたまって表面にかたい殻を形成しているのだが、それが摩滅し、年々うすくなっていく。またコースの長さが制限されていることや、現地の気候が変化しやすいために、時速一〇〇〇キロをこえる速度実験はますます困難になる。**自然の風化作用が、半世紀来ボンヌヴィル・スピードウェイに作用しつづけた車体の相対的風による風化作用とあいまって、ソルト・フラッツの砂漠をだめにしてしまう。**

こうして、走行実験がおわるごとに、タイヤを交換し、さらに頻繁に車体の空気力学的形状自体を変更するように、今後は**実験の舞台を、実験場自体を**変更しなければならない。

超音速実験のために、ハル・ニーダムのチームはイランのコム市近郊にある湖を視察した。干上がったこの湖はすばらしい平坦な表面をもち、さえぎるものもなく空全体がみえる理想的な条件だったが、重量のある機器を運搬するための適当なアクセス手段がなかった。アンデスのコルディリエール（航空郵便の歴史で重要な地名）を調査することもかんがえられたが、うまくいかなかった……。**だから軍隊に援助をもとめ、南カリフォルニアのアメリカ空軍基地内にある元ミュロック湖がえらばれることになったのである。**

地表で音速をこえるにあたっては天候が相当な影響をおよぼす。実際、速度記録挑戦には風や高度や気温を考慮にいれなければならない。**つまりコースの大気圧《アトモスフェリック》を考慮しなければ自動車の「走行圏圧《ドロモスフェリック》」はただしく計算できない……。**一九七九年おわり頃、ミュロックのコースでは、「音速の壁」は気温マイナス九度で時速一一七一キロ、零度で一一九二キロ、一〇度では一二一四キロであった……。モハーベ砂漠の夜はとりわけ肌寒かったが、バッドワイザー・ロケットは朝の四時にスタート地点にひきだされた。

こうした種類の自動車ではすべてのシステムが技術支援用のキャンピングカーに設置されたコンピュータにより外部から統御されている。パイロットがモーターをとめられない場合には、コンピュータが第一パラシュートをひらき、それで車は時速一〇〇〇キロまで減速し、さらに第二パラシュートをひらいて時速四八〇キロにまで減速する。油圧ブレーキは時速二四〇キロまでしか使用できない。パイロットは砂漠の潜水夫みたいなもので、完全に独立した空気供給システムをもち、車に搭載された無線システムで管制担当の技術者とむすばれている。

一九七九年一二月一五日七時二五分、気温マイナス七度、ビル・フレデリックは点火を命じた。**数台の写真機がシャッターをきっているあいだに、車は出発点から四キロはなれた地点にある時間計測器の電子の眼の前をもうとおりすぎてしまっている。**ネガティヴな地平線が感光させられ、「スライディング・ホーム」が現実となって、[33]スタン・バレットは地表で音速に到達することに成功する。しかし記録の公式確認は宇宙空間からおこなわれる。アメリカ西海岸を常時走査している二〇ある軍事衛星のうちの三機が小数点にいたるまで正確に時速一一九〇・三〇〇キロの速度を記録したのである。その瞬間、その地点において、音速の壁は時速一一一七・八〇〇キロだったので、**「音速」（SOS）計画は完全な成功をおさめたことになる。**この計画を推進した人たちが直後にかたっているように、「われわれは過大な危険をおかすことなく音速をこえる速度で自動車を走らせることに成功した。われわれにはそれだけで十分であり、記録やそれにともなう儀式などわれわれの関心をもうひきはしない。」

(33)「スライディング・ホーム」つまり滑る家。これは速度の新記録樹立者たちによってつくられた表現である。ポール・クリフトンの著書『地上最速の男たち』（一九六七年刊）を参照。この本はフランスでは一九六九年にプレス・ド・ラ・シテ社から刊行された。

飛びたたないために飛行場をえらび、地表でおこなわれる走行を停止させるのにパラシュートがつかわれ、おまけに、地上での記録を観察衛星の軌道から確認する——こうしたことにおどろきをかんじても無理からぬことである。実際、より高速を実現しようとするとき、つねに要素とジャンルの融合・混同が生じる。この後、スタン・バレットはロサンゼルス郊外でちかいうちに時速一〇〇〇マイルを実現すると予告した。こうして追放者の場所が速度の過剰のための斜堤、試験場となる。しかしここで出発点の一八九九年にもどろう。アシェール農業公園の中央道路ではじめて自動車の車輪が地面に接触したまま一分あたり六〇〇回転した。しかしそれはなんという地面だったのだろう。パリ郊外の河川拡散堆積地の真ん中につくられた馬車通行用の道路だったのである。ここでカミーユ・イエナッツィーは電気自動車《ジャメ・コンタント》号にのって時速一〇〇キロをこえ、シャスル・ロバ男爵との「速度の決闘」に勝ったのだ。

この当時、**実験はすべて公道で、一方向のみの走行でおこなわれた**。ベルギーのオーステンドのニューポート運河ぞいの道路やアブリス付近の直線道路、あるいは一九〇二年に「フランス自動車クラブ」により最初の**公認レース道路**としてみとめられたドゥールダンの国道などが利用された。アメリカには当時まだ重要な幹線道路が存在しなかったので、ヘンリー・フォードは実験のためにデトロイトのグロス・ポイントの**競馬場**をつかわなければならなかった。その後、一九〇四年、時速一四七キロの新記録を樹立するため、かれはセイント・クレア湖の氷上を利用する。**実験前にあらかじめ工員たちにアンカー・ベイの鏡面コースに灰をまかせ、それで氷をおおったのである**。

デイトナのオーモンドの砂浜で一九〇六年、フレッド・マリオットは蒸気自動車《ロケット・スタンレー》号で時速二〇五キロをこえた。一九〇七年、イギリスのブロックランドではじめて**自動車サーキット**というエンジン性能実験用テストベンチがつかわれるようになる。一九〇九年、インディアナポリスの人里はなれた郊外で閉鎖サーキットができる。最高の運動性を実現するためにひとつのリングが地平線を包囲する。一九一〇年、《公認自動車クラブ国際連盟》が速度記録レースを二重の往復路のなかにとじこめ、つぎのように規定する。「マイル表示された同一距離にかんして反対の二方向をフライングスタート方式（訳注：あらかじめ走行している自動車がスタート地点を横ぎった時点から計時する方式）で走行した記録のみが公認される。」

ずっと後になって、**高速道路**がこのフィードバックをくりかえし、ドイツのパイロット、ベルント・ローズマイアーが最初に建設された「第三帝国高速道路」のひとつフランクフルト＝ダルムシュタット区域で記録計時をおこなって死亡することになる。

　このように実在する地平線がとつぜん否定されるようになるのだが、これはまた目的地への到着ということがらそのものの否定でもある。純粋速度の探求は道のり《トラジェ》の否定につながる。ストップウォッチの動きや音もたてずに機能する計時用光電管はもはや計画《プロジェ》しか、瞬間的往復の計画しか記録しない。暗示的なことに、夜の涼気が加速に好都合なので、限界速度の実験は、死刑執行とおなじように、つねに明け方におこなわれる。つまり日の出が速度の光の出現の合図となるのだ。一九二四年、国道二〇号線のアルパジョン近郊で朝の四時から六時の間、警官が通行を停止させる。罠にかかった通行者はエルリッジの記録樹立の観客に変身する。**時速二三四キロ、これが公道で樹立された最後の記録である。**

　一年後、そこからほど遠からぬリナ・モントレリで、イギリス、アメリカにつづいてフランスもついに最初の常設自動車サーキットをもつようになる。それはオートポリスと名づけられた。すなわち運動性のポリスであり、永劫回帰の集落である。当初、この高速サーキット場内部に自動車開発やモータースポーツに必要なすべての設備、自動車学校や研究所、テストコース、ホテル、美術館などがあつめられる予定だった。速度の建築にはすばらしい未来がまちうけているようにみえる。イタリアでも高速道路を建設した後、トリノにフィアットの工場を建設し、その建物の屋上にはテスト用のサーキットを建設することになる。

一九二八年、オーモンドとデイトナ・ビーチをむすぶ線の上で、シーグレイヴ大佐がある実験をはじめた。それはきわめて示唆的な実験だったが、《ゴールデン・アロー》号のボンネット上に望遠鏡のファインダーを設置し、フロントガラスの方向に猟銃にあるような照準をつける。「スタートラインに赤い光をおき、二〇キロ先のゴールラインに第二の光源をおく。大佐が車内にのりこみ、照準機で出発をしめす光にねらいをさだめる。一方、望遠鏡のファインダーはゴール地点の光の輝きに照準をあわせ、記録ラインをこえる前からその光をとらえておく。」(34)

(34) P・クリフトン、前掲書

この実験を生理学者E・J・マレーの実験と比較してみるべきだ。マレーも動体写真銃による最初の「撮影」の際に猟銃を利用している。マレーの動体写真銃は映画の映像室の発明を可能にしたということはわすれるべきではないが、シーグレイヴ大佐の**望遠レンズ自動車**のねらいはカモメの飛翔の連続写真をとることではなく、**海辺にそそぐ太陽光線**となることだった。

マレーは翼の羽ばたきという高速で展開する動作の連続体をとらえようとしたのだが、それとは反対に、シーグレイヴは走行の目印が突進する様子をできるだけ速く連続化させようとしたのだ。まるで武器の砲身のようにボンネットの上に設置された照準線のなかで、運動性能が一挙に鎖をときはなたれ、まるで衝突するような錯覚をおぼえさせる。**動体写真銃の銃身が鳥の軌道を記録したのにたいし、シーグレイヴの望遠鏡のレンズは目印の弾道を記録する。**自動車はまるで計測機械のようにふるまい、レーサーは**カーソル**になる。明け方の地平線がじょじょに明らむさまと加速された風景のあいだにとつぜん競いあいがはじまる。到着の光が天頂にのぼる。限界速度の愛好者にとって、**レースは太陽の光を狩りたてる行為にひとしくなる。**

　時間のために空間を犠牲にし、ついで距離＝速度のために時間的距離を犠牲にした結果、ベクトルが世界に最後にのこされた次元となった。世界はもはや**瞬間の砂漠**でしかない。一九三五年八月、視認による運転操作に専念しなければならず、どんなに工夫してもレース中は計器盤をよみとることができないので、マルコム・キャンベルは《ブルー・バード》号にハンディー・カメラを搭載し、それで計器盤を撮影させることにした……。それから数年たった一九四七年、息子のドナルドがピットに、つまり**地面にいる**技術者たちに計器盤のデータを伝達する**遠隔計測システム**を設置する。

　ドライバーに操縦され、管制官に遠隔操縦される自動車は実際に**滑る部屋**となった。加圧されたキャビンにとじこめられ、到着の到来に魅惑されて目をふせることもできず、ドライバーはいまや幻覚にもてあそばれる。**知覚可能な地平線が極度に狭隘化するので、かれは戦争が到来したことを理解する。戦争とは終末の到着の純粋到来である。**こうして一九三八年の灼熱の夏、光が速度記録の敵となる。

　記録保持者ジョン・コッブに挑戦したエストン大尉はボンヌヴィルで時速五五八キロをこえることに成功した。しかし計時機械はそれに反応しなかった。「金属の車体や塩湖の反射光であまりにも強い光をうけたために、ゴールの光電管は車が通過しても反応しなかった……。計器の反応がないと、記録の公認もない。そこで光電管が反応するよう、《サンダーボルト》号を黒くぬりかえた。[35]」

（35） P・クリフトン、前掲書

どちらも結局は光景の継起的展開の産物なのだから、**運動の幻想光学は映画の光学幻想と類似している。**砂漠化の極みであるネガティヴな地平線に眩惑されるとき、空間の最後の資源、すなわち空虚が枯渇する。**したがってここでは力の意志とは恣意的に場の深さを高密度化する意志である。**そのために現実の地平線を「壁」やスクリーンに変化させ、加速度の光の効果をそこにうつしだす。こうした建築において、視野が狭窄することはひとつの建築工事が完成したことを意味する。音の壁ができ、熱の壁ができる。こうして根気よくスライディング・ホームが建築される。空間を墓《トンブ》でおおうひとびと（36）——というのもかれらは「記録を打ち破る人びと《トンブール》」であるから——はそれをみずからの亡命の避難所とする。かれらは大地の砂漠に満足できず、ひそかに不透明さ、つまり**空の砂漠**を希求する。

（36） シェイクスピア

速度がつくりだす檻は極度に縮小され、フロントガラスという開口部は大気の厚みにたいしてみずからをとざす。前進にたいする空気抵抗が空を硬化させる。**レースの銃眼は限界速度の城壁、光の壁となる。**

おもおもしく、半透明な砂漠はそのとき、最新型のトーチカをうみだし、奇妙な逆転がおこる。**地面の空虚が空の充満をもたらすのだ。**空の光沢が自動車の衰弱したシルエットに反射する。

「空気に対抗するためにはとりわけ空気よりおもくなければならない。空中移動でもなんでも、体は抵抗するものによってしかささえられない」とナダールは一八六三年に書いている……。しかしいまや抵抗は消滅した。空間が征服され、元素や時間的距離の傲慢な反抗は平定された。空間は完全に**走行発生的**《ドロモジェーヌ》となった。実際、この**加速化された空気力学的遠近法**、つまり移動する物体に光学的歪形をほどこすための科学は今世紀の初頭にはじまった。流線型が最初の成功をおさめる二〇年まえ、一九一〇年代の最初の頃のこと、すでに飛行機が発明され、重い物体でも空を飛べるようになっていたのだが、アンリ・コアンダはその成果に完全には満足できなかった。それでかれは紡錘形をした物体のまわりの空気の運動を動体写真銃で撮影し、それを参考にして、世界最初の流線型機体を試作した。かれはまた「空虚の理論」を提唱した。それによれば、エンジンで空気抵抗を克服しようとしても無駄で、むしろ**機体の前、ないしは上に空虚をつくりだし、機体がその空虚にむかってすすむようにしなければならない……**。したがって抵抗するものにささえられながら空気に対抗するだけではもう十分ではない、大気の空虚から真空をつくりださなければならない。こうしてプロペラ・エンジンの送風装置がジェット・タービンの吸気装置にとってかわられる。旅への希求《アスピラション》（＝吸気）が吸引動作となり、できるだけ速く地平線に到達しようとする意志は深呼吸《アンスピラション》と一致する。

大気圏のつぎに走行圏《ドロモスフェール》がくる。星の軌道にうちあげられるのを準備するために、円形馬場や自動車サーキットについで**人体実験用遠心力発生装置**がつくられる。これは競技者がたった一人のスタジアムで、**速度をもった物体がどんな風に変形されるか**を目にみえる形でしめしてくれる。この逍遥派的（＝周回的）人物は悲壮な顔をしている。重さのある物体が重力による一連のグロテスクな変形をうけているからである。二〇年ほどまえに世界ではじめてジェット噴射装置つきのそりで地上で時速一〇一六キロ八八八を実現したジョン・スタップ中佐の顔をおもいだそう。

世界がみせかけにすぎず、時がそのほうきの一掃きでかたづけてしまうようなものにすぎないのだとしたら、[37] **速度とは空気であり、時間の風、物体の砂漠を瞬時にして一掃してしまう相対的風である。**

（37） シェイクスピア

「すべての表面はふたつの環境の間の**インターフェイス**であり、接触させられたふたつの物体の交流という形で恒常的な作用がおこなわれている。[38]」

（38） 《表面》という概念の科学的定義

スクリーンが鏡にとってかわる。 ボンヌヴィル・スピードウェイで一九六二年九月一〇日、何百万というテレビ視聴者が、グレン・リーシャーの《インフィニティー》号が分解する様子を実況放送で目撃する。とびちった破片はブラウン管にはねかえってアメリカ全土をおおう……。

その数年後、スクリーンのフロントガラスでクローズアップされた女性アナウンサーがその上をゆき、テレビニュースの光粒子の速度にのって自殺する。一九六七年、ドナルド・キャンベルが水上で速度をだしすぎてコニストン湖で事故死する。その一五年前、ユタの干上がった湖では水深がないので満足できなくなったのか、ジョン・コップがスコットランドのネス湖の水中ふかく、姿を消す。

　できるだけ速く出現し、また姿をかくす、よりとおくに、より勢いよく、死にむかって自分をなげだす《プロジュテ》（＝映写する）、――この破局的な挑戦のなかで当事者は自分の義肢の性能に身をゆだねて人生に終止符をうつ。あきらかに観客もそれに暗黙の了解をあたえ、運命が到来するのをまっている。かつて偉大な人物たちは海の前で沖合をのぞみながら死んでいった。いまや人は痕跡をのこすためにテレビの黒い死の部屋に身をしずめる。映像のネガは録画で、そして逆説的ではあるが、ときにはスローモーションで、あなたを復活させるであろう……。こうして、六〇年代、前代未聞の記録を樹立するための戦いは広告合戦の焦点となる。ほんのちょっとした実験でも前例のないくらい資金を集中させなければならないから、どの自動車メーカーも試作品開発のためだけに何億もの資金を投入することができなくなった。それに、**使用されるのは自動車固有の技術というより空気力学だったから**、最高記録保持というのは商業的にも役にたたない称号だった。

　そのために、有力タイヤ会社の協力をえて石油会社が後をつぐ。科学技術的には常軌を逸した混合物の結果である自動車がまさしく**うごく実験室**となった。かつて速度記録樹立のための実験車のドライバーは金持ちのアマチュアやプロレーサーや飛行士だったが、いまやあたらしい一流ドライバーはすべて「全米ホットロッド協会」の出身者である。これは三つのおおきな改造自動車のカテゴリーから構成された自動車スポーツの一派である。すなわちオールタード、ストッカー、そしてドラッグスターであるが、とりわけこのドラッグスターというのは四〇〇メートルの距離のあいだでの最高速度をきそうものである。一九六五年に時速八七五キロの速度記録を樹立したアート・アーフォンス自身、ドラッグレースの元世界チャンピオンだった。かれの《グリーン・モンスター》号は軍払いさげのF一〇四戦闘機のジェットエンジンを装備していたが、ふるいリンカーン一九三七の前輪シャフトとパッカード一九三五のギアボックスを利用し、パラシュートの点火システムは一二口径の猟銃を転用したものだった。かれの直接の競争相手で、やはり「ホットロッド」に所属していたグレッグ・ブリードラヴにかんしても、その《スピリット・オヴ・アメリカ》号のタービンはB47爆撃機のものだった。

ジャンルの融合・混同、「ショービジネス出身者」により操縦された広告用のデッキ。**たしかに速度はつねに商品広告に有効であったが、しかし七〇年代以来、ひとびとは当然のことながら自問しはじめる、そう、しかしなにを自問しはじめるのだろう……**。ジェットエンジンやその他の補助ロケットの出力が際限なく増大するため「タイヤ会社」は商業的な関心を完全にうしなう。一八九九年のイエナッツィーの車はミシュランのタイヤをつけて一分あたり六〇〇回転し、一九三一年のキャンベルはダンロップのタイヤで一分あたり二六〇〇回転だったが、一九七六年、砂漠のなかを一分あたり六千から七千回転するタイヤはアルミニウムの特殊合金でできている……。時速一〇一四キロをだして記録保持者となったゲーリー・ゲイブリックの《ブルー・フレイム》号のスポンサーは「天然ガス会社」だったが、石油会社や天然ガス会社もスポンサーをおりるようになって、**職業的スタントマン**であるハル・ニーダムやスタン・バレットが操縦するジェット自動車に資金をだすのはビール会社の《バッドワイザー》である。そしてたぶん将来には、《麻薬取締り局》が米空軍のかわりになり、販売が自由化された麻薬のブランドがアルコールのブランドにとってかわるのだろう。

新種のサンドイッチマンである弾丸＝人間にとって、最終的に、**メッセージ、それは伝達の速さそのものである。**表面が空気静力学的・動力学的に砂漠化されるばかりではなく、経済的産業再編成も砂漠をうみだす。昨日までは、速度記録を樹立し、それを資本化するためにはスポンサーの富を蓄積しなければならなかったが、今日われわれはひとつの産業再編成の現場にたちあっている。つまり**脱産業時代の最後の資源である加速が蓄積能力をこえてしまったのだ。解放の速度（＝脱出速度）**はかつてのように物質の「時間距離」にではなく、音や光の「速度距離」にスライドされるようになった。その結果、速度は**利益と等価物となったのである。**

「音速の壁」はまた金や銀の壁のようにみえる。もはや基準は商品取引所の**物＝原器**でも計器展示室におさめられているイリジウムとプラチナの合金でできたメートル原器でもない。いまや真空間での光の速さが原器となったのである。（訳注：現在、メートルは光の波長によって定義されている）時代おくれの太陽崇拝であるが、レーザーが世界の**光＝原器**となるのである。(39)

(39) レーザーの出現以来、物理学のもっとも基本的な定数のひとつ、つまり光速の計測がめざましく改善された。国際計測単位システムが変更されたのはそのためである。一九七八年発行の《ラ・ルシェルシュ》第九一号のパトリック・ブシャレーヌの論文「メートル、秒そして光速」を参照

内部操縦

「簡潔さは精神の魂である」
シェイクスピア

自動車は普通の「機械」ではない。それは静止的機械であると同時に媒介的機械でもあるからだ。テストベンチであれ、車体であれ、どこにとりつけられていようとエンジンそのものは静止的で、それ自体は移動しない。媒介的《ヴェイキュレール》なのは（＝移動をもたらすのは）車輪やキャタピラーなどの駆動システムで、それがレース・コースや道路や高速道路などさまざまな走行面の上で車を牽引する。駆動輪と交通路はその時ひとつのカップルを形成し、それによって速度効果が発生する。速度とは地面に接して、あるいは地面にすぐちかい所を急速に移動するすべての乗り物に特有な人工物である。したがって自動車という機械はたんなるコミュニケーション手段ではない。それはさらに

「速度の機械」であり、高速性そのものを伝達する手段である。速度を移動の動きそのものと混同する傾向があるため、われわれは「運動の運動」である速度の性質について誤解しやすい。量としての速度は大きさ（つまり一時間あたり踏破されるキロ数）と方向（進行方向）をもつ。つまりそれはベクトル（訳注：vecteur はここでは数学的意味でのベクトルだが、「担いはこぶもの」という意味から、本書では「乗り物一般」や「情報媒体、メディア」という意味でももちいられる）なのである。自動車産業は乗り物媒体《ヴェクトゥール》を生産するが、乗り物媒体はそれ自身、速度というベクトルを製造し、生産する。物理学がわれわれに教えてくれているように、「すべての運動はひとつの命題に要約することができる。すなわち、力と速度の変化は同一方向のベクトルである。」

　このように自走的乗り物（自動車、船、飛行機）はふたつのベクトルからなっている。すなわち運動力ベクトルと移動速度ベクトルである。後者は前者の直接的帰結・産物であるが、しかし、速度ベクトルはまた周囲の環境や活動領域（地上、海上、空中）あるいは走行路面の影響もうけるということをわすれてはならない。

　つまり自走装置の駆動とその加速（ないしは減速）は走行路面と大気（空気抵抗）の両方に左右される。こうして（道路や高速道路などの）交通施設の接触面は機能的・道具的性質をもつようになり、また乗り物媒体も空気抵抗を最小限にする形態を選択する。そのおかげで、速度ベクトルは自走装置による移動運動の本質的特質となり、さらには**それを構成する次元**のひとつにさえなることができる。実際、速度が運動を構成する「次元」のひとつになるとすれば、それは速度が時間の流れのなかでも恒常的で、運動のあいだも保持されつづけるとかんがえうるかぎりにおいてである。ところで、昨日までは走行路面のルートを極度に直線化したり乗り物の形を工夫したりすることによって（困難をともないながらも）速度の恒常的大きさが維持されてきたが、それが今日では搭載コンピュータの電子技術によって実現される。コンピュータがまさしく速度のプログラマーの役割をはたすのである。

　大昔の古代ギリシャ・ローマにおける道路整備や半世紀前からはじまる高速道路建設は交通における大革新だった。こうした革新は空間的にも地理的にもベクトルの二要素について単方向性、単次元性を確立することに貢献したが、今後は移動速度を電子的にコントロールすることにより「移動時間の整備」の革新がめざされる。

　このようにして「動的小型媒介手段《ヴェイキュル》」（自動車、バイク）と「静的大型媒介手段《ヴェイキュル》」（道路、橋、トンネルなど）で構成された媒体複合体が、世界のあたらしい次元として加速度（あるいは負の加速度）をうみだす。あるいは、加速度とは世界を構成する諸次元を恒常的に刷新するものであると言った方がよいのかもしれない。媒体《ヴェクトゥール》コントロール技術の改良によってこの次元の刷新はたえずプログラムしなおされるのだが、それはただ時間的距離の短縮としてあらわれるだけではなく、外観のシステムや乗客の視野にたいしても影響をあたえる。乗り物媒体はたんに「移動機械」であるだけではなく「速度機械」であるが、それを生産することにより、一種の光が照射される。エンジン＝車輪というカップルは車＝道路というカップルにつながり、出発と到着のあいだで国土とその景観が伝動ベルトのように展開する。速度による景観の展開というこの人工物はたんなる目の錯覚として無視されがちだが、しかしそれは道のりの時間的距離の短縮以上に実体がないわけではない。

時間的接近も運動がうみだす錯覚にすぎないとかんがえることもできるのだから、もし高速乗り物の乗客の走行光学的《ドロモスコピー》ビジョンのなかで本当は風景はうごいていないとかんがえなければならないとすれば、出発点と到着点をわかつ地理的距離・空間的距離自体にもやはり変化はないとかんがえなければならないだろう……。

だからわれわれはここでこれまで気づかれることのなかったひとつの次元、全面的な運動学的放射と一体化したひとつのあたらしい次元の存在を前にしているのである。つまり高速コミュニケーション手段である「自走装置」は「ＡＶ装置」でもある。というのも乗客は殺到する視覚的聴覚的知覚に圧倒されるからである。

乗客は（乗客だけが）コンセントで道路網に接続された車が発光エネルギーを発するのを知覚し、そのために歩行者とはことなった視覚をもつようになる。車体全部がヘッドライトとなって、速度機械が間接的照明を放射し、光を放出する。それは（通常の光のように）光速の速さをもたないが、しかし踏破された領土の映像と時空的次元を瞬間的に定義しなおすようわれわれを促す。

こうしたドライバーの視覚の変化はブラウン管のビーム加速器でテレビの放送映像が電子工学的に改良されるのに似ている。しかしドライバーの視界改良は旅行のサブリミナルな快適さをもたらすための付随的要素ではない、移動という行為の本質的要素のひとつなのである。だからそれは、フロントガラスやサイドウィンドーの開口部を多少おおきくして視界をひろげるといった次元の問題ではない。

「窃視者＝旅行者」であるドライバーや乗員はその移動が一覧的性格をもっているためにめざま

しい状況のなかにいる。移動義肢に隷属した**運動障害者**であるかれらはまた世界のある表象形式に魅入られてしまった**視覚障害者**でもある。自走的コミュニケーション手段は（直接的、間接的に）さまざまな「伝達手段」の総体に関与しているのであり、たんに「移動手段」としてだけ機能しているわけではない。実際、**自動車産業の将来は外観産業の進歩をとおして実現されるだろう**。すなわち、映像メディアと自動車メディアが結合し合併して、技術的に**移動**よりも**情報**を優先する相互接続が形成される。

実験スタイルとしてであれ、実現スタイルとしてであれ、科学的技術的知識は歴史のさまざまな時代において政治や文化の圧力をうけてきた(40)。実際、スタイルと呼ばれるものはおそらくある時代の知の（科学的）**ジャンル**や（技術的）**モード**にすぎないのだろう……。

(40) 軍備が科学の発展にどのような歴史的影響力をあたえたか、また現代科学研究にどれだけ軍事予算がしめる割合が増大しているかかんがえるだけで十分だろう。また戦争技術の民生「利用」などというかんがえ方もある。

電子工学もその例にもれない。それを理解したければその戦略的起源を解読すればよい。

I

かつては、文字の力がつよかったし、また入手できるデータもすくなかったので、情報の伝達がもっとも重要視されていた。伝達には生物（伝令、馬、鳩など）がつかわれる場合もあったし、技術（信号、車、船など）がつかわれる場合もあった。古代ローマの神官《ポンティフ》という言葉は語源的にはエネルギーを捕捉し方向づけるものを意味していた（訳注：pontife の語源は「橋を架けるもの」）。つまり、神官の権力はまずなにより**うごかす力**（促進する力）とかんがえられ、その宮殿は国の情報伝達の「慣性航法装置」（訳注：船舶・航空機自体の加速度から、移動方向、速度、距離をもとめ、位置を決定するための航法装置）として機能していたのである。だから知＝権力としての政治的警察的権力が成立しえたのはまさしく伝令という特権階級（戦車の操縦士、封地をあたえられた伝令、騎士など）がもっていたデータ収集力のおかげであった。かれらはどんなにとおい国からでも情報をひきだすことができた。この「全面的情報収集」（訳注：これは通常「総合情報局」と訳されるフランスの情報機関の呼称でもある）は税の徴収をおこなうためにあらかじめ必要なものだったし、ひいては国の戦略的・経済的コントロールの前提ともなるものだった。

　メッセージの価値とはその伝達速度である。だから「飛脚便」がどれだけ重要なものだったか容易に想像できるだろう。（古代ローマの**公式伝令**の最高責任者は皇帝とおなじ緋色の服の着衣をゆるされていた。）

　また鳩舎の所有は封建君主、そして後には貴族や大都市のみにゆるされた特権であったことも想起しよう。伝書鳩とは高速郵便システムにほかならない。古代には視覚信号という静的システムがもちいられ、ついで遠隔通信技術（訳注：「電信技術」とも訳せるが、時代的前後関係をかんがえれば、フランスのシャップが発明した腕木通信のことをさしているとかんがえるのが妥当か）が発展したが、その後、とつぜん輸送革命がおこり、列車が郵便馬車にとってかわる。実際、この移動手段の革命は何千年にもわたって営々とおこなわれつづけた努力の兵站術的到達点にすぎない。つまりさまざまな支配権力の経済的・戦略的能力を基礎づけるためにひとびとは主に搭載・輸送能力（河川運送、海運、陸運）を重視していた。一方、情報伝達はというと、それは移動手段の技術革新（ガレー船、ついで帆船、車、駅伝、乗合馬車、替え馬を用意した宿駅網、遠隔通信システム、鉄道網）から副次的にしか恩恵をこうむらなかった。また、つぎの点も考慮すべきであろう。すなわち歴史のこの段階において、公権力は依然として歩兵の肉体的な力や騎馬隊の貫通能力に基礎をおいていた。砲兵隊は存在したとはいえ、地上では機動化部隊の生体能力（カエサルからナポレオンにいたるまで、つねに駅馬の速度が速度の基準であった）に全面的にとってかわるような先端技術はあらわれなかったのである。

輸送革命は近代西洋における真の**文化革命**であり、そして実際にそれが「情報革命」を準備した。さまざまなコミュニケーション手段（列車、自動車、飛行機、ラジオ、電話、テレビなど）が産業の発展で普及し、権力の情報収集力がたかまるとともに、情報の権力は増大していく。それは最初に「通信社」が創設された時代であるが、同時に警察、つまり（軍事・民事にかかわる）「情報局」が科学的・国際的に発展した時代でもある。

情報科学や情報通信技術はその一世紀前に電信技術と鉄道によってはじまったサイクルを完成させるにすぎない。

そのとき、「非動物化」にひきつづいて「非物質化」という現象にわれわれはたちあうことになる。動物（荷馬、輓馬、軍馬など）が機械にとってかわられて消滅するばかりではなく、工学がうみだした伝達のための媒介的装置《ヴェイキュル》自体が消滅してメッセージのみがのこり、最後には瞬時に送信されるラジオ信号、レーダー信号だけになってしまう。いまでは電気自動車も存在するが、そもそも自動車は蒸気機関の副産物である。この自動車が「情報革命」に参加することになるのは二〇世紀も半ばをすぎてからのことだ。そのときになってはじめてラジオや自動車電話、そして自動車搭載テレビなどがおそるおそる装備されはじめた……。自動車が機械工学や熱力学（キュニョー）に起源をもっていたために、また鉄道や商業飛行とはげしく競合しているために、これまで自動車にかんしては移動の自律性という原理が全面にだされてしまい、情報伝達という側面がいつもかくされてきた。

電子工学の発展とともに、いまやそうした時代がおわりつつある。

II

あたらしい遠隔コミュニケーション・情報伝達手段が飛躍的に発展するにつれ、われわれは目をみはるような逆転劇にたちあうことになる。いまや自動車のもたらす情報の方が移動の自立性の魅力よりも重要になってくる。とはいえ後者が完全に消滅するというわけではない。ここで問題になっているのは自動車という移動手段に特有な種類の情報であり、それは他のマスメディア媒体の情報をくりかえしたり、全面的にそれとおなじものをつくりだすということはできない。実際、二種類の「マスコミュニケーション手段」が存在する。それは**ＡＶ装置**（出版、ラジオ、テレビ、情報科学、電話等々）と**自走装置**（地上・空中・海上運搬・移動手段）である。

実際、このふたつはそれぞれ特有な情報内容、その性質とむすびついたタイプの情報を媒介している。片方は伝達のための媒体であり、もう一方は移動のための乗り物なのだが、この両者はともにメッセージの固有の内容を修正するという特性をもっている。一方は伝達されるメッセージを（ラジオ、テレビ、電話等々）、他方は旅の伝達を（列車、自動車、飛行機等々）。

道のり《パルクール》（旅）はディスクール（メッセージ）そのものである。というのも、移動であれ、かたることであれ、どちらの場合でも、往路の方向《サンス》や復路の方向に（＝いろんな意味《サンス》で）方向《サンス》（＝意味）を媒介することが問題になっているからである。（訳注：ここではsensが「意味」と「方向」のふたつの意味をもつことを利用した議論。）

ディスクール＝道のり《パルクール》、旅程のフィードバック。〈ＡＶ的＝自走的〉媒体の歴史を論じるなら直接的ないしは間接的情報伝達という問題にもどってかんがえなければならない。

つまり、媒体《ヴェクトゥール》や乗り物にかんするあらゆる技術革新について考察するためには「情報理論の論理学」へもどらなければならない、意味《サンス》（主体と客体）の論理学《ロジック》であると同時に方向《サンス》（道のり）の兵站術《ロジスティック》でもある「情報理論の論理学」へ。この点では電子工学も他と同様である。

実際、おもいだそう、すべての**事物**（客体／主体）は同時に空間、時間、物質であり、意味を形成する《フォルマシオン》ものであり、そして環境についての情報《アンフォルマシオン》でもある。とりわけ、往復運動（自動車）やフィードバック（ＡＶ装置）において本質的要素となる時間にかんして言うと、相対性理論がわれわれにおしえてくれているように、時間は物質のなかに凝縮されており、高速運動は時間を膨張させると同時に物質の密度を増大させる。

こうした物理的特性は大気圏や宇宙空間での高速飛行といった類の極端な運動のなかでしかはっきりと確認されることはない。しかし、正確に言うとメッセージ(情報の内容)とはマッサージ(乗り物)なのではなく(訳注:本書一五二ページ参照)、ベクトル、すなわち運動の運動、コミュニケーション手段の速度であるということを指摘しておくことは無駄ではないだろう。

最終的に、この加速がデータの電気通信的伝達の加速であるのか(千分の一秒とか、秒あたり何ビットとか)、それとも人間の超音速移動のためのそれであるのか(時速何キロとかマッハとか)、それはどうでもよい。というのも、先にみたように、メッセージの核心は速度であり、速度こそが運動の最終的メッセージであるからだ。だから、伝達された情報の運動学的性質を分析すべきである。伝達の装置や道具(AV装置でも自動車でも)の乗り物(=媒体)としての性能(亜音速や超音速)がどうであれ、そうすべきなのだ。

現在、現実をいちじるしく改変するような効果を発生させられるのは先端技術装置だけであるが、しかしそれぞれの乗り物はその速度によって、情報の内容やディスクールの意味そのものばかりではなく、道のりの客観的リアリティーそのものを変身させるというベクトル的特性をもっている。

直接的情報は視覚・聴覚・嗅覚・触覚などの感覚から即時的に獲得される。これにさらに**筋肉の感覚**《サンス》をつけくわえるべきだろう。(訳注：先に sens という語が「意味」と「方向」の二重の意味をもっていると記したが、この語にはさらに「感覚」という意味がある。ここでは「感覚」と「方向」との意味の二重性が機能しているとかんがえられる)つまり「固有の身体」がもつ移動をともなわない**運動性能**や空間のなかでの**移動能力**である。人間の身体こそ、われわれの最初の移動手段だったということをわすれないでおこう。

またこのことも確認しておこう。われわれの五感の生理的特性や心理的能力は視覚・聴覚・嗅覚・味覚などの感覚器官によって決定されるだけではない。さらに、そしてとりわけ、時空間における器官・身体の移動や位置変化のためのみぶりもそれに影響をあたえる。移動とは道のりを逍遙学派的に学習することである。身体は道のりを踏破することによって、精神運動的・感覚運動的訓練をおこなう。つまり移動とは秘儀を伝授し、人を成長させるための旅であり、情報獲得のために緊急にまた絶対的に必要なものである。(身体的)「移動をともなうスポーツ」は一連の動作を訓練するが、それは判断力を育成するために必要だからである。そうした身体的動作による判断は言語による、あるいは文字による熟慮がおこなわれるずっと以前に実行される。(パントマイムやダンスの前言語的コミュニケーションの機能をかんがえてみればよい。)言語や文字がすべての高度な社会的コミュニケーションの基礎であることは周知の事実だが、ここではそれについては論じないことにして、それ以外に間接的に（あるいは媒体をとおして）情報を提供するものと言えば、当然、文学やジャーナリズム（紙面によるものであれ、口頭でおこなわれるものであれ）、そしてアイコンをもちいた映像（グラフィック、絵画、幾何学図形など）がある。映像はかつては静止していたが、いまでは動きを表現できるようになっている。この運動表現は間接的に、つまり機械的・電気的あるいは電子工学的に、移動の「現実効果」、言いかえると旅の直接的情報を再生していることになる。映画の草創期を例にとると、映像・音響を採録する人間は実際、観客の助手のようにふるまう。つまりカメラマンとは《移動しながらみる人》（窃視者＝旅行者）であり、映画館のうすぐらい客席に《とどまりみる人》によって派遣された身体（訳注：「遠征軍」とも訳せる）なのである。したがってこのことはもう一度確認しておかなければならないが、判断のためのデータが本質的に運動学的性格をもっているということが情報理論の問題体系の核心にある。すなわち、直接的情報伝達の場合には主体の運動器官が（それのみが）、そして媒介された情報伝達の場合には、客体の運動装置（電気的、電子工学的）が問題になるのである。

自然なものであれ人工的なものであれ、運動が映像の展開の媒体《ヴェクトゥール》となる。土地が踏破されるにつれ、風景の映像が展開する。また映画の映像はスクリーン上で展開する。スクリーンは「撮影」のための枠であると同時に、映画の観客やテレビの視聴者にとって「観点」をふちどりする枠組みである。つまりそれはすべての点において自動車のフロントガラスに似ている。

つまり、速度とは直接的情報伝達と間接的情報伝達をむすぶ共通項なのである。

「生体（あるいは動物）そのものが運動機関」となる場合、運動の主体が有効に情報を獲得することができるのは主体自体の生命力のおかげである。（生体であるということは《いきいき（はつらつ）としていること》、つまり《速度をもった存在である》ということである。）「工学的運動機関」の場合、情報内容——映像連続体展開の意味作用、つまり意味の意味論的連鎖——を伝達するのはうごく客体の速度である。

こうして生体の速度と工学的速度がメッセージの媒体を構成する。情報は現実を照射する一種の特殊な照明（光の速度と速度の光）の最終的（終着駅的）産物なのだから、ちょうど強烈な照明で目がくらむように、移動速度が増大すると意味が判然としなくなる。実際、「光の過剰」が眩惑をひきおこし、光が強烈になってかさなりあうと最終的に暗黒になるように、《速度の過剰》は情報内容とその価値の漸進的喪失にひとしい。すでにみたように、かつて伝達されるメッセージの価値はその伝達の速度から生じていたのだが、今日、さまざまな情報が瞬時に伝達されるようになったために、メッセージはその価値をうしないつつある。というか、すくなくとも、メッセージが陳腐化する速度がますます速くなりつつある。このことは株売買にかんする情報や軍事スパイ情報のことをかんがえれば容易に確認できることである。また、不幸なことだが、踏破される地方やその風景にかんする情報内容についてもおなじことが言える。こうしたことから現代人の倦怠やストレスが発生するのだ。

行きでも帰りでも、稼いだ時間の利益は移動した空間の価値量によってはかられる。自動車の走行速度は踏破された場所の意味作用を犠牲にしてしか獲得されることがない。つまり旅行者が直接的に情報を獲得する可能性が速度のために犠牲にされている。自動車は最終的にあらゆる「AVメディア」とおなじようにふるまう。つまりそれが伝達する情報内容は速度そのものによって相対化されてしまっている。その上、地平線の深部にいたるまで、走行する領域とその周辺から障害物が除去されなければならないから、「自動車というメディア」は環境（コース、道、高速道路、専用サーキット）の貧弱化も加速する。

道のり（行程の道路設備）の単方向的な一様性、それはディスクールが貧弱な情報しかふくんでいない状態に対応する。だからコミュニケーション手段の融合が加速の恒常的特質なのであると容易に結論できるだろう。つまり加速がおこなわれるとき、AV装置と自動車が混合したあたらしい乗り物、最新の自動車が自然発生する。

IV

移動から輸送へ、輸送から放送へ——われわれはすこし前からジャンルの区別がなくなるという現象にたちあっている。それは以前のように、たんに構成要素が結合されるというだけの問題ではない。放送施設のみならず乗り物の推進装置の機能でもエレクトロニクス化がすすんでいる。これは真の科学技術的大変革のはじまりである。鳩と手書き文書のあいだには根本的な差異が存在していたし、鉱石ラジオと自動車のあいだにはまだある種の区別があった。しかし、このような差異が全面的に消滅しつつある。この〈発信〉と〈推進〉の混交という現象のもっともよい例はアメリカ空軍の操縦シミュレーターである。これは離着陸や各種故障など単純な運動をシミュレートできるだけではなく（それは商業飛行や個人所有飛行機用のシミュレーターでも可能だ）、空中戦のようなきわめて複雑な運動もシミュレートできる。

この地上トレーニング用のシミュレーターがいまでは飛行機に搭載されていることに注目しよう。大型輸送機ギャラクシーにはふたつの操縦席がある。ひとつは伝統的な操縦席で、これは飛行空間のなかでジェット機の進路を決定する。もうひとつは飛行中の機体の構造や機関をコントロールするもので、この少々特殊な「副操縦士」は空ではなく、モニターやスクリーンを観察する。それは飛行で翼がどんな作用をうけているかとか、変形やそのほかの技術的問題が機体・回路・ジェットエンジンの機能に影響をあたえることがないか、常時モニターしている。

実際に故障が生じない場合には、この「テストパイロット」は事故や故障をシミュレートする。機内のもうひとりのパイロットが行程の大気条件と格闘するように、かれは飛行中に自分の反応能力をテストするために、飛行機の科学技術的宇宙にたいして挑戦するのである。

ほんの数年前まで、パイロットは操縦盤の警告灯や故障探知のための各種表示器に注意をはらいながら、たったひとりで自分の目でコントロールしていた。しかしいまや装置が巨大化し複雑になったために、操縦士の責任がシミュレーターに委譲されてしまった。（シミュレーターが慣性航法装置であれ、人間のエキスパートであれ、結果は同一だから、そのちがいは最終的に重要ではない。）ギャラクシーは操縦士によって「操縦」されていると同時に、飛行効果のシミュレーターによって「遠隔操縦」されている。そして、生身の操縦士にたいしてシミュレーターの役割がますますおきくなっている。(この点にかんして、一九七九年のロックウェルのハイマットの初飛行を参照すること。)つまりあらゆる領域で間接的情報が直接的情報にとってかわりつつあることがここでもう一度確認されるわけである。それにこの事実は飛行のプロたち自身が追認していることでもある。というのもいまではシミュレーターによる訓練時間が実際の飛行時間に算入されることになっているのだから……。

飛行機の操縦には飛行のコントロールという厳密に「警察的」次元が存在するが、また電子工学的ゲームの「遊戯」という面もある。シミュレーターによる訓練の飛行時間への算入はこうした操縦の純粋に「遊戯的」側面が史上はじめてその法的有効性を公認されたことを意味する。これには経済的理由も関係している。飛行機や燃料にかかる費用は莫大だからシミュレーターによる訓練を実際の飛行時間に算入することはそれだけで十分に正当化されるだろう。しかしそれだけではなく、そしてある意味ではそれより重要なことは、料金と実際に踏破された距離とが一致しなくなっているという事実である。(ここであの規制緩和のことをかんがえていただきたい。この前までは電気通信事業だったが、いまや国際航空路線がターゲットになっている。)ニューエコノミストのゲーリー・ベッカーが述べているように、「最終的に増大している唯一のもの、それは時間の価格である。」

空間の価値は低下する一方だから、ここでももう一度われわれはつぎのような事実を確認できる。すなわち、メッセージとはもはや乗り物の運動のことではなく、すでに述べたように、運動の運動、言いかえれば、速度という媒体《ヴェクトゥール》(=ベクトル)なのである。

こうしてみると、さまざまなコミュニケーション・テレコミュニケーション手段が融合され、情報転送と遠距離輸送の区別がじょじょになくなってきているのがどうしてなのか、よりよく理解できる。AV装置と自走装置はそれぞれ特有な技術的特徴をもっているが、そのどちらを使用するかはもはや移動やメッセージの価値の基準にはならない。基準になるのは移動の速度と強度なのである。(この点、通信ネットワークの「パケット通信」とか「接続プロトコル」という概念をかんがえていただきたい。)ごく最近、情報科学と情報通信が融合・合体したが、これもそうした問題の理論的・実践的重要性がいかばかりかおしはかるために参考となるだろう。

V

もはや乗り物の自立的運動ではなく、運動の運動、つまりベクトル《ヴェクトゥール》が「メッセージ」なのだから、なにが移動され(物体)、なにが転送されるか(データや映像)は重要ではない。いまはただ移動のベクトル的力だけが重要なのだ。電子工学の本質的な特性とはそれが速度という媒体《ヴェクトゥール》のもっとも効率的利用方法であるということである。

ここで現代の戦闘機がどれほど高度な技術を結集したものであるか、かんがえてみよう。しかしその結果、戦闘機のパイロットは装置に隷属し、電子工学的閉回路にかれ自身がくみこまれ、うごくことがまったくできない身体障害者になってしまっている。かれが行動し、操縦桿をうごかすと、センサーが移動方向や距離を計測し、それを信号にかえる。この元になった信号がコンピュータにつたえられるが、コンピュータは同時にレイトジャイロや加速度計からくる情報もうけとる。そして慣性航法装置のコンピュータがさまざまな信号を総合し、それから信号をアウトプットする。こんなふうにして、機体のつぎの運動がもとめられた操縦の法則に合致するようになるのである。

サーボ操縦装置（訳注：油圧、空気圧、電力で人力を増幅させる装置）自体はアナログ的だから、人間が機械に隷従する法則がこんなふうに洗練化されたために、パイロットは機体が安定し、同質で操縦が容易であるというかんじをもってしまう。しかし実際には、負荷がかかった状態では推進軸は設計上のそれからずれてしまうから、空気力学的には機体は不安定である。戦略上の必要性から、機体の運動性能はますます向上することが要求されるから、現実とフィクションのねじれも増大せざるをえない。だから最終的には機械工学的な伝動装置システムは完全に放棄され、電子工学的中継回路だけがのこることになるだろう。

遠隔高速突進手段である自立的移動手段はそのとき、種の突然変異の手段となる。これは遠隔操縦飛行機（ＲＰＶ）やとりわけ開発中の高度操縦機能戦闘機の研究をみればわかる。この高度操縦機能航空技術では揚力のコントロールは全面的に、あるいはほぼ全面的に、電子技術によっておこなわれ、翼面は揚力や平衡の維持には役だたず、むしろ飛行方向の操舵性に関与するようになる。（可変翼がこのテクノロジーの基礎となった。）飛行機は本質的に不安定で、高速で飛行するが、つねに失速状態にあり（高度と方向）、したがってつねにバランス回復動作をとっている。

こうした先端技術はまだ実験段階だが、それでも乗り物にかんする電子技術の将来を示唆している。ハイマット航空機において、機体をささえているのはジェットエンジンの推進力だけではない。電子技術もまたその役割を担っている。次世代戦闘機は排気コーンから排出されるジェットの速度によってささえられているが、それはまたきわめて複雑な機構をもった慣性航法装置によってもささえられている。翼の固定面はもう揚力のために必要ない。慣性航法装置だけで、機体表面に配置されたセンサーを利用して機体のバランスが確保される。このようにさまざまな要素が相互に交換可能で、緻密に計算された柔軟さをもっている。（ちょうどイルカの振動膜のように。）

実際、飛行データが瞬時にフィードバックされるようになったおかげで飛行機は揚力確保のための面を事実上まったくもたなくなり、物質に依存せずに空中の機体姿勢を維持することが可能になった。こうした計算された不安定性、あるいはこう言った方がよければ、〈本当の失速がつねに延期された継続的事故状態〉こそが、超音速戦闘機の高速での比類ない操縦性を可能にしている。ジェットの排出速度と慣性航法装置の情報の速度がくみあわされて、揚力の電気通信的コントロールが実現される。揚力はついに伝統的翼組（翼、機体、方向舵、補助翼、水平安定翼……）の機械的コントロールから完全に解放されたのである。

情報科学は情報通信技術、すなわち情報遠隔伝達（遠距離通信の衛星網）の即時性のなかに消滅したが、この飛行機の例をみれば、情報科学がある限定された対象のなかでも消滅していることに気がつく。**時間的な遠距離**が消滅したが、それによって世界の意味や地理的次元が消滅したのみならず、機体の技術的次元、つまり機体の輪郭自体が消滅してしまったのである。

距離＝速度のあと（ミリセコンド、マッハ……）、移動装置の身体は領土の身体がうけたのとおなじ圧力をうけている。つまり、機械装置が情報伝達の速度のために特有な変形をこうむっているのである。前進する際に生じる空気抵抗は装置の形状にたいして作用をおよぼすが、データ伝達の速度は最終的に空気抵抗とおなじ作用をおよぼす。だから、情報通信と空気力学が合流する。そこからうまれた乗り物は「超音速」とか「極超音速」というより「情報通信力学的」と呼ばれるべきである。というのも情報の速度は音速より光速にちかいからである。実際、テレビが受信機のブラウン管によって加速された光る粒子の遠隔速度（訳注：「遠隔速度」はおそらく、粒子が自走的ではなく、その速度が粒子加速器によって発生させられるから。ただし実際はブラウン管で粒子は別段「加速」されるわけではない）の結果であるのと同様、超音速機の現在の形についてわれわれがもつ知覚は情報の過度の活力、言いかえれば、情報の情報通信力学的能力から生じるホログラムにほかならない。

未来の自動車の電子技術にかんする研究はこのような航空機産業の高度なテクノロジーとかならずしも直接的関係はないとしても、しかし接地効果の空気力学的研究はこうした乗り物の変貌にかんする将来的展望とおおくの点で符合するところをもっている。（ここでフォーミュラ1の車の揚力や負圧揚力を発生させる形状にかんする原理を想起しよう。）実際、車の開発において、**支持体**（タイヤ、車体下部）と**表面**（軌道、コースなど）の関係がますます利用されるようになっており、動体と地面のあいだの空間がエンジンや「相対的風」（速度の風、自然の風、あるいは送風機による人工的風）が突入する排気孔と同一視される傾向がある。つまり、ここでもまたもともとは別々だったふたつの要素をくみあわせ融合するということがおこなわれているのだ。それもたんに道（土、アスファルト、鉄道）を整備することによってではなく、**インターフェイスを技術的に変身**させることによって。

動体と不動体の融合・合体はこうして物体の軌道にかんするまったくあたらしいシステムの構成へとつながる。

VI

まず機械的手段、ついで電気機械的、電磁波的手段、そうして現在はマイクロプロセッサー――こんなふうに伝達技術（操縦、補助）は進化していったが、これを年代順におって検討してみよう。われわれはなにを観察するであろうか。

われわれが観察するのは要素やプロセスがますますミニチュア化される過程である。つまり言いかえれば、設備や、さらには装置自体を視界から消滅させ、隠蔽しようとする統計的にみて確実な傾向がみられるのである。

こうした動き自体、テクノロジーの、とりわけ電子工学の最近の展開をはっきりと示唆している。すでにみたとおり、地上での移動の速度が道のりを平坦化・一様化して、移動する場所（コース、道路、高速道路、レース場）を貧弱化する。また航空輸送が高速でおこなわれることによって、流線型の機体の形がますます極端に無駄をそぎおとされた形になっていく。だからわれわれはこう断言せざるをえない。すなわち、情報伝達の瞬時性は構成要素の極端なミニチュア化をもたらす。そして最終的に機械装置そのものがとつぜん消滅することになる。ところで、このことは指摘しておこう、この**視覚の閾値**は直接、器具や装置の利用法やその訴求度にかかわってくる。つまり、閾値がある臨界点をこえると、機械装置はあたらしい全体、あたらしい装置と一体化し、このあたらしい装置が所有者・利用者の道具となり、関心の対象となる。

これはたんなるマーケティングの問題ではない。外観をめぐる企てはただたんに道具がどんなふうに獲得されるかという問題だけではなく、同時にそしてとりわけ機械装置（媒体あるいは乗り物）がどんなふうに使用され利用されるかという問題にかかわっている。だから、電子技術にかんしてディスプレイ（デジタルか、アナログか、映像をもちいるか否か等々）の性質を厳密にかんがえることは本質的問題であるようにおもわれる。実際、ミニチュア化がすすめばすすむほど、ディスプレイは重要になる。だから最終的には、電子技術はおそらくオプトエレクトロニクス（訳注：電子工学と光学の結合したあたらしい分野）のなかに吸収されてしまうだろうと予言してまちがいはない。ちょうど情報科学が情報通信、つまり遠隔ディスプレイの端末スクリーンのなかに消滅しつつあるように。

したがってこの点においても混合が先端技術の不可欠な要素であることをふたたび確認することができる。現代テクノロジーとは融合と分裂（材料、種、学問等々）の特有な一形態にすぎない。言いかえれば、それは破局と進歩がもたらす事故のかくされた姿にほかならない。ミニチュア化は次元の危機のひとつのあらわれであるが、結局、それが科学・技術の発展の主たる傾向のひとつであるようにおもわれる。しかしここでもまた視覚的隠蔽の過程が加速化されつつあることが観察できる。実際、むかしからすべての機械装置は小型化されてきたのだが、その過程は非常にながい期間にわたってすすんでいった。しかし、今日、部品の体積をちいさくし軽量化しようとするために、形と容量にたいする抑圧が加速度的に強大化する。機械装置はもはや使用上の要請（運動性能、経済効率など）に規定されるのではない。ひたすらミニチュア化の過程のなかにくみこまれるのである。ミニチュア化と生産テクノロジーの関係は陳腐化と消費経済の関係とおなじである。最終的にミニチュア化された機械はあたらしい全体のなかに消滅していく。これは流線型にかんする研究が当初めざしたことがらに類似している。流線型とは「抵抗を最小にするための形」であるが、それと同様に機械のミニチュア化は、空気や相対的風のみならず、科学技術的発展の時空間にたいして「抵抗を最小に」しようとする。科学技術の発展は構成要素を進化させながら、最終的にはそれを**不在**させることをめざす。

つぎの事実に注目しよう。情報科学は通信科学のなかに消滅してしまったが、それは巨大コンピュータ自体がマイクロプロセッサーのチップのなかに溶けこんでしまったからである。同様に、電子工学が「オプトエレクトロニクス」のなかに姿を消してしまったのは、客体のリアリティーがその意味や価値を喪失し、その瞬間的な表象にすぎないものの連続的映像がより重要になったからである。

現在、アメリカの〈みえない戦闘機〉スティルスにかんしておこなわれている研究計画のことをかんがえてみれば私の以上のような指摘の妥当性を確認することができる。スティルス戦闘機において機体の空気力学的研究は大気中を高速飛行する際の係数を改善するためになされているのではない。できるだけレーダーの探知からのがれるためになされているのだ。[41] つまり、機体のシルエットはジェット推進の速度や（ハイマット機のように）機体の姿勢制御のためのセンサーの即時的情報伝達によって決定されるだけではない。レーダー波の探知速度の影響もうけるのだ。

(41) スティルス戦闘機は恐らく世界的にみても独自な特徴をもっているが、それは角を避けた設計になっていること、とくにレーダーの照射をうけやすいジェットエンジンの部分にそうした配慮がされていること、排気ガスが放出する赤外線をかくす盾のような構造をもっていること、SIRMPFという特別な塗料が機体をおおっているなどの点である。この塗料によってレーダー光線は機体に反射せず、吸収され、スティルス機がレーダーの探知をのがれるのである。

したがって超音速機の外形は二重の走行術的《ドロモロジー》性能の産物である。つまり**ジェットエンジン**の速度のそれと**探知機**の速度のそれである。そのために探知[42]の対象となる機体が相対的に不可視となる。そもそも現在、飛行空間はあまりにも透明であるために価値が低下する傾向にあり、それよりも、不透明で、それゆえ**抑止的**である海中のほうが戦略的価値がたかくなりつつある。だからスティルス戦闘機はこうした状況をおぎなって、飛行空間の戦略的性格を強化するためにつくられたのである。

(42) 偵察衛星やそのほかの遠隔探知手段によって

こうして、**静力学的要請によって現前する**安定した映像の出現の美学のつぎに、**逃走によって現前する**映像の消滅の美学があらわれる。

第五部

消滅の政治学

「いつも自分の姿をこれが見おさめであるかのようにみなければならない。」

パスカル・ジャルダン

かつて、政治的行為の第一歩は市民権の具体的な形と都市の姿とを**出現**させることであった。古代都市空間において建国祭儀・土着祭儀をおこなう意味・意義はそこにあった。[43] しかし、今日、そうした状況が完全に逆転しはじめているようだ。古代アテネの都市国家においては周辺集落の合併《シノイキスモス》によって異邦人を併合しながら「土着」市民が形成されたが、現在ではそれとはまったく逆に、住民を「内なる異邦人」と化することによって市民権を**消滅**させる。住民は新種のアンタッチャブルとなる。この超政治的・脱国民的国家にいきるものは永遠の執行猶予状態におかれた「いきる屍」

にすぎない。

(43) N・ロロー「アテネの土着性、市民空間の神話」、『アナル』誌、一九七九年一・二月号

したがって「五月の狂女たち」(訳注:一九七〇年代後半、アルゼンチン軍部・警察による人権抑圧事件でおおくの市民が連行され行方不明となったが、その妻や母親が「五月広場の母たち」という組織を結成、軍政下の一九七七年以来、毎週木曜日に首都の大統領官邸前の五月広場で無言デモ行進をおこなう)の儀式は古代の祭儀に呼応する儀式ということになる。というのもそれはアルゼンチンの行方不明者たちを**ふたたび出現**させることをめざしているからである。ブエノスアイレスの五月広場に妻たちがデモ行進をすることによって不在の男たちが政治的に現前する。ただし、古代アテネやローマの公共広場は儀礼や民衆的行為のための**舞台**を提供していたが、それにたいして五月広場はたんなる影絵芝居——真の役者たちは現実には消えてしまっているから——を投影するための**スクリーン**にすぎない。政治的沈黙を強いられた国の壁新聞のつぎに、不在すべく定められた民衆の行進がくるのは当然のなりゆきである。**黄色い星**が無名の群衆のなかからユダヤ人を出現させたのにたいして、五月広場の狂女たちがつけた**白いスカーフ**は喪の作業の拒否、寡婦であることの否定をあらわしている。帰属の印のつぎに、失踪者が存在することを告知する行為がくる。それは不在をたからかに宣言するのだ。したがって状況は完全に逆転したようにみえる。政治的国家は市民権や国民的アイデンティティを規定するが、それにたいして超政治的国家は逆にアイデンティティの喪失、あらゆる法的市民権の漸進的信用低下を含意している。「行方不明者たちはどこにいるのか」という五月広場の妻や母たち

のスローガンはひとつのあたらしい事態が発生したことを暴露する。つまり、監獄や強制収容所そのものは消滅したのだが、排除するためのあたらしいシステムが発明されたのだということを。**虐殺《エクステルミナシヨン》は「国家《ナシヨン》」の最終形態である。そしてこの虐殺によって収容所——局限された存在としての収容所というその本質的に政治的な原理——が消滅してしまったと言えるだろう。**超政治的国家がいきるものすべてを包括するようになり、政治的戦争の戦略家たちがおそれていた全面的放電《デシャルジュ》（＝爆発）が実現される。[44] そこでは市民権を有する民衆によって構成された目にみえる都市国家《ポリス》にかわって目にみえぬ警察《ポリス》があらわれ、全面的な異端審問をおこなう。最近、西ドイツ首相が宣言したように、「現在、一番大事な価値は国家《ナシヨン》（＝国民）ではない、平和である。」この言葉は政治の彼方、市民的放電《デシャルジュ》（＝市民社会の爆発）を完全に表現している。**平和が国家（＝国民）にとってかわりつつあり、**国民国家《エタ》のあとをついで全面的平和状態《エタ》（＝国家）が出現する。そのために「国土防衛」という言葉より「安全」という概念の方が重要性をましつつあるのだ。というのも「国土防衛」という言葉は地理的に限界づけられた旧来の国家という概念とあまりにもつよくむすびついているからである。いまや政治権力は国土防衛・拡張によって国家《ナシヨン》（＝国民）の永続性を保証することではなく、永続的に平和を維持することをのぞむ。政治的に「敵対関係にある」と宣言されるような対象は存在しなくなり、そのかわりに輪郭のあいまいな「脅威」がたえず姿をかえてあらわれる。アメリカ大統領の言葉をかりれば、「アメリカは世界でもっとも強力な国家である。しかしその性質はあたらしい。というのもアメリカの力は帝国主義的ではなく、領土の征服にはまったく関心をもたないからである。アメリカが提案するのはひとつの生活様式であり、アメリカが

欲しているのは他の国々がその生活様式を研究し、採用することである。」（リチャード・ニクソン）

（44） クラウゼヴィッツにとって政治的国家とは「全面的放電をさまたげる非電導的環境である」。『戦争論』ミニュイ版、八七一ページ参照（訳注：『戦争論』第八編第二章。日本語訳を前後もふくめ引用するとつぎのようになっている。（太字部分が直接の引用箇所）「ところで彼我双方のあいだの**緊張が一挙に爆発するのを妨げている隔壁**――それもかくべつ重要と思われないような隔壁は、どのようなものであろうか。厳密な論理に従う哲学的な考え方は、なぜそのまま実現しないのだろうか。その隔壁は、戦争が国家生活において接触するところの夥しい事物、種々な力や関係等のうちに見出されるのである。」（篠田英雄訳、岩波文庫、第三巻、二八一ページ）。戦争は理論的には相手の完全な殲滅にいたるまで完遂されるはずであるが、「国家生活」のさまざまな要素が暴力の徹底的な噴出をさまたげる。フランス語訳の「放電《デシャルジュ》」という言葉は暴力の爆発的噴出という意味と同時に、その後に生じる「空洞性」のイメージもヴィリリオに示唆したようにおもわれる。以下、この単語は「放電（＝爆発）」あるいは「放電（＝爆破）」と訳す。）

われわれは理解した、ここで言われている生活様式とは**国民化**にとってかわった**平和化**であるということを。究極の**市民**は能動的存在であることをやめて受動的になる。いまや国家体制の敵は国民国家の「内部の敵」というより、市民的平和への「脅威」、**内的平和の組織**にたいする危険とみなされる。これは一種の階級闘争だが、そこで対立しているのはただただ「軍人」と「民間人」である。軍人が警察官に変身する。**平和国家の高度な形式としての虐殺《エクステルミナション》が死を絶滅する。つまり超政治的国家においては生と死をわかつ境界がなくなり**、ひとびとはひたすらとつぜんの失踪という不確実性によっておびやかされることとなる。つまり「生ける屍」というあたらしい種族がうみだされたのだ。かれらはスパルタやローマの奴隷とはことなるタイプのもので、むしろ堕落した公共空間の冥界に住まう「ゾンビー」の一群と言うべきであろう。

したがってラテンアメリカ亜大陸は巨大な実験室となったかのようである。そこでは民衆が「軍事階級」の超政治的手法を実験するための実験用モルモットになる。軍人たちはアメリカ勢力圏にあるという地政学的要因によって外部の敵と戦う必要がない。それに核抑止や新兵器開発に参入することもできないから、ラテンアメリカの軍隊は際限もなく心理戦争の技術を洗練し、たえずあたらしい脅威とあたらしい敵対者をつくりだしては、それを完全に絶滅させる。**外部の敵という原理**はいつも「軍事」権力正当化に利用されるが、かれらはペンタゴンの要請で〈外部の敵〉をもつことを放棄してからは実にさまざまな種類の脅威や危険を発明する。要はただ**内部の敵という原理**──すぐれて警察的な原理──を活性化すればよいだけなのである……。

こうしていくつかの国全体がじょじょに社会的絶滅の場所となる。国境をこえることができなくなった軍隊が国全体を練兵場とする。このインターポールばりの「軍隊＝警察」のひそかな連合は民衆の市民的政治的権力を生贄にささげるために**軍をあげて陰謀をめぐらせる**。軍隊は国民の安全のために**自己を**犠牲にすることをやめ、全面的受動性に支配された国家をつくるため自国の民衆を犠牲にする……。すでに**総力戦**（＝**全面戦争**）のとき、軍隊は限界をこえ、戦場という境界をこえて、敵の民衆を大量虐殺していた。総力戦（＝全面戦争）とは軍隊にたいする戦争であるというよりは民間人にたいする戦争である。（総力戦（＝全面戦争）における民間人と軍人のそれぞれの犠牲者の数の比較をおもいだそう。）（ラテンアメリカの）**全面的平和**においてもおなじような論理が追求されるが、やり方は内在化される。つまりいまや**徹底抗戦**の名のもとに敵の民間人を犠牲にし、敵による自国の民間人の犠牲を容認することはやめる。そのかわり、**徹底平和**（国家の安全）の名のもとにますますおおくの自国民をみずから犠牲にすることを決定するのである。核抑止の現代、軍人はもう民間人にたいしてしか宣戦布告しない。**軍人にとって、直接軍隊に関与していないものすべてが国家の内的安定のための潜在的脅威である。**ジェノサイドにかんする一九四八年の協定を内戦のみならず「国内的戦争状態」にまで拡張しようとする提案が最近なされたのも、こうした傾向に対抗するためである。これによってかつてのカンボジアや、現在のサンサルバドルのように、治安維持部隊が自国の国民を大量に虐殺するようなことがあれば、国連が介入することが可能になる。つぎのことに注目しよう、すなわちラテンアメリカ式クーデタにおいて、市民の政治的権力が暴力的に消滅させられたが、これはすべての市民的機関を放電《デシャルジュ》（＝爆破）し、すべての抵抗を排除するための第一段階（あえてこの表現をもちいるが）にすぎない。そこでは警察への協力を躊躇することさえゆるされない。というのも、一九七七年に国内戦争の大立物のひとり、アルゼンチンのミシオネス州第二三二号戦略地域長官が書いているように、「住民の全面的支持をえなければならない。だからわれわれは中立派やさらには無関心な人間たちも排除する。というのもなんびとたりともこの戦いにおいて《不在》であってはならないからである。」このために公的平和は根本的にユートピア的性格をもってしまう。それは終着点をみつけることができないし、また政治的にブレーキをかけることもできない。というのも、「この戦いには精神的にも物質的にもいかなる限界もない、それは善悪の彼岸に位置している。」（パスカレッツリ中佐）いま、クラウゼヴィッツによって予告された「全面的放電《デシャルジュ》（＝爆発）」の原理がよりよく理解できるだろう。政治をこえたところでは、虐殺もいつかはおわると期待することなど完全に幻想なのだ。現実の敵が脅威とか潜在的な疑わしい人物にじょじょに変化するということは、実際、最終目標がつねにとおくににげてゆき、粛清が永遠につづくということを意味する。老人は過去を記憶しているし、大人たちは国の風俗や言語を知っている。しかしそうしたものはあたらしい**時の支配者**たちにとってはあやまった集団的記憶にすぎない。カンボジア共産党は壮年のクメール人についてつぎのように宣言している。「かれらの命を長らえさせてもわれわれになんの利益もないし、かれらを死なせてもなにもうしなうものはない。」だから、伝統的な**生物学的政治学**（訳注：後のページでナチスの理論家ローゼンベルクの「生物学的政治学」に言及）の主張する規制という概念をこえて、**超政治的**規制緩和の時代がやってきた。「平和状態《エタ》（＝国家）」というフィクションは生理的生命の終末も自然的・精神的限界の存続もみとめない。それは反対者・躊躇者・無関心者という一連のカテゴリーに属するひとびとを殺戮することに満足せず、**さらにだれがいきており、だれが死んでいるか、またただれが「いきる屍」なのか、こうしたことを決定する権限をもみずからのものとする**。(45)

(45)　一七九三年八月一日、**国民公会はヴァンデ地方の住民を完全に殺戮しつくすことを投票で決定した**。「村々をやきはらおう。この過酷な措置はしかし正義にかなった行為だ。というのも反逆者のなかにそれに加担しない無実な人間がいるとしても、かれらは反逆に抵抗しない臆病者にすぎないのだから、かれらを寛大にあつかってはならない。」そして（ナントの大量溺死事件の張本人）カリエはこうさけぶ。「フランスを墓場にしよう、もしわれわれのやり方でフランスを再生させることができないのなら。」

また、こうした軍事的メシアニズムはひとつのあたらしい企てとセットになっている。ラテンアメリカ諸国において政府当局の大々的な支援をうけながら、ユダヤ＝キリスト教的一神論にじょじょにとってかわるようなあたらしい宗教を出現させようとする企てが存在している。ユダヤ＝キリスト教的一神論はラテンアメリカ亜大陸全域において専制政治に公然と対立することができる最後の反対者であるからだ。[46]「擬似警察」部隊——これはギュゼッティ提督の言葉をかりれば一種の**抗体**である——の助けをかりて全面的秩序転覆の脅威から健康、つまり「国民という身体」の安全をまもるという口実のもとに、「戦士」が「司祭」の属性をうばいとろうとする。だからかれらは知識人・宗教人と対立し、きそおうとする。この「偽司祭」は終末論的世界観の信奉者で、衛生至上主義的イデオロギーが臨床学でみいだすさまざまな症状を社会全体にまで拡大して安全至上主義的イデオロギーをつくりあげる。また、かれは死後の永遠の生命を約束するかわりに、潜在的いきのこりを約束する。こうしたイデオロギーによれば、**いきるのはよりよく死ぬためである**、つまり虐殺を永続化するためである。これは国家崇拝、純粋状態の国家崇拝であり、ヘーゲルが予感した「現前する神」の一神論である……。アングロ＝サクソンの「死への権利」〈消滅への権利〉のひとつのヴァリエーション）のスペシャリストが説明しているように、「人は死という行為そのものを欲しているのではない、死という状態を欲しているのだ。」

(46)　とりわけブラジルにおいてそうである。一九七八年二月以来、アルゼンチンでは、政府は非キリスト教団体すべてに登録を要請した。よりよくコントロールするためである。

実際、一九四五年以来、先進国は兵站術にのっとって**核武装国家**を完成させていったのだが、それにたいしてラテンアメリカの未開発国は際限なく**自殺国家**を洗練させていった。しかしそのどちらもが自分なりのやり方で政治的国家をのりこえ、その全面的放電《デシャルジュ》（＝爆破）を実現すべく努力していたのである。抑止の論理自体も二段階で発展した。つまり**戦略的核抑止と政治的民衆抑止**であるが、後者は特別立法という法的装備によってたえず強化される。

南アメリカ亜大陸はなぜこのような特別な志向性をもっているのか。わたしがおもうに、その理由は南アメリカがかつての全面戦争の戦争犯罪人のための特権的避難所となったというだけではなく、とりわけその中心部に劣等市民の位置におしこめられた集団――世界でもそのような集団は数すくなくなっているのだが――をかかえていることから説明できる。つまりアマゾンのインディアンのことだが、その政治的ステイタスはなきにひとしい。というのもかれらは公式に「未成人」とみなされているからであり、簡単に撃ち殺してしまうということはないにしても、何重にも障害をつくって部族同志が接触することがないようにされている。その目的はあきらかにインディアンの土地収奪をより容易に継続するためである。(47)

（47）この点にかんして、一九八〇年一二月号の《ル・モンド・ディプロマティック》誌の「ブラジル・インディアンの反乱」参照

一九七九年八月二二日、アルゼンチン政府は大量行方不明者にかんする法案を提出した。この法

案は国際機関におおきな衝撃をあたえたのだが、これはけっして旧来の問題を清算する行為ではなく、もっと問題をはらんだ政治の予告だったのである。**実際、この法案は九〇日の猶予期間内に裁判官の前に出頭しない場合、その人間はすでに死亡したものとみなされると規定している。ちなみに出頭命令は新聞で通知されるだけである……。**この法律によって行方不明者の家族は死亡賠償金、退職金や各種保険の支払いをうけることが可能になるのだが、こうして「国家の安全《セキュリテ》」と「社会保障《セキュリテ》」がショートして、《全面的リスク保証》の原則が身体の健康から国家体の安全へと拡張される。

古代には**虐殺する社会**があり、儀礼的殺人や法的殺人が実践されていた。その後、出現したのは古典時代の**幽閉する社会**である。これは法的衛生的監禁からはじまり、そして現代のソビエトの精神病院へといたる(48)。そしていまや、ポストモダンの時代になって**法的消滅の社会**が到来し、手品のようにひとびとを目の前から消えさせる手続きが準備されている。これは死刑執行の独特な形態で、超政治的権力が医療権力と完全に一体化し、だれが「死者」であり、だれが「生者」であるか、そしてとりわけだれが「生ける屍」、つまり永遠の執行猶予をうけ、権利を完全に剝奪された市民であるかを宣言する。

(48)『臨床医学の誕生』をはじめとするM・フーコーの業績の全体を参照

現在、**医学的死**や回復不能な昏睡状態について臨床学的議論があるが、それとおなじような議論が人間の**社会的死**という公民的次元に適用されている——たんなる不在者であれ、行方不明者であれ、虐殺されたものであれ。領土をめぐる空間戦争という歴史的時代を経過して、いまや時間戦争という脱歴史的時代にわれわれはいる。アルゼンチンの法案はそうした時代に特有な洗練された形の陶片追放《オストラシズム》の制度であり、**市民的破門制度**の萌芽である。それは裁判もなく、闘技場も強制収容所もなしにおこなわれる闘争主義的形態の虐殺である。つまり〈場所〉についても権利についてもいかなる境界も画定されることがない虐殺である。かつて法治国家は政治的に都市や国民の（社会的）戒厳令（＝局在的国家）と一体であったが、ラテンアメリカで構築されつつある非法治国家は完全に脱局在化された「超政治的」緊急事態（＝切迫国家）のなかですべての限界をこえてしまう。したがって**死者**が消滅するだけではなく、**死**自体が停止してしまうことはまったく論理的なことである……。死を停止させることがいまや緊急な至上命令となり、絶対的必要性となる。しかしそれは人道主義的目的のためではなく、終末論的観点からである。つまり虐殺を無際限に継続するという観点から。これが国家の究極的形態なのである。

　さまざまなテロリズム（個人によるものも国家によるものも）による誘拐や人質事件がじょじょに蔓延するようになって、世論ももうとっくにああしたタイプのパニックめいた手法をうけいれる素地はできていた。人間がとつぜん眼前から消滅するというこの現象は一種の**公共的手品**であり、この手品によってあらゆる（政治的）組織の保護の外で、人間が超政治的におきかえられる。つまり、市民的動力学のなかで権利をもつた主体が消滅して「社会的亡霊」に決定的にとってかわられる。終末は永遠に延期され、完全に完成されることはけっしてない……。「消滅への権利」をめぐる論争もやがてはこうした文脈で分析しなければならなくなるだろう。「死の権利」（安楽死、徹底的延命治療……）や人工妊娠中絶をめぐる道徳的法的論争があるが、「消滅への権利」をめぐる論争もそれに付随してかならずおこってくるにちがいない。実際、支配的な自由主義的体制順応主義が「消滅の自由化」を主張することはまだないが、すでにおおくの兆候がそうした事態を予告している。たとえば、ロビンソン・クルーソー・シンドロームというエキゾチックな表現がある。これは別の場所で、別の名前で自分の人生をやりなおしたいという成人の失踪者をさしている。また、姓の保護も以前のように確保されなくなった。たとえば一九六六年の養子にかんする法律は子供の戸籍を変造することを容認する。元の姓を戸籍から抹消できるのだ。またフランスで人工授精でうまれた二〇〇〇人の子供が本当に法に合致した戸籍がないままでいる。最後に、地方では失踪が犯罪がらみかどうかを決定するのは警官や憲兵の判断にまかされている。ヴォクリューズの捜査官のひとりはつぎのように告白している。「われわれの警察組織には失踪者捜査の体制がととのっていない。犯罪者の捜査で手一杯だし、大規模な捜査態勢をとるのはリスクがおおきい。というのもたいていの場合、自分の意志で失踪したと判明するからだ。」おおくの弁護士が警察のこうしたやり方に抗議の声をあげている。犯罪がらみの行方不明事件につっこんだ捜査がされる可能性がまったくなくなっているからである。「行方不明者にかんする真実」という委員会もつくられており、その創設者のひとりはつぎのようにかたっている。「これは非常にあいまいさをはらんだ問題です。個人の自由という名のもとに、自分の意志でおこなわれた失踪が保護されています。これは奇妙なことですが、それはよいとして、しかし犯罪がらみの行方不明者についても声があげられないのです。この点にかんして、公式統計で正確な数字はまったくでていないとおもいますが、フランスでは毎年、失踪者七〇〇〇人にたいしてほぼ二〇〇〇人が犯罪がらみの行方不明者だとわたしは推測している。「公式に発表された数字ではアルゼンチンの行方不明者は五〇〇〇人から一五〇〇〇人となっている。ことをかんがえると、フランス行方不明者委員会の推定は実際憂慮すべき事態である。同様にソ連でも六年前から、死亡率にかんする人口統計に奇妙なごまかしがなされている。（《ポピュラシヨン》誌におけるロラン・プレサの「第五回国勢調査を前にしたソ連の人口状況」参照、一九七九年四―五月号、八六三ページ）

しかしもう一度われわれの出発点ラテンアメリカに話をもどそう。抑圧強制の非常手段のひとつとしてひとびとを消滅させるという方法がとられるようになる以前には、まだラテンアメリカ社会についての情報を入手することが可能だったが、そうした情報はつぎのような異常な現象をしめしていた。**社会の底辺層を構成し、悲惨な境遇のままにうちすてられたひとびとの数が増大する。**バラック街が都市周辺に星雲のように無秩序に自然発生し、大量の人間があつまってくる。たとえば、ペルーのリマ近郊のビラ・サルバドルのような所では一〇万人もの人間がいる。そうしたバラック街で、職をうしなったひとびとが困窮度がますます増大するなかをどうにか自力でいきのびる。実際、これは内的な擬似植民地主義的状況である。(49) 逆説的だが、一般大衆がマージナルな存在になる。だから古典的な警察力では対応不可能なのだ。**内戦の宣戦布告**をすると軍人も権力を喪失する危険がある。したがって、抑圧された民衆にたいする最後の対処法とは社会秩序の補充兵の投入である。**宣戦布告なき内戦体制**のために極端な形の「ソーシャル・ワーカー」特殊部隊、「擬似警察」的コマンド部隊が徴募される。困窮の自主管理とバラックの自己増殖（ファベラ、バリアダスやその他のポスト都市的スラム街）をひきつぐのは民兵の自衛組織なのである。（フランス国民議会議員M・ダイエが『国防にかんする報告書』で説明しているように、「民間防衛は銃後の安全を確保し、重大な危機の場合、《厭戦気分という軍隊》の誕生や盲動をさまたげることを目的とする。この《厭戦気分という軍隊》にたいして軍事的防衛力は無力だからである。」）

（49） B・グラノティエ『スラム街惑星』スイユ社、一九八〇年

擬似軍隊・擬似警察の「絶滅部隊(50)」の暴力に支配され、下等人間あつかいされたひとびとの住む地域で、いまから一二年前、人間の生体組織の不法売買が出現し、さらにはそれが正規の商行為としておこなわれるようになり、やがてそれはすこしずつ**血の税金**となっていった。血の税金といったが、それは戦争で流される血、徴兵された市民が命を賭して祖国の安全を確保するためにながす血のことではない。正義に反する平和のために流される血であり、最貧層のひとびとが多国籍企業の利益のために提供することを強制されている血のことである。この**血液銀行**は関係国政府のコントロールをうけていない。たとえばブラジルではこうした類の銀行が七〇〇もあるのに、警察は依然として問題があることさえみとめようとしない。しかしスラム街の一部の産院では、出産した母親や子供に献血を強要し、献血後でなければ退院させせない……。

（50） 《死の中隊》や《白い手部隊》やメドラノ将軍創設の組織ORDEなどを参照

こうしてラテンアメリカでは毎年五〇〇万リットルの血漿が商品化され、会社は一万パーセント

の利益をあげている。**生体のバーゲンセール**とも言うべきこうした儀式が世界的に許容されるようになったのは、血液構成要素を化学的に分離する「成分分離」と呼ばれる手法が発明され、保存性能のたかい**血漿の大量生産**がおこなわれるようになって以来である。(51)

(51) おなじような**生体の産業化**の事例は、移植のための**臓器バンク**や、人工授精のための**精子バンク**、最近はじまった糖尿病治療のための**人間の胎児**利用、自動車の安全性向上技術研究のための「特別ダミー」としての**新鮮な死体**の利用などにもみられる。

こうしてエネルギー危機と**一次資源**の鉱脈の枯渇とともに、最貧国で人間が**最終資源**として出現する。下等人間あつかいされた貧困層が生物学的に徹底利用される鉱脈となる……。移民労働者の労働力を搾取することで世界的な産業再編成が可能になっているのだが、それはまだ労働力の粗放的・回遊的利用にすぎない。いまおこなわれつつあるのはそれをこえた最新型の人間移植である。これは「超政治的輸血」とでも呼ぶべきものなのである。

科学技術にもとづいた生産活動はますます高度化していく。南アメリカの人間あつかいされぬ原住民たちはそうした活動にたずさわることができないため、労働力として投げ売りされ、じょじょに最後の**鉱山**、最後の鉱脈となり、めぐまれた国のひとびとの生命を再活性化するための有機化学物質を提供するだけの存在となる。**アルゼンチンは近々一〇〇〇万人の日本人をうけいれる計画をもっている。**これはインディアンのみならずすべての原住民にたいする不信表明であり、自国民にたいする「職業的能力の失格宣言」であるが、これをみれば、なぜ最近、大量に行方不明者がでるのか、なぜ自殺国家の地方全体が、戦略的地域全体が未開発のまま放置されるのか、その理由がとつぜん明白になる。こうした自殺国家では「産業が後退し、関税が放棄される。すべての経済・社会部門の収入を農業部門に移動させたためである。」(52)

(52) A・ルキエ、《エチュード》誌一九七七年一〇月号掲載「アルゼンチン、軍事的無政府状態か、それともテロリスト国家か?」とフラマリオン社より一九七八年に出版された『アルゼンチン—ジェノサイド・ファイル』。《エコノミー・エ・ユマニスム》誌一九八〇年一一—一二月号の南北産業再編成にかんする記事

これは過去への回帰であり、受動性への回帰である。**内的平和国家**はたんなる一時的な軍国主義的逸脱などではなく、国民国家の緩慢なる後退、市民社会の絶滅の不吉な夜明けなのである。知識人・労働者の弾圧や古代の大土地所有制度の復活、こうしたものが過酷で長期にわたる新封建制的専制の補完物となる。この**二重の捨て身戦術**は歴史的に国民国家の完全な放電《デシャルジュ》(=爆破)を容認し、超政治的・超国民的国家をつくろうとする。しかしこの超政治的・超国民的国家はいたる所に建設中であると同時に、どこにも建設されていないのだ。(53)

(53) 一九八一年一月三一日および二月一日、パリの上院で複数の法律家の団体によって組織された「人間を強制的に行方不明にさせる政治」という題で国際シンポジウムがひらかれた。

原住民か移民か……。土着民か外国人か……。これは神話からはじまり、古典的な対立へとつながった議論だが、ともあれ土着性は政治を基礎づける神話のひとつである。

起源には**母なる大地**という人類共通の子宮があった。それにつづいて単一の性、「単為生殖」によって土着市民をうむ**処女＝都市**が出現する。現前する神アテナの町の民主主義的土壌から市民がうまれる。アテナは都市国家の有資格市民となる人間の母であると同時にその祖国でもある。つまりアテナとは人間の手でつくりあげられた市民的偶像なのだ。「哲学者たちはポリスの永続性について自問する、**しかし政治的ディスクールにとってその問題はいつでもすでに解決ずみである。**[54]」

（54）Ｎ・ロロー《アナル》誌、一九七九年一―二月号

土着性とはアテネ「民衆《デモス》」の市民的想像力が結晶する避けがたい「テーマ《トポス》（＝場所）」なのだが、これはまずなにより**空虚な場所**である。そこでは政治的ディスクールのもとに国家の親族構造にかんする問いが姿をあらわす――われわれは一人からうまれるのだろうか、二人からうまれるのだろうか。同一の者は同一の者からうまれるのだろうか、それとも別の者からうまれるのだろうか。つまり一言で言うと、**人は大地からうまれるのだろうか、それとも人間からうまれるのだろうか。**この二者択一にたいして、土着性の神話は選択を拒否しながらこたえる――人は大地からうまれると**同時に**性からうまれる。[55]

（55）Ｎ・ロロー、前掲書

後になって、ずっと後になって、この論争は社会的決定論をめぐる論争に姿をかえて再開される。ラッツェル（訳注：一九世紀のドイツの地理学者、ダーウィンの影響をうけ、人類社会にたいする自然環境

の影響を生物学的立場から考察して人文地理学を体系化する）の人類地理学とモース（訳注：二〇世紀前半のフランスの社会学者、民族学者）の社会形態学の出現とともに、あらたに提案される二者択一は〈性か都市か〉ではなく〈社会か国家か〉である。そしてさらに、国家は大陸全体へと拡大され、そして最終的に第三帝国地政学の大家ハウスホーファー将軍の**生息空間**やローゼンベルク（訳注：ナチスの理論家）がその理論家となる生物学的政治学の**生息源**という狂気じみた理論につながる。ローゼンベルクの理論は、第二次世界大戦のとき、アメリカの地理戦略論に影響をあたえることになる。というのも例の**国家安全ドクトリン**はナチス・ドイツとの対立からでてきたもので、それがブラジル地政学の提唱者ゴルベリー将軍やその影響をうけたピノチェトという名の「軍事地理学」教授の貢献でアンデス亜大陸周縁部に到達し、それがいま、古巣にもどり、近年の「ヨーロッパ社会空間」という概念の発展をもたらす……。

　社会学は古代的な意味での「政治学」の堕落形態であり、場所《リュー》と環境《ミリュー》のどちらをえらぶかという選択をつねに拒否し、**時間**という要素を無視し、ひたすら《歴史》を参照し尊重するために、形態学的幻想を永続させてしまう。しかし、「地方の民衆」をひとつのポリスにあつめるために**人間を行進させる行為**である「都市集住《シノイキスモス》」とは正反対に、土着性は**時間を行進させる行為**としてあらわれる。ここで言う時間というのは歴史とはなんの関係もない。というのもそれは起源が永遠に再開されるような時間だからである。ニコル・ロローが説明しているように、「土着性の神話は民主主義的ポリスの歴史のなかに位置してはいるが、しかし同時に**緩慢な時間**、反復的な時間に属してもいる。そうした時間にしたがって年々歳々おなじ祭儀、おなじ祝祭がくりかえされる。それはポリスの公共空間の道標となる時間なのである。」したがって、公的演説に欠かせないアテネの土着性という「テーマ《トポス》（＝場所）」は、**なによりも**神話的「時間《クロノス》」であり、政治的韻律学であり、アクロポリスのセラミック墓地でアテネ市民全員を「祖国の子」として誕生から死までみちびいてゆく儀式なのである。**アテネ市民にとって、終末は起源にむかって決定的に回帰してしまう。だから時間は無化されてしまうのだ。**

　土着性の神話は「ポリス」の時間のなかに書きこまれた永遠の現在であり、部族や家族に特有なリズムをくるわせながら、市民の「政治的」時間の時をきざむ。農業の起源から産業時代のはじまりにいたるまでこうした状態がつづいたが、産業時代がはじまるにいたって、民主主義的革命の後をうけ、**走行体制的**革命がおこる。**加速された時間**がはじまり、エネルギー技術がじょじょに〈国土への定着〉という神話を破壊する。母なる大地、起源の処女神などの「物質崇拝」にかわって光の崇拝がおこなわれるようになる。絶対的「実体」という概念がぼやけ、力をうしない、必然的な**移動がもたらす偶然性《アクシダン》**（＝**事故**）という概念が支配的になる。

　神話には太古の時代のアテネの都市建設や**冥界めぐり**の物語がかたられているが、いまやそうした神話のかわりに闇から光へむかって**洞窟**を通過するというイメージがとってかわる。そして、伝統的な政治的幽閉のかわりに「超政治的」大混乱が生じる。人間はある場所の土着民というのではなく、**時間の土着民**となり、さらに土着的であるというより発光性的な存在になる。というのも時間は光のサイクルであり[56]、誕生する主体は死すべき人間としてうまれるというより、**可視的な存在**としてうまれるからである。人間は場所的というより時間的存在として**生体の時間志向性**のなかから時の光をうけてうまれる。そして民衆はかつてのように儀礼によって神話的に条件づけられることはなくなるが、こんどは生命リズムを利用されながら技術的に条件づけされるようになる。

(56) ディートリヒ・ボンヘッファー

こうした精神的外傷をうけた以上、市民の**地理形態学的アイデンティティ**という原理は影がうすくならざるをえない。市民は土地よりも「社会に帰属」するようになり、そしてやがてすこしずつたんなる**代行者**にすぎなくなる。

民主主義的国家の「市民権」を有する特権的居住者など存在しなくなる。その後にあらわれるのは**訪問者**、通過市民、観光者、観客である。そうしたものこそ走行体制的国家の住民なのである。というのも走行体制的国家においては視力、それが生命力だからである……。むかしは、空間的近接性によって統一性が構成されていた。だから出会いや自己表示という社会的儀礼が反復されるなかで他者は識別され、再認されていた。しかし移動革命がおこり、「隣人」はもう偶発的にしか再会することのない**亡霊**となってしまった。したがって超政治的大混乱はより完璧な交流を促進するというより、**一時的現前**ばかりをはびこらせることになる。移動のために同類が姿を消すことにわれわれは慣れきってしまい、ついには社会がばらばらになってしまう。通行人、通過者にすぎなくなったわれわれの同類の肉体的現前がリアリティーをうしない、その「ブランド・イメージ」しかのこらなくなる。身体が空間的に拡散するにつれ、死角が拡大し、人がたえず移動してうつろいやすい存在になるから、われわれはじょじょに見知らぬ人ばかりにとりかこまれることになる。**敵**という概念が不評になり、不審人物とか脅威という概念がはばをきかせるようになったが、この事実はしたがって、防衛体制の衰退というより同盟者の消滅という事実をわれわれに示唆している。市民的同盟というかんがえ方をもうだれも信じはしない。

社会は地域に、ついで国に、自分を外延的・空間的に位置づけてきた。しかしそうした時代はおわり、これからは超国家的な集中的視覚化の時代がくる。民主主義的儀礼のながながしい**行列**が消滅し、加速された「展開する映像連続体」があらわれて、不在する民衆の行為をおぎなうことになる。

したがって、政治とは見、予見する技術ではあるが、しかし「芸術はみえるものを表現するのではなく、みえるようにする」[57]という指摘は政治にもあてはまる。このような表象領域の再転換のなかで、ポリスは劇場（広場、フォーラム）であることをやめ、暗い部屋、**映画館**となる。そこでは領域性や法的・空間的にどこに位置づけられるかといった問題は重要性をなくし、目にみえることだけが重要になる。しかし、ここでもう一度話題をもどして、アテネが発明したものを検討することにしよう。「上部（アクロポリス）と下部（アゴラやセラミック墓地）ばかりではなく、内部（アクロポリス、アゴラ）と外部（ポリスの城壁外、セラミック墓地）という区別も重要である。セラミック墓地はアテネ民主政治が自分に奉仕したひとびとを埋葬した場所だが、この公共墓地で**ポリス**という理念を賛美するために世俗的散文がかたられた。ポリスが分割不可能な単位となり、権威をもつことができるのは、**その市民たち、すなわち勇敢だが同一で交換可能な市民＝兵士の死のおかげである**。[58]」

(57) パウル・クレー

(58) N・ロロー、前掲書

奇妙なことに、こうした類の歴史的英雄化に際して閑却されがちな場所がひとつある。それは**スタジアム**だが、そこではポリスの民主主義的平等が消滅し、走行体制的名声が一時的にだが優越する。(59) スタジアムにおいて市民的観点は逆転する。観客がすわる階段席が上方にあり、競技者たちが行進する競技場は下方にある……。運動性能が展開されるこの劇場内部において、とどまるものが神の視線をもち、移動する者は窃視者の集団のあくなき好奇心によってみおろされている。広場につどう平等な市民たちの理想的平凡さとは大ちがいに、ここでは「同類」は存在しない。ただ**運動エリート**の存在をあらわにすべく、民衆がスペクトル分析にかけられているのである。(60)

(59) フィロストラトス『体操について』、C・ダランベール訳、F・ディド社、一八五八年

(60) このような「競争文明」において民主主義は名前だけで、その背後には「大衆の同意によるエリートの支配」(プラトン) がかくされている。「マラトンの戦いはアテネの歴史にとって、ひいてはアテネ帝国――サラミスの海戦で実際上はじまり、民主派が再建をつねに夢みていた帝国――の歴史にとって不可欠なプロローグのようなものである。ところで、最初の歴史的行為はいつも神話と完全には分離しがたい。それは貴族の最初の武勲や英雄が英雄となるために直面しなければならない試練と似て、**なにか秘儀参入的な要素がある。勝利はすばやくおさめられ、告知される。それは戦争社会における通過儀礼・社会参入儀礼であるレースを喚起しているからではないだろうか。**」N・ロロー「マラトンの戦い、あるいはイデオロギー的歴史」、《古代研究雑誌》、一九七三年、二九ページ

したがって、広場が民衆《デモス》の場所であるのとおなじように、競技場は走行階級《ドロモス》が発明される場所である。競技場において永劫回帰する政治的起源の神話が「超政治的」スペクタクルの革命（＝回転）によって演じなおされる。この超政治的スペクタクルは萌芽として帝国の専制政治をふくんでいる。アテネ民主制の政治的イデオロギーはじょじょに兵站術的理想にとってかわられてしまったからである。ギリシャやローマの共和国広場はずっとむかしに消滅して議場に変身したが、「公共広場」は軍事パレードがおこなわれる競技場となっていきのこる。しかし、それも最後には移動革命の混雑のなかに消滅していくだろう。こうして、体育館についで、サーカス場や競馬場もその役割をおえる。しかし、やがて飛行場や人工衛星が装置を衛星軌道にうちあげて、周回的儀式を継続するだろう。

民俗学者のJ－C・メラッティーによれば、「ブラジルのインディアンを全部あつめてもリオデジャネイロのマラカナ・スタジアムを半分しかうめられない。」したがって、形態学的過剰露出の場所であるスポーツ施設はたんに民衆のエネルギーが爆発する噴火口であるだけではなく、人口調査の一形式でもある。この調査において、「形式とは表面にうかんできた内容である。(61)」（訳注：「内容《フォン》」の原義は「底」。したがってユゴーのこの文章自体に言葉遊びがある。）監視は共同体消滅へとむかう最後の一歩である。つまり権力はみずからを兵站術的に脱局在化するために**高度監視区域**（訳注：刑務所の重罪犯を拘禁する区域）をつくる。したがって、チリのサンチアゴの国立スタジアムが**強制収容所**に変身するのも論理的なりゆきである。というのも政治的外観をめぐる企ては軍事的消滅の美学に席をゆずるからである……。[62] スタジアム《スタッド》とは廃止される市民空間の縮小模型、ひな形であり、そしておそらく国家の形態学的幻想の終焉をしめしている。つまりそれはポリスの（ひいては法的市民権の）最終段階《スタッド》なのだ。いま、ラテンアメリカで、それぞれの国の国是という問題をこえて演じられていること、それはあらたな古代近代論争である。つまりだれが一番「脱政治」的であるか競い合いがおこなわれているのである。実際、モネダ宮殿前広場に戦車が殺到した事件の結末は古典的監禁であった。つまり反対派が体育館へとじこめられ、それからチリのサンチアゴのスタジアムへあつめられたのだ。それにたいして、ブエノスアイレスの五月広場での母親たちの週ごとの儀式は悲劇的な超政治的混乱、準拠枠の喪失をさししめしている。**「狂女たちの行進」は失地を挽回するために、つまりアルゼンチン政府の攻囲のためにうしなった場所を回復するために、**あてどもなく**道を再発見しようと努力しているのだ。**

(61) ヴィクトル・ユゴー
(62) P・ヴィリリオ『消滅の美学』バラン社、一九八〇年

彼女たちの儀式は公共のかまど（訳注：原語 foyer commun はギリシャ語の「ヘスティア・コイネ」、ギリシャのポリスの政治的権力の象徴でポリスの広場《アゴラ》におかれてポリスの中心の位置をしめる）、闘争主義的《アゴーン》儀式であるアテネの政治権力《クラトス》（訳注：政治権力《クラトス》が闘争主義的《アゴーン》であるというのは、政治が公共広場《アゴラ》を舞台としておこなわれる弁論・議論による戦いであり、政治権力はそうした公共の場における議論の産物であるからである）[63]の代替物

になっている。そのとだえることのない運動は「同類」の死をこえ、そして政治をこえて、**いきる者のアイデンティティ**についての問題をわれわれに提起する。「公共広場」は政治の墓場となると同時に「超政治」的時代の広場となる。チリの収容所収監者の妻たちはまだスタジアムにおもむいて、拘留されたひとびとの消息をたずねることができた。それにたいしてイランの寡婦たちは墓地にあつまらなければならなかった。しかし、アルゼンチンの行方不明者の妻たちは夫の不在を公にするしか方法をもたない……。夫や親の運命について確信がもてない状態を執拗に否定し、「五月広場の狂女たち」は決定的な質問形式を発明する。すなわち、「政治的アイデンティティの広場と公共墓地のどちらかを選択しなければなりません。というのも私たちがここに現前することで、その両方を否定することは不可能になったからです。[64]」

(63) J-P・ヴェルナン『ギリシャ人の神話と思想』マスペロ

(64) パリそのほかの国の首都で、おなじような儀式が毎木曜日の正午、大使館の前でくりかえされた。おおくの「五月の狂女」が誘拐され拷問されているにもかかわらず。たとえばノエミ・エステル・ジアノッティ・デ・モルフィーノがそうである。彼女は一九八〇年六月一二日、リマで消息をたち、七月二一日、マドリードで死体となって発見された。彼女の息子は、彼女がペルー諜報機関のメンバーの協力をうけたアルゼンチン情報部員によって殺されたと述べている。

現前するという行為《アクト》が土着性にもとづく出生証明《アクト》のかわりとなる。専制政治に対抗するのはもはやイデオロギーのためではない。それは生命の行為であり、謎にみちたいきた身体が神秘的に**時間のなかに現前しながら**おこなう行為なのである。市民空間を廃止したり、政治的首都から人間を退去させることはできる。[65] しかし、同時に子孫全員を殺戮するのでなければ公共墓地を消滅させることはできない。墓地もまた社会の基礎であり、この社会の基礎は建設されたポリスよりも強力である。**ひとはただ現前するだけで復讐をなしとげることができる。そしてこうした形の復讐は国家が死体の山をきずくことをさまたげる力をもつだろう。**[66]

(65) たとえば、カンボジア共産党の支配のあいだ、住民が退去させられたプノンペンがそうである

(66) アルゼンチンとイギリスのあいだにおこったフォークランド紛争のために「五月広場の狂女たち」の状況はますます危険にみちたものとなった。一九八二年五月、デモ開始の五周年記念の際、国民の一致団結をこわすと通行人たちが一様に非難するなか、それにもかかわらず六〇〇人の参加者が政府宮殿のまえを輪をつくってデモをした。それは通常の参加者のほとんど二倍にたっする人数だった。のぼりのひとつにはこう書かれていた。「われわれ五月広場の母親たちは祖国の防衛者たる兵士たちを全面的に支持する。しかし行方不明者の母として、われわれもまた兵士としてたたかう。われわれの子供たちがいきてふたたび姿をあらわすために。祖国万歳。」

彼方の戦略

「いまやヨーロッパも世界も、あまりにもちいさくなりすぎて、そのなかで戦争などできるはずがない。」

ヒトラー、一九四三年七月七日

武器をもっておこなう信仰告白、すなわち聖戦がもどってきたようだ。儀式と生贄をともなって狂信的装置がふたたび行進をはじめる、中世の夜にむかってうしろむきに。中世の宗教的信仰をめぐる血なまぐさい対立は政治的イデオロギー的対立の序章だったのだ。

こうした回顧的視点にたちながら、「ただしい戦争」をたたかうためにふたたび光の甲冑を身につけてもよいとかんがえている人はおおい。**いやむしろ、核抑止時代に消滅してしまった敵を復活させるためにと言った方がよい。**核抑止の恐怖の均衡はあまりにも人間とは無関係なよそよそしいものだったから、われわれは敵がだれかはっきり認識することができなかった。アインシュタインが述べているように、「われわれの因果律という概念の根底には悪魔の行為にたいする信仰がある。」(レオン・ポリアコフの迫害の起源にかんするエッセイに引用)

最近のおおくの出来事がきわめて時代錯誤的性格をもっていることをかんがえれば、われわれはもっと早くからこの異端審問の火刑の復活に気がついていてもよかった。自由主義の無軌道さによって道をあやまった政治思想の瓦解、つねに事実によって否認されつづけている欺瞞的唯物論の繰り言、破壊様式がますます力をもつようになって生産様式を支配するようになったこと、あらゆる段階で抑止すると主張する**包括的兵站術戦略**がひきおこしている経済的荒廃——こうしたことがらすべてが「超政治」的終末論の到来を予告していることに普通ならもっと早く気がついていてもよかった。実際、半世紀も前から世界の終末というイメージがふりかざされ、その度に太古の悪魔学がめざめさせられていたのだ。

メッカ襲撃事件は前代未聞の重大な事件だったのに、当時の政治指導者はその重大性を完全に見あやまっていた。(これはジスカール・デスタン大統領が国家憲兵隊緊急出動部隊所属のフランス憲兵隊員を軍事顧問として派遣したことをみてもわかる。)このメッカ襲撃事件のときにすでに、核兵器による(あるいはよく言われているように、核兵器「運搬手段」による)**純粋戦争**という亡霊のかたわらに、信者による**聖戦**の亡霊がたちあがるのがみえていた……。これは人類の救済をめぐる象徴的な決闘である。人類救済は火器によるのか、それとも信仰によるのか。公開虐殺という光をあてられるべきなのは異教徒か、それともたんなる敵対者か。こうしたことがらが偽メシアの名において、あるいは本物のミサイルの名において主張される。その一方で政治的ディスクールの方は信用を失墜し、発言権を喪失してしまっている。それは現実の状況があまりにも極端な展開をみせているためである。異国情緒たっぷりのレバノンやイランがその好例だが、われわれのすぐちかくのアイルランドも似たりよったりである。

ローマのサン＝ピエトロ広場の暗殺未遂事件(67)はしたがってあらたな**不安定化**をねらっていたのだが、しかしなにを不安定化させようとしていたのだろう。バチカン市国をであろうか。しかしバチカンはレバノンではない。キリスト教世界全体をであろうか。しかしいまはもう旧約聖書の**万軍の神**の時代ではない。十字軍の時代はすぎ、教会統一運動は**武装放棄した神**という矛盾した概念をもとにおこなわれている。そしてこの「武装放棄した神」はしばしば武装を放棄させる神でもある。オスカル・ロメロ殺人事件のことをおもいだそう。かれはサン＝サルバドル大聖堂で一九八一年三月二四日に射殺された。**軍隊内の上官への不服従**を公然と説教でとりあげたためであった。

(67) 一九八一年五月一三日、多かれ少なかれ誰かにあやつられていたらしいトルコ出身のテロリスト、アリ・メフメット・アグサが教皇を銃撃する。一年後の同日、ファティマで原理主義カトリック司祭ホアン・フェルナンデス・クローンがヨハネ＝パウロ二世を刺殺しようとする

実際、教会と軍隊の分離は政教分離の論理的帰結だったのではないだろうか。

核武装の到来とともにかくもながい間、国家権力とバチカンをむすびつけていた**正義の戦争**というふるい神学的ドクトリンが時代おくれとなった。ヨハネ＝パウロ二世は一九八〇年に「核の黙示

録が世界をおびやかしている。あらたな戦争はどの政治勢力の利益にもならない」と宣言し、アウシュビッツについでヒロシマを訪問したが、この一連の行動がそのことを証明している。ピウス一一世は当時うまれつつあったファシスト国家の国家崇拝を批判していたが、同様にヨハネ＝パウロ二世も国連やアイルランドそのほかでテロや核抑止による平和の崇拝、世界の安全を確立できると自称する**絶対兵器**への偶像崇拝を批判しつづけている。

いまではよりよく理解できるだろう、教会が戦争を決定的に否定する傾向にあるのは、戦争があまりにも巨大化してしまい、神の啓示を凌駕するほどの力をもったからである。**いまや科学技術の黙示録が神秘的黙示録をおおいかくす。**

現在、軍人階級がセクトにたいする影響力を増大させている。(68) またラテンアメリカではユダヤ＝キリスト教的一神論の地位をうばおうとする新興宗教が出現し、国を支配する軍部がそれに支持をあたえている。こうしたことをかんがえてみると、「司祭」と「軍人」のあいだで決闘がはじまっていることがわかる。軍人はあたらしいタイプの**諸教混交宗教**を準備し、軍事＝科学的思想の優越性に公式に基盤をおいた信仰を樹立しようとする。軍事＝科学思想は**メシア思想的**になり、いまや世俗的、宗教的をとわずあらゆる政治思想を支配している。そもそも敵対者を**信頼する**ことによってしか核武装の進展を中断させることは実際不可能なのだが、軍縮協議は一見して挫折し、そのため現在、ひとびとは**予見的知識**としての戦略を否定するようになっている。つまり、たんに武器や戦争手段が「自動化」されているばかりではなく、とりわけ指揮系統が自動化されている。これは論証能力の、そして最終的にはすべての「政治」の否定にひとしい。そして「超政治」的情報・決定システムがみせかけだけの平和を維持している、民衆を抑止しながら。民衆の抑止が核抑止手段を補完し、それによって巧妙にみせかけの平和が維持されているのである。

(68) アルゼンチンにおける「アメリカ解放者フリーメーソン支部」やイタリアの「P2フリーメーソン支部」

一九七五年にカロル・ウォイティワ(訳注:ヨハネ＝パウロ二世の本名)が書いているように、「われわれの時代のプログラムは迫害が存在しないと宣言できるようにみかけをつくろいながら迫害することである。」

したがって異端審問はもはやむかしのそれではない。司祭区警告書(訳注:教会法に触れる行為を信徒に知らせる文書)から政治警察へ、さらに現在の「シークレット・サービス」へ、蒙昧主義はじょじょに宗教から世俗へ、「民間」から「軍部」へと場所を移動させてきた。そもそもポーランドでおこっていることはこのような趨勢の逆転をよくしめしている。そこでは**三極構造**がふたたびあらわれている。つまり警官に変身した「戦士」が自国の民衆に、敵国民ならぬ自国民にたいして宣戦を布告し、こうして発生した戦争状態のなかで「司祭」がプロレタリアートの同盟者となる。

教会は抑圧されたものたちと連帯することによって、軍隊との対決をあらわにする。そうした連帯がもたらす**平和**は国家のそれよりすぐれたものだ。というのも国家は力にしか依拠していないからである。国家は(ヤルタ協定からうまれた)外的抑止体制と、それに呼応する内的抑止体制を秩序維持の手段とし、あらゆる正当性、あらゆる政治システムに優越する定言命令をおしつける。民主主義のみならず共産党独裁でさえそれには抵抗できない。その定言命令とは全面的安全をたてにとった脅しである。祖国の防衛などというのではない、全面的ナショナリズムの時代が完成したのだ。というのも敵はどこにもいないのに、あらゆる所に脅威が存在するからである。

ポーランドの自主労組は社会的連帯の再発見だったが、一九八一年、その主張が最大の高まりをみせた。[69] それは一種の挑戦であり、**信仰にもとづいた行為**だったが、それによって間接的に、政治的指導者層の頭ごしに、組合運動家と軍部のあいだに脱政党的な対話がむすばれた。対話をつうじて国軍は、まず党を圧倒するほど参加者がふえた自主労組にたいして責任ある態度をとるよううながされ、ついで**自分の意のままになる組合をつくるなど問題にもならなかったので、**（兵站的弱点にもかかわらず）ソ連と対立するかそれともクーデターをおこなうかどちらかを選択することを余儀なくされた。こうしたおそるべき状況は近年さらにつよまりつつある。（訳注：自由労組「連帯」がポーランドの政権をとるのは一九八九年、本書は一九八四年に出版されている）というのも一部の組合活動家は政治的仲介者の頭ごしにソ連政府と直接交渉することさえかんがえているからである。ポーランドの政府指導者にはもはやいかなる権力基盤もない。だから権力の有効性にかんして「国民投票」をおこなおうという提案さえなされているのである。

(69) P・ヴィリリオ『民衆防衛とエコロジー闘争』ガリレ社、七七ページ

レック・ワレサは**外国からの干渉はないと信じる**となんどもくりかえした。**国内での論争が武力衝突につながる危険が完全にさけられたのはそのためである。**キリスト教徒労組活動家ワレサのこうした挑戦は核抑止にたいする信仰の一種とみえるかも知れない。ワレサは核時代の特有な性質を

誤解していたのだろうか。それとも逆に、その必然性を拒否し、いかなる進展も可能にしない核抑止の断末魔のなかで自分はすでに死んでいるとみとめた上で、信仰の行為によってそこから解放され、社会的パートナー・支持者のみならず反対者・潜在的敵も参加する市民社会の復活を実現することを期待していたのであろうか。

実際、そこで演じられたこと、それは地政学的二大陣営のあいだで三〇年以上もまえから演じられているもののレプリカであり、その国内版縮小模型だったのである。ヤルタでおこなわれた分割は実際にはNATO諸国とワルシャワ条約機構参加国をわけたのではなく、東でも西でも、それぞれの国、それぞれの都市の内部をわけたのだ。

そうでなければ、第三世界は言うにおよばず西側諸国のおおくの国で「社会主義」が存続し、共産主義陣営の国々でアメリカの文化的帝国主義の影響力がますます増大しているという事実をどう解釈できるだろうか……。こうした風俗と憧憬の相互浸透はただたんに一部のフーリガンや極左分子だけの問題ではない。ひとつの世代が、失業と放浪と寛大さの過剰のなかで迷子となったひとつの世代全体がその影響をうけている。かれらは歴史の亀裂とともに過去の価値を拒否する。かれらは一種の無益な前衛である。あるいは予見可能な破局——全域化された停滞——の先遣部隊と言った方がよいかもしれない。まだしばらくのあいだはさまざまな政治体制のちがいや最貧国にたいして「中くらいの国力」をもった国々がばらまく進歩主義幻想がスクリーンとなってこの未来の破局の可能性をみえなくしている。しかし一般的な趨勢は「超大国」の共謀する方向にむかっている。それは軍拡競争の結果、さまざまな国の経済が疲弊しつつあるという点ばかりではなく、超大国のそれぞれの影響圏内において**市民社会が停滞している**という事実にもあらわれている。

いまヨーロッパの社会主義者とアメリカのニュー・エコノミストが一緒になって「福祉国家」を廃止しようとしているが、両者の癒着はあまりにも病的なので、不安をかんじざるをえない。実際、ポーランドの正常化で西側の銀行が演じている役割についてはここでは論じないにしても、つぎの事実は指摘しておきたい。すなわち、一方でソ連はアメリカの軍産複合体の発展を参考にしながら、共産主義的市民社会の停滞を維持しようとしているが、逆に、モスクワでの協定（ＳＡＬＴ、一九七二年）やウォーターゲート事件以来の出来事をみればわかるとおり、アメリカは**新保守主義**を口実にして国内の内的崩壊をエスカレートさせようとしている。社会的連帯を完全に放棄することによって前代未聞の戦略的可能性がひらけてきたのだ。アメリカ最初のペンタゴン的大統領レーガンがとった措置はそれをよくあらわしている。ついこの間まで、国家防衛の正当性を基礎づけていた政治的議論はじょじょに消滅していく。馬鹿げたことだが、一部のひとたちはそうした傾向が進歩的なのだとかんがえている。そうした政治的議論のかわりに統合的安全にかんするステレオタイプな議論ばかりがくりかえされる。**このあたらしい保守主義は国家にも核抑止の必要性にも準拠しようとしない**。こうした状況のために、われわれの時代は「超政治」的アウターワールドにはいりこんでしまっている。イデオロギー的対立をこえて運命的信仰にもとづいた政治体制が君臨する、過去の蒙昧主義の呪文システムと大差ない予知システムにおぎなわれながら。

フランス人は本当は無意味な「独自な核抑止力」に執着し、きわめて安直にポーランドの自主労組組合員とドイツの平和主義者を対比的にみてしまう。そうしたフランス人のあまりにおおくが

「敵とはなんであるかをまなびなおす」(J・フロイント)ことをのぞんでいるが、しかし緊急に必要なことはそんなことではない。むしろどこに敵意がひそんでいるか、それをみつけだそうとすべきである。敵意こそ脅威の本質なのだが、これまでは分析者たちから見逃されてきた。それはおそらくそれがどこかの場所に位置づけられることがなく、普遍的にひろがっているものだからであろう。だからそれは伝統的な「地政学」的解釈を参考にしてもとらえることができない。

たしかに「局地的紛争」は空間的には限定されているが、時間的には限定されていない。このことにわれわれはようやく何年か前から気づくようになった。限定戦争はおわることなく無際限に継続される。インドシナ戦争はカンボジアやラオスや中国国境で継続される。アイルランド紛争は一〇年をこえ、教皇の訪問にもかかわらず、内戦は継続される。殺人やテロがくりかえされ、囚人が「政治的権利」を拒否されたことに抗議して、つぎつぎと自殺にちかい死に方をする。(70) レバノンやシリアや中近東全般にかんしてもおなじことが言える。中近東ではイランとイラクが戦争をつづけ、おわらせるという意志をしめしもしない。イスラエルはというと、**エルサレムを永遠の首都**と宣言した後、タムーズの原子力発電所を予防的に破壊するというこの上なく重大な国家テロを断行し、(71) さらにゴラン高原を併合する……。

(70) ここで一九八一年の夏に収監されたボビー・サンズとその仲間たちの犠牲をおもいだそう。

(71) この爆撃の後、トゥーロンのラ・セーヌ造船所へのテロがあった。このテロによってタムーズ原子力発電所むけの原子炉「オジラク」用タンク部品がやはり**予防的に**破壊された。

トルコは現在「内戦状態」にあり、東のポーランドと対照的な状況にあるのだが、だれも本気で心配しているひとはいない。ここではアメリカがソ連の役割を演じ、エヴレン将軍（訳注：一九八〇年のトルコの軍事クーデターの中心人物）が組合や社会を抑圧するのを援助している。ふるい紛争が本当の意味で終結することなしにあちこちであたらしい緊張の火種がつく。こうした局地的紛争の蔓延は国民国家がとおからず失権することを予告している。内部からは自治や地域的独立の要求をうけ、外からは、とりわけ経済や戦略的領域にかんして「超国家」的依存の必要性がますます増大する。国民国家はこうした内部と外部からふたつの力をうけてひき裂かれつつある。したがって、戦争にかんしていま懸念しなければならない問題とは、一部の人間が主張しているように、第三次世界大戦が切迫しており、東西の対立が核戦争をひきおこすということではない。世界全体にひろがりつつある**内戦**という問題なのだ。

こうしてむかしとおなじように慢性疾患が既成事実となり、諸国家の政治的協議によってつくりあげられた平和状態よりも既成事実が優先する。だから国連は紛争を予防するためにも、解決するためにも役にたたない。

また宗教問題が自然とふたたび重要性をもつようになってきている。これも、かつて国家の存在の基礎となっていたイデオロギーが凋落していることをしめしている。とりわけカオスからぬけでることができないレバノンのことをかんがえてみればよい。またイランではかつては体制転覆に軍事蜂起がはたしていた役割を、**宗教蜂起**がはたした。マグレブ諸国全体ではイスラム原理主義が影響力をましているし、またキリスト教が国家的アイデンティティの保証となっているポーランドについては言うまでもない。こうしたことすべては、近代とともに誕生し、いままでうけつがれてきた政治的布置がほとんどいたるところで大々的に解体されつつあることをあきらかにしている。南半球にかんしては、アフリカのみならず、ラテンアメリカでもこれとおなじようなプロセスがすすんでいる。ただし南半球はおなじプロセスでも別の段階に突入している。つまり**外的敵対者という概念**が完全に放棄されている。外部の敵という概念は公的強制力（とりわけ「すべての法治国家」が最終的に依拠する軍事力）を正当化するためには必須なものだったのに、それが放棄されているる。実際、一九四七年に締結された**米州相互援助条約**以来、南アメリカの各国軍はそれぞれの国境をこえて、**超国家的警察力**として行動することが可能になっている。（アルゼンチンはボリビアの唖然とするようなメザ将軍のクーデターを支援しなかっただろうか。グアテマラはホンジュラスの軍隊を支援し、ホンジュラスの軍隊はサンサルバドルの軍隊とともに、「鉄の三角形」地域で、サンサルバドル難民を鎮圧しなかっただろうか。）アンデス山脈亜大陸は新社会風に反応する。つまり関係国のそれぞれが幽閉され、それによって権力は社会的規制緩和を実施することが可能になる。そこでは内戦状態そのものが**強化された国家安全状態**という名のもとに正常な事態とみなされなければならないとされる。あたかも、外部の敵が消滅して以来、戒厳令が例外的事態であることをやめ、合法的措置になってしまったかのように。つまり社会的にみれば戒厳令も、かつての都市の城壁や、国境をおびやかされた国の常時国境防備システムと類似したものにすぎないと言うのだろうか。また瞬間的な意思伝達が可能になったこの時代に、国家の政治は常態となった闇のかげにかくれてしか存在しつづけることが不可能になったとでも言うのだろうか。こうして民衆は自国の軍隊によって攻撃され、情報が歪曲され、ラジオが沈黙し、意思伝達・コミュニケーションが中断される……。**南大西洋条約機構**を創設して、ブラジル・アルゼンチン・ウルグアイを南アフリカとむすびつけようとしたアメリカの要請にブラジルやアルゼンチンが反対の意を表明したが、それはこうした観点から分析すべきだろう。実際、**南アメリカ亜大陸に統合的安全を実現するためには今後は開放や地政学的延長があってはならず、ひたすら超政治的集中をめざさなければならない**。それは「国家の人質」となる土着民衆を隷属化させるためである。ピノチェト将軍は最近「政治的開放を期待してあつまるものは時間を無駄にしている。というのも開放はないからだ」とくりかえし宣言している。かれのこうした宣言にもあらわれている南アメリカ諸国政府の内向的態度、無気力さは権威主義的・全体主義的体制がたどる道をさししめしている。即座に内的崩壊をする危険があるから、かれらは**ひらかれた戦争**に直面できない。だから公的権力は仕方なく内部にむかって展開しているのだ。(72)

(72) フォークランド紛争はこの点を印象的に確認してくれる。**重大な経済的崩壊に直面して、アルゼンチンは一九八二年四月二日、フォークランド諸島を占領する**……。イギリスの意外なほど大規模な反撃を前にして、南アメリカ亜大陸は完全な——しかし逆説にみちた——連帯をしめす。というのも、ニカラグアやキューバがアルゼンチン軍事政権を支持したのである。

またつぎの事実を確認しておくことも意味があるだろう。すなわち東南アジアや中米で、**政府が**

むかしは侵略者にたいして戦っていたのに、いまでは国からにげだそうとする自国民にたいしてすすんで戦いを挑んでいる。ベトナム、ハイチ、キューバの「ボートピープル」、サンサルバドルの「ランドピープル」。民主主義がじょじょに衰退し、すべての反対者が滞在することも出国することも禁じられている。ひとびとの強制失踪という矛盾した論理がでてくるのはこうした状況からである。それは永遠の「戒厳令」を強いられた民衆にたいして圧力をくわえる手段であり、心理的拷問なのである。政治警察が社会の推進役となる。世俗主義的社会であるにもかかわらず異端審問が猛威をふるい、恐怖の行政機関のために仕事を再開する。政治といってもゆすりたかりに似たふるまいにすぎないのだが、それは同時に民衆にたいして全リスク保証をする。神なき救済の信仰。しかしそこには偶像が存在しないわけではない(73)。

(73)「二〇年ほど前から、ソ連ではまったくあたらしい信仰、無神論的な信仰を一からつくりあげて、これまでの宗教と非暴力的な形で対決していこうとする試みがおこなわれている。」B・カルランスキー、《ル・モンド・ディプロマティク》、一九八二年一月三日号。この点にかんして、レオニード・プリウッチのソ連における「新異教主義」にかんする著作が興味ぶかい。

空間的に限定されているが時間的には限定されていない核抑止時代の局地戦は、こうして旧来の犯罪（個人の重罪や軽罪）が法の形成にたいしてもっていたのとおなじような心理的効果をじょじょにおよぼすようになる。つまり、公に宣告された敵対者が消滅し、漠然とした脅威という概念が支配的になる。一般民衆にたいする全般的な不信感がひろまり、そのために世論を抑圧しなければならないという風潮がひろがる。**だから、司法制度ばかりではなく「民法」も再検討しなければならなくなる。**こうしてアルゼンチンの政治犯を普通犯と同一視するという無責任な提案がなされる。(74)ちなみにこれはアイルランドでおこっていることとまったく逆の現象なのだが、「人権議会」が発したこのような提案は実際は行方不明者を再出現させることをねらっているのだから、一見これは高邁にみえる。しかしこの提案は社会の極度な退廃を前にした人道主義的野党勢力の態度のあいまいさをいまさらながらにうきぼりにする。制度的調整がもはや存在せず、社会的行動が完全に規制緩和されている。それを黙認するどころか同意さえあたえている国際社会の無力さは明白だ。

(74) チリ人権委員会の説明によると、軍事政権は「集団的恐怖の感情をつくりあげ、ひとびとを服従させ、人権の行使を自発的に放棄するよう」促そうとしている。

最終的に、国家権力や国際機関はもはや重大な問題を恒久的に解決できないかのようである。民主主義の諸制度は戦略的には中規模の状況をどうにか管理できるだけなのだろうか。そして危機が発生したために、極端な状況になって、それをコントロールすることがまったくできなくなってしまったのだろうか。おそらくこれは一種の衰退の兆候なのではないだろうか。

もうなにも長期間**おなじ状態に**ありつづけることはできない。だから「地政学」は「時政学」にとってかわられ、伝統的社会(団体、連盟)の外延性にとつぜん内包性(=高度集約性)がとってかわるだろう。脱植民地主義はすでにそうした伝統的社会の衰退を暗示していたのだ。

ながくつづいたベトナムの紛争をみればこの停滞の規模の大きさはあきらかである。こうした停滞を前にして、緊張緩和（つまり「戦争（にとって）の危機」）の後に「危機の戦争」がじょじょに姿をあらわしてきた。つまり経済危機、エネルギー危機という戦争、各瞬間に継続される時間戦争が出現したのである。核兵器・通常兵器一式が完璧にそろって以来、いかなる武器も、いかなる軍隊も、国家間紛争を解決する力をもたない。ただ、**政治的不安定さの領域をひらくことができるだけである。それはおわることがない戦争に似ている。ただその戦争がおわらないのはなにかの権力への意志のためではなく、だれもおわらせることができないからである。**つまり一種の連鎖反応である「超政治」的無力さが支配するきわめてながい持続がはじまる。法治国家が崩壊し、純粋状態の国家の黙示録がはじまる。憲法（つまり国家の地理的輪郭とおなじくらい明確な組織法）に各人の権利と義務が明記されるというふるい原理は終焉する。それにかわって時間とエネルギーの「超国家」的管理というあやしげな原理が支配するようになる。それはおそらく歴史の次元においてかつて唯物論がはたしていたのとおなじような役割を持続の次元にかんしてはたしているのだ。

　局地的紛争はもはや「戦争」という名にあたいしない。というのも局地的紛争とは戦争の**退化した形態**にほかならないからだ。あたらしい兵器の破壊力があまりにも絶大なために「全面戦争」でさえ空間的にひろがることができなくなったが、その退化形態である局地紛争なら無際限に時間のなかに展開することができる。こうして偉大なる平和の時代が到来した。しかしそれはひとびとが主張しているように「通常兵器による戦争」が実現する平和ではなく、**非通常的超犯罪**による平和である。つまり（国内的にも外交的にも）あらゆる政治的形態をこえた国家テロによって平和が実現される。国家テロは外国人も自国民も区別なく抑圧する。「現実の戦争」はブロックされ、ただ**戦争的傾向**のみが発展し、統計学的虐殺が日常化する。世界大戦は不可能になる、偶発事故でもおこらないかぎりは。こうして、**実際に戦争をおこすことはできないからひたすら包括的兵站術が準備され、それが本当の世界戦争のかわりになる**。だから武器輸出が膨張し、研究され、発展する。そのために第三世界のみならず、中級国においてさえ経済破壊・崩壊がおこる危険性がはかりしれないほどおおきい[75]。

(75) 東側諸国のみならずイギリスの経済の衰退をかんがえてみれば十分だろう。

相対的平和というのはきわめて政治的な発明物だったが、それを超政治的に反転させた**相対的戦争**の時代がきた。国家権力・植民地主義的権力の**外延性**の時代には大規模侵略や空間を征服するための戦争がおこなわれていたが、そうした時代がおわり、非国家的権力の**内包性**を原理とする知覚しがたい「時間の戦争」の時代がやってきた。非国家的権力は現実的な表象をもたず、増大する犯罪、もはやいかなる権威も罰することができない「人類にたいする犯罪」のくりかえしとしてしかあらわれてこない。だから**脱植民地化**にかんするわれわれの自由主義的幻想をすて、一部の国々(イタリア、フランス……)で進行している**地方分権促進**に有頂天になるのをやめなければならない。われわれはいま、規制緩和が経済やそのほかの分野におよぼす影響をこうむりつつある。それはけっして地方自治の黄金時代の到来ではなく、無数の紛争の時代のはじまりを意味している。世界は地方自治体の自治の時代にではなく、**再発見された封建制**の蒙昧主義へあともどりした。やがてテロについてもアマチュアがプロに席をゆずるだろう。つまり国家元首がどこにでもいる「軍閥の首領」のように軍隊・護衛隊・秘密警察を利用する。(76)これはアメリカがベトナムでおこない、ソ連がアフガニスタンでおこなった**軍事介入**とは似ても似つかぬもので、状況はむしろ「戦う王国」のオリエントのそれに似ている。継続される犯罪・局地的紛争が、超国家的な農民一揆や十字軍のながい夜のはじまりを予告している。ひとびとは普遍的支配を保証する純粋国家の出現を不安におののきながらも待望する、**純粋国家**が最後の帝国の標章にかざられた「軍事＝科学的」メシアとして出現するのを。

(76) ここで分析すべきなのはアフリカそのほかの地域における「国外軍事行動の舞台」での軍事作戦だけではなく、とりわけ国家元首同士の挑発のしあい（たとえばカダフィとレーガン）である。またアルゼンチンによるフォークランド諸島への海賊行為のような国家テロについては当然である。ところでフォークランド紛争の直前、一九八一年一一月、南アフリカがセーシェル諸島を占領するそれとおなじような試みがあったことをわすれないでおこう。

したがっておそらく、すべては〈敵であると同時にパートナーでもある相手国〉を近接学（訳注：動物や人間がとる個体相互の距離の取り方や周囲の空間にたいしてもつ距離関係などをとおして、各文化や種の特質をさぐる研究）的にどのように評価するかにかかってくる。つまり、核兵器にかんしても通常兵器にかんしても、きわめて正確に**リアルタイム**に行動する能力を相手国の包括的兵站術がもっているかどうかである。ソ連の干渉主義や最近アメリカがおこなった二〇万人以上の兵力で構成される「早期作戦部隊」の創設、そしてすこし前からおおくの派遣軍部隊が憲兵隊の役割をはたしていること、こうしたことがらはあたらしい火器・兵器——その技術的特徴は弾薬自体が高度な機能をもつようになったという点である[77]——の出現とむすびついたテロリスト的直接行動主義の復活を告げている。

(77)「クルーザー・ミサイル」、中性子爆弾、最近導入しなおされた化学兵器、大部分の「戦術的」核兵器、さらに駆逐艦シーフィールドを撃沈した「エグゾセ」ミサイルなどである。

こうして核抑止戦略の勝利である恐怖の均衡の後に、緊張戦略がもたらす永続的不均衡の時代がやってきた。しばらくの間は包括的兵站術が大陸間弾道弾よりも優先されるだろう。こうしたことがらすべてが世論のドラマティックな反転をひきおこす。民衆は政府を支持するよう要請され、世界戦争の可能性や核戦争の緊迫度にかんする偽情報で集団的に人心が攪乱される[78]。だからとにかく現状をのりこえたいという欲求が心理的にたかまってくる。しかし実は、原子力エネルギーが発展し、それにともなって発生した深刻なリスクのせいで、われわれはすでにこうした方向へとじょじょにむかっていたのだ。**原子力はすべてを平等化する力をもっているという事実**はわすれられ、廃棄された。むかし、ドルの金本位制が放棄されたように……。

(78) レーガン大統領によるヨーロッパにおける「限定核戦争」の可能性についての宣言はこのようなエスカレーションの例証である。**六〇年代、通常兵器で開始された紛争に核兵器をどの段階で導入すべきかが議論されたが、八〇年代初頭には戦術的核兵器で開始された戦争をどの段階でとどめるべきかが議論されている。**

つまりエネルギー危機は危機のエネルギーを増大させたのである。**規制緩和**が西欧において政府の大方針となった。かつては通貨や税率の変動など、不確実性を基礎とする原理が経済的圧力の手段として利用されてきたが、そうした時代もおわり、**緊張緩和による不安定化**の時代がきた。一種の政治的景気変動のなかで通貨の本位制のみならず「核本位制」も放棄されたと言えるだろう。いまや「恐怖は運動法則の完成である。」(ハンナ・アーレント)ひとびとは実質的にいかなる特定の場所にも位置づけられることがなく、またいっさいのイデオロギー的区別とも無関係である。というのも軍事的無政府状態はかつてのように歴史のながい持続のなかに位置づけられるのではなく、**瞬間的に露出される時間**のなかに位置づけられるからである。速度は政治的に処罰されることがない暴力だからいかなる懲罰をうけることもない。われわれはいま不適切にも「危機」と呼ばれているものがもつ二重の影響力に気がつきはじめている。エネルギー危機の発生によってひとびとは**戦略地政学的近接性**の重要性を再認識し、兵站的支援について研究が刺激され[79]、補給の流れを維持するための支援活動がふたたび活発化するようになる。しかしその一方で、危機のエネルギーは逆に**地政学的近接性**という概念そのものを疑問視させる方向に作用する[80]。実際、われわれはいま**領域的政治の終焉**という重大な出来事の端緒にいる。エルサレムでイスラエル議会のある守衛がかたったように、「イスラエルはちいさすぎて、敵と和解できない。」しかしいまや世界全体があまりにもせますぎて、もはや地政学では**相対的平和**を永続させることはできない。相対的平和というのは地球のひろがりがどれだけか、まだ知られていない大昔につくられたものだったのだ。

(79)　とくにディエゴ・ガルシア島やセーシェル諸島などの重要性がましたインド洋においてはそうだが、アサンション島やマルヴィナス諸島（フォークランド諸島）のある南大西洋や三つの大洋の要となる南極洋でも同様である。一九八二年五月一一日号の《リベラシヨン》紙のポール・ヴィリリオの記事「南極、惑星の城塞の戦略的屋根」を参照

(80)　だから現在、ヤルタ協定がふたたび問題にされ、そしてそれぞれの影響圏にかんする紛争の解決法についての米ソ協議が端緒についたのだ。ここでアメリカが「**中米における危機を回避するためソ連と対話する用意がある**」と述べていることを例としてあげておこう。（ワシントン、一九八二年三月一五日）

したがって、収容所的世界とはもはやドイツやソ連の強制収容所のそれではない。強制収容所というのは政治的領域が漸進的に制限される過程をあらわす「縮小模型」にすぎなかったのだ。**政治的領域が縮小しつつあるために崩壊が一般化する。**崩壊は脱植民地化とともにはじまり、経済・通貨の規制緩和とともに継続され(81)、地方自治の要求とともに拡大し、アメリカで顕著だがいたるところでみられる都市荒廃をもたらした。そしてそれはちかい将来、「超政治」的無政府状態のなかで**相対的戦争という無力症**となるだろう。カンボジアはそうしたアンチ・ユートピアの好例だった。敵意、ちかいもの・したしんだものにたいする極度の嫌悪感、こうしたものは、瞬時に世界のはてに到達することができるという兵站術的能力の間接的帰結にすぎないのだが、そのことの政治的重要性にだれも気づかない。**猶予もなくなり、起伏もなくして、**近接性は無味乾燥なものとなった。そのために共同体は自分のなかにとじこもるようになった。それは**あまりにもちいさくなりすぎて公民的平和を実現できなくなった社会**の無気力症的ひきこもり現象なのだ。

（81）《ル・モンド》紙一九八一年七月二一日のポール・ファブラの記事「《通貨欠落》——世界経済予測にかんするFMIレポート」を参照

「即時性とは詐欺である」と神学者ディートリッヒ・ボンヘッファー（訳注：プロテスタント牧師。反ナチ運動で逮捕・処刑）は書いている。今日、**共通**のものが**共通**ではないものの即時性によってその価値が否定されていることをかんがえれば、こうした即時性の詐欺がどれほどゆがんだ影響をもたらしているか、それをはかることができる。たとえば**市民ラジオ局**の利用者が自分の送受信機のおかげで「とりわけ自分が知らない人間」と話すことができ、「地理的にちかい区域にあるひとびと以外」とコミュニケーションをとることができると説明するとき、それが意味していることは、そこにいないものがそこにいるものに勝利するということである……。最終的に、「AVの圧力」とよばれるものは**近接性という単位の凋落**の表現にほかならない。そして、ひいては、政治的領土も近々衰退することになるだろう。だから、二〇年以上も前から地理的外延性の評判がおち、おもってもみなかった超政治的内包性がはばをきかせるようになったのだ。法治国家が衰退し、さまざまな政治システムの規制緩和が加速され、そしてそのために、いまこの瞬間にも、国際市場が存在するという幻想にもかかわらず、集合的・連邦的原理が転倒されるにいたる。[82] 分裂は恵みぶかい原理とされ、欺瞞的な地方分権、**自由主義的脱植民地化の延長にすぎない地方分権**の象徴となる。だから自由の名のもとに際限なく「別離」がくりかえされる。性、世代、民族、社会グループ、そしてさらには国民というもっとも広汎な共同体単位のあいだで。それで利益をうけるのは役所、というか固有時間の帝国である。工業生産の発展をみれば、それがどんな性質のものか、すでに予想可能である。**時間給労働者**の身分は不安定で、景気変動を理由にした失業のみならず、生理的サイクルも、文化的リズムも無視したハードな、**過度な勤務時間**を強いられている。**連続操業体制**を実現するため日曜休日制さえ廃止しようとしているのである。**超政治的内包性（＝高度集約性）にたいする連続操業体制の関係は、かつての地政学にたいする植民地主義的連邦主義的外延性（＝空間的拡張）と同一である。**

（82）「分裂するために連合する」というのが六〇年代のベルギーの分離主義者の奇妙なスローガンだった。またマリー＝フランス・ガローのフランスを「連邦共和国」（一九八四年六月）にするという案を参照。

したがって産業再編成はこうした狂奔的散逸、つまり、権力の一極集中化が逆に企業の地理的・超国家的分散、経済・社会の極度の無政府状態をひきおこすという現象のまたとない好例である。

こうかんがえてくると、つぎのような事情がよりよく理解できる。すなわち、自由化の手続きがたくみに方向をずらされ、そのために今日、民衆全体が、産業の流刑囚となることを強いられた**出稼ぎ労働者**、工場が操業停止になればすぐさま失職することをあらかじめ定められた**臨時雇いのプロレタリアート**という地位にあまんじることを強いられているばかりか、同時に、そしてますますひんぱんに、自分自身の国において難民、亡命者となる。いまやまったく外部をもたなくなった権力にとって**不在するもののみがただしい**……。だから国内に現前する民衆は、権力にとっての敵、あるいはより正確には内的脅威となる。

実際、この蒙昧主義は旧来の身体と精神の二分法をかなり忠実にくりかえしている。だから「司祭」と「戦士」のあいだに覇権をめぐる壮絶な戦いがはじまりつつあるのである。この戦いでかけられているは**超政治的彼岸**である。というのも、現世における地政学的な欲望や強制は消滅してしまったのだから。今後、禁欲主義は意外な領域にひろがっていくだろう。「先端技術」は空間やながい持続としての時間を消滅させる傾向をもっているから、**小なるものは大である**。[83]そしてこうしたエコロジー的転倒が包括的兵站術（エコ兵站術）の基準となる。だから、たとえば、「政府の介入の量をへらし、質を向上させれば、それは国家の強化につながる[84]」といった類の主張をするものもあらわれる。こうした状況になったのはすべて、遠隔情報科学によって、他のいかなるコントロール・システムとくらべようもないくらい強力な異端追求システムを実現する可能性がひらかれたためである。だから現実的共存や共生が衰退し[85]、「脱政治」的距離化が一般化するというあやしげな現象がおこる。かつての監禁はたんなる「放棄」となり、後見制からの解放という名のもとに大々的な「全面放棄」がおこなわれる。しかしこれは即時性の嘘であり欺瞞である。それによって民衆はやがて「公民権」を喪失し、定員外の存在となり、奴隷となるだろう。もう幻想はすてるべきだ。実際にはたんなる**無気力さ**の絶望的な探求にすぎないものを解放の要求だとか、**自立性**への意志であると誤解するのはやめにしよう。**無気力さ**はすでに地政学的限界をこえ、いまやすべての境界にまで達している。**輸送や伝達の加速化のために〈近接した環境〉がすこしずつ価値を喪失し、その影響が現在、政治的なるものの根本的性質にまでおよんでいる。**法、各人の権利と義務、こうしたものを粘土板の上にだけではなく、都市やその地籍の明確な布置のなかに書きこむという発明が社会の起源になされたのだが、こうした発明は諸国家の歴史のなかに、そして諸国民の記憶のなかにきわめてふかく刻印されている。だから、それがじょじょに消滅しつつあること、時間を整備し、ほかのすべての表象を排除するような緊急性の時政学がいまにも出現しようとしていることにだれも気がつかない。

(83) ミース・ファン・デル・ローエ
(84) モロワ政府内務・地方分権担当大臣ガストン・ドフェール
(85) そのために**国土整備**が危機におちいり、産業時代にうまれた大都市人口密集地域の未来が不確実なものになる。アメリカやソ連の**都市防衛計画**はその兆候である。この対核兵器防衛措置の本当の目的は都市からの退去というかんがえに住民をすこしずつなれさせるためであるかのようである。住民の都市からの退去は眼前にせまった「脱工業社会的」再編成のために必要になる。

ここで「民主カンボジア」が政治的領域性の終焉を分析するために役だつだろう。アウシュヴィッツから三〇年以上もたって、それは**自殺国家**の実物大実験模型となっている。三年たらずのあいだに国民の半数ちかくを虐殺してのけたのである。それも国際社会からいかなる制裁をうけることもなしに。カンボジア共産党指導者の一部はいまだに西欧諸国の同意をえて国連で演説をおこなっているのである……。

カンボジアの実験では社会主義イデオロギーが決定的に重要な役割をはたしているが、このことから、残念なことではあるが、現代のおおくの状況に適用できる一般的な教訓をひきだすことができる。クメール・ルージュが政権を掌握したごく初期からおこったのは、よく言われるようにナチスドイツの絶滅収容所でみられたような強制収容という現象ではなく（これはカンボジアの国土がせまかったことからきた誤解である）、それとはまったく正反対に、すべての人口密集地域にたいして同時におこなわれた**分散化**という現象なのである。**民衆を行進させる**という表現がメタファーではなくなり、全面兵站術的現実となる。というのも大脱出は革命の絶対兵器になったからである。革命において**都市荒廃**が階級の政治をではなく、「階級の復讐」を実現する手段となった。[86]それによってよい麦と毒麦が、つまり農村のふるい民衆と都市のあたらしい民衆とがよりわけられる。したがってカンボジアの「解放」は都市－農村の対立の終焉であり、もっともラジカルな**脱中央集権化**なのである。政治的首都からひとびとが退去させられ、首都が移転することで、**革命は有効な宗教となり、国は煉獄となる。**都市近辺は反動的とみなされ、この煉獄において、消費・金銭・風俗によって堕落した都市近辺の民衆にたいしてきわめて迅速に裁判がおこなわれる。

(86) ピン・ヤタイ『殺人のユートピア、カンボジアにおけるジェノサイド生存者の物語』ロベール・ラフォン、一九八〇年

クメール・ルージュたちはこう説明する。「革命と宗教のちがいをみよ。仏教において罪人は罪をおかしたずっと後で裁判をうける。罰は罪をおかしたずっと後、いわゆる来世にまで延期される。これは永遠につづく執行猶予のようなものである。これはひとびとに別の罪をおかすように奨励しているようなものだ。かれらはいつ罰せられるのか、けっしてわからない。**それにたいして革命はこのような待機期間を廃し、重大な罪をおかした人間を即座に罰する。かれらはまつことがな**

い。これは本当の正義である。革命は宗教よりもずっと迅速に君たちを純化する。[87]**」**

（87）『クメール・ルージュの殺人のユートピア』、これは前掲書とおなじ筆者が《カンゼーヌ・リテレール》誌の一九八一年八月一日発行の特集号《理想の都市》で発表した記事

拘禁をしないということがこの公理から派生する原理である。だから、規制緩和はやがて都市の形態にまでおよぶであろう。つまり嫌悪される過去からひきついだ領土的下部構造のみならず制度的制約の全体までが規制緩和される。だから牢獄と同時に戸籍や出生証明書までもが消滅する……。

クメール軍事社会主義のユートピアはしたがってまずなにより最後の審判の時期をはやめることを決断した終末論的権力の空間否定《アトピア》なのである。

したがって「戦士」にとって瞬間性とは「司祭」にとっての永遠性とおなじようなものだ。もはや猶予もなく、起伏もない。「一般大衆」を完全に平等にするためには孤立した村落での各人の絶対的**自立的生存**という無力症が必要となる。いかなる移動もゆるされず、いかなる自由時間も許容されず、共同体の仕事の大部分は巨大な灌漑工事にあてられる。こうしてコミュニケーションが追放され、旅行が禁止された密閉された国で、**解放運動による独裁が凝結状態をもたらす**。この病的凝結状態は精神と活動をむしばむ。それは**階級なき社会**を実現するが、しかし同時にこの社会には延長も厚みもなく、すべてが即時的である。だからこそ土地にかんするいかなる境界も、いかなる階級的社会的差異も実際上不必要になる。税金さえ消滅してしまう。

カンボジアは国土がせまく、人口もすくなかったので、国の「縮小化」が簡単に実現してしまった。つまり現実の国土がその表象、**厚みを欠いた表象にすぎなくなり、各農業キャンプが民主カンボジアと一体となってしまった。**農業キャンプにはカンボジア共産党がかならず存在するので、「ステレオ政治的」な監禁が実現される。粛清は民衆の必然的な抵抗の産物だったが、民衆はそれに終止符をうつことができなくなり、やがて自分たち自身がその第一の対象となる。だから民衆にとって**自己懲罰**は緊急かつ絶対におこなわねばならぬ義務となる。クメールの農民は、**民衆の闘争が持続すべく組織されるときにはいつもみられる傾向**を極端にまで、つまり不条理なまでにおしすすめただけなのだ。不正な秩序に反対する「運動家」が「軍事」カーストを再構築する。かれらの反対運動はやがてじょじょに政治的性格をうしない、軍事システム、さらには軍国主義的システムになってしまう。現在、アイルランドのIRAやスペインのバスク分離運動ETAでみられること**が世界のいたるところでおこっている。**それは間接的には核抑止戦略のもたらした対立があまりにもながくつづいたことに原因がある。抑止力をもつ兵器を生産したり入手したりすることができないから、政治的武装抵抗運動は絶対に戦いを継続しなければならない。**かれらのひとりひとりにとって、最初のイデオロギー的動機がなんであれ、戦争ゲームを無限に延長すれば、それが勝利であると混同されるようになる。**つまり永久戦争、これが「武装革命」の別名なのだ。それはまた悪循環でもある。戦争の当事者はその究極の「職業」の雇用を確保するために、武器、そして長年の仲間同士との戦いをつうじて獲得してきた権力をなにがなんでも保持しつづけようとする。[88]ピエール・クラストルはかれが分析した社会において種族間戦争が永続的性格をもつことをあきらかにしたが、「革命家＝軍人」のたえざるゲリラ戦はこの種族間闘争の永続的性格を忠実に反復している。[89]

（88）この指摘がただしいことを確認するためには今日のレバノンの運命をかんがえてみるだけでよい。かれら自身の表現をもちいれば、レバノン人は内戦から脱出することができない。

（89）著者の事故死直前に出版されたふたつのテクストを参照。「暴力の考古学」と「国家にたいする戦争」、《リーブル》誌、一九七七年

外延的「大戦争」は歴史的に言えば政治的統一国家を建設する機能をはたした。それとは反対に、ゲリラの内包的「小戦争」は国家、つまり持続的な政治的平和の構築と対立する。平和は外延的戦争の副産物である。地政学はそれを考慮し、それぞれの影響圏を画定する。つまりまず周辺より中心が優先するという原理にもとづいて、都市＝国家を戦略的作戦が展開される舞台（要塞化された地域）として整備し、つぎに国境を確定して国土を整備する。都市は地方を支配し、首都はそれ自身、政治的に多元決定された極となる。

したがって現在、戦争の外延性が終焉したために、地域の隷属状態が強化される条件がふたたび構築されたことになる。**解放戦争はもはや戦争の解放でしかない。**これは政治的非暴力の支持者の主張のただしさを裏づけるものだ。

正規軍の戦闘において大部隊・「統合軍」は参謀本部に従属し、参謀本部が戦略を策定する。こうしたかんがえ方とは対極的に、遊撃戦は「戦術」優先への回帰であり、数的に限定された「末端グループ」に自律性をあたえ、作戦行動の指揮権を**軍事的自衛網**に分与する。つまり無数の派遣代

表委員が小「戦闘隊長」として、自律的に行動する。これはあらたな封建制度である。現在の分離主義者・分割主義者の要求はあきらかにその到来の前兆とかんがえることができる。それに、最近のテロリズムの蔓延もいま述べたような戦術的自律性の回復という事実によって説明ができる。つまり「末端活動家」が**地域的な慣性**を有するようになり、民主的なコントロールがきかなくなる。その一方で、恐怖の均衡もいまや抑止戦略の**包括的慣性**を特徴とするようになり、さまざまな政府の政治的コントロールからますますはずれるようになる。(90) 中距離ミサイルや自動制御巡航ミサイル、そしてとりわけ防衛態勢再建を可能にするというふれこみの「放射線強化兵器」など、「戦域」的**戦術核兵器**が恒常的に発展させられ、**限定核戦争**が実行可能になった。つまりこれらの新兵器は国内的テロリズムの兵站術的補完物なのである。こうして国民国家はやがて二重の攻撃の的となり、二重の争点の人質となる、一方では**解放のイデオロギー**の名において、もう一方では超越的**自由世界防衛**のための抑止力の必要性というもっともらしい主張の名において。かくして国家のイデオロギー的選択は「主要国家」、つまり軍事的にあまりにも強大になりすぎた東西両超大国の恫喝に屈する。

(90) これまで「テロリズム」の拡大は少数の過激派の行為にすぎないとみなされてきたかも知れないが、じつはそれはテロの極端なエスカレーション現象の反映にすぎない。これは軍人と政治家の力関係・権力関係にまで影響をあたえるようになっている。

こうして核兵器・通常兵器にかんする地理戦略のすべての次元にまで、そして伝統的外交手段か

ら個人の行為や「国家テロ」にいたる地政学的手段のあらゆる段階にまで、じょじょに抑止力が拡大する。(91)

(91) テヘランの大使館人質事件やイランでのアメリカの失敗におわった介入。(この点にかんしてはP・ヴィリリオ「タバス、事故の戦略」、《リベラシヨン》紙一九八〇年五月七日、参考）しかしまた、アルゼンチン独裁政権のフォークランド諸島への海賊行為も想起すること。この事件は「パンと平和と仕事」をスローガンにしたブエノスアイレスでの民衆デモの三日後におこった……。そもそもさまざまな**国家テロ**の正確なリストを作成しようとすると大変な仕事になるだろう。実際、一二年ほどまえから不安になるくらい**戦争なき戦争行為が増加**している。破壊行為や誘拐事件、人質事件など。これらは最初は中近東に限定されていたが、今日ヨーロッパや世界全体にひろがっている。

一九八一年夏、アメリカの大陸間弾道ミサイル戦略司令部参謀本部長ベニー・デイヴィス将軍が公に宣言したように、「われわれはますます現場の責任者に権限を委譲するようになっている。」このように現場の指揮官(92)やさらにはパイロット(93)にまで自由裁量権があたえられるようになったわけだが、これは**機会があれば外国への干渉も可能であるというかんがえが力をもつようになり、偶発的ないしは予防的戦争行為という概念が一般的になったということをもう一度われわれにおしえてくれる。**（国内的・国際的）緊張の時代があまりにもながくつづいたために《戦術》的行動主義が復活し、**相対的戦争**が慢性化し、「テストとしての事故」であるテロという戦略以外の戦略があまりにも不確実なものになった。最近の数おおくの事件は戦略としてのテロの時代が到来したことをしめしているのである。

(92) スウェーデンのカルルスクローナで核機雷を搭載したソ連潜水艦ウィスキー一三七が座礁した事件があったが、これについてガロワ将軍はつぎのような覚めた感想をもらしている。「この事件は核兵器をコントロールすることは不可能であることを完璧に実証している。」

(93) アメリカ航空母艦ニミッツの《ブラック・エース》航空隊が空中戦をおこないシルト湾でリビアの飛行機を撃墜したが、**レーガン大統領は状況についてなにも報告をうけなかった。**

「核抑止」とは戦争を実行することではなく、戦争を準備することにその本質がある戦略である。少々手おくれではあるが、抑止戦略の拡大という現象を十分に考察するためにはまずこのことを理解しなければならない。**抑止とは兵站術的準備だが、しかし実際にはこの準備はあらゆる限界**（経済的・政治的）**をこえていつまでも継続される。**これによって産業社会全体が**ゼロ成長**、非発展にむかって運命的にひきずられていく。つまりローマクラブのエコロジー的主張がとつぜん軍隊の「エコ兵站術的」要請、核抑止を全面化するという絶対的必要性の主張によって強化される。

すでに六〇年代初め、**大量報復**というドクトリンが放棄され、**段階的反撃**（フレキシブルな対応）という原則が採用されたが、これは科学的・産業的「戦争機械」の勢力伸長の合図だった。武器の破壊性能自体は恒常的に制限されていったが、科学的・産業的戦争機械は軍事経済的戦争ゲームをおこなうことで敵対者であると同時にパートナーでもある敵国を抑止できると主張していた。しかし、兵站術のスペシャリストであったアイゼンハワー将軍自身、大統領を退任するにあたって軍事経済的戦争ゲームの計画を批判していたのであった(94)。

(94) 「われわれはこうした同盟がわれわれの自由と民主主義的方法を危険にさらすことをゆるしてはならない。

市民が状況を熟知し、警戒心をいだきつづけてはじめて、巨大な防衛産業の軍産複合体とわれわれの平和的目的の調和ある共存を実現することができる。そうしてはじめて安全と自由とが繁栄することができるのだ。」

一九六一年一月一七日、アメリカ合衆国大統領アイゼンハワー将軍の演説

こうした観点からすると、現在おこなわれている世論操作はとりわけ、あらたな飛躍へむけて世論の賛同をえる試みとかんがえることができよう。つまりあらたな「軍産複合体の革命」、核の第三時代の到来の予告なのである。[95] 景気後退、世界的経済危機のさなかであるにもかかわらず……。

(95) Ｃ・デルマスの著作『核の第三時代』（ＰＵＦ、一九七四年）参照。第三時代、つまりこの兵器システムの老年時代は、わたしのかんがえるところでは、**放射能強化兵器**がその特徴となるにちがいない。つまり中性子爆弾や粒子砲、レーザー砲そのほかの**運命の日の装置**である。この点にかんして、ペンタゴンはやがて瞬間的核攻撃（レイガン計画）が可能になると宣言した。

こうかんがえてみると、核先制攻撃にかんする最近の論争がよりよく理解できる。マクナマラ、ジョージ・バンディ、ケナンそしてスミス（ＳＡＬＴ１協定交渉担当）は声明をだして、レーガン大統領にできるだけ早く**核先制攻撃ドクトリン**を放棄するよう勧告している。その理由はこうだ。「西側諸国は現在まで核兵器を先制使用しないと約束することを拒否してきた。これは**国民の生命に容認しがたい危険**をおよぼす可能性がある。」またこの点について方針を変更することが今日「ＮＡＴＯの一体性と実効性を維持する最良の方法である。」

現在、戦略核運搬手段が何百という規模ではなく、何千という規模であるのはマクナマラ氏やバンディ氏のせいであり、弾頭の複数化や命中精度の向上で核運搬手段の質的エスカレーションをおこなったのはニクソン氏やスミス氏である。だから実際には**戦争挑発者**であるかれらがおこなおうとしているのは、**平和を推進することではなく政治的にふるまうふりをすることである**。それがもたらす道徳面、選挙面そのほかの利益もそこ

にはふくまれている。しかし今日、冷戦の各パートナー＝敵対者は、核弾頭輸送速度があまりにも速いために、**質的エスカレーション**（つまり先制奇襲攻撃（レイガン計画））**を断念するか**、それとも**政治的な決定力を完全に放棄するか**、どちらかを選択することをせまられている。だから「国民の生命に容認しがたい危険」が言及されているのだ……。ここで問題になっているのはソ連ミサイルの脅威でも軍拡競争やそれに対応する民間防衛拡張（レーガン大統領の七カ年計画）がもたらす財政的危機でもない。なにより**超政治的黙示録**が問題になっているのだ。つまり敵対行為の開始にかんして熟慮する猶予時間がまったくなくなり、核攻撃・反撃を最終的に決定すべき国家元首が判断をする余地が完全になくなる。そして**最終判断**（＝**最後の審判**）**機械**の瞬間性だけがすべてを完全に決定する。こうしてかつての「戦争機械」はとつぜん「宣戦布告機械」となる。（この点にかんして、P・ヴィリリオ『速度と政治』（ガリレ社、一九七七年）の最終章を参照）

ヨーロッパ全土が核戦争でガラス化するおそれがあるとつねにくりかえされるが、これはあたらしいヤルタ体制をつくりたいという心理的願望の表現なのではないだろうか……。たしかにそれは少々特殊な「ヤルタ体制」ではある。しかし一九七二年のモスクワにおける**二国間**協定はすでにその前兆となっているし、またヘルシンキでの**多国間協定**もある。ジュネーヴでの米ソ秘密会談やマドリードでのヨーロッパ安全保障会議が実際上無益だったという点についてはあらためてここで論じるまでもない……。今度の「ヤルタ体制」は地政学的影響圏の画定しようとするのではない、東西両陣営のシステムに従属する諸国家の主権を制限しようともくろみるのである……。**そしてとつぜん破壊手段が生産手段よりたかい発展水準をしめすようになる**。これは軍事消費、純粋戦争経済の**ニューディール**である。このニューディール政策は政治的空白の極に達したパートナー＝敵対者のあいだでとりきめられたのだが、その背後には「同盟国」の崩壊、これ以上継続することのできない「衛星国」の破産をひきずっている。「軍拡競争にはゴール地点が存在しない」（ビュイ将軍）のである。

したがって、核抑止は全面戦争を不可能にしたが、軍備を抑止することはけっしてなかったという事実に注目しよう。というのも核抑止は逆に戦争技術の級数的発展に寄与したからである。戦略兵器制限協定が締結されて一〇年たらずのあいだに**核弾頭はミニチュア化されて多弾頭となり、それと相関的に、核兵器運搬手段誘導装置も改善され、きわめて精度がたかいものとなった**。こうしたことがらが破局的な影響をもたらすことはいうまでもない。「第一撃」の実際的な有効性がたかまり、その結果、戦略的抑止という概念そのものの信頼性がうしなわれる……。

デマにあざむかれた一部の著述家[96]たちが断言するところとは逆に、大事なのはもはや量的戦略の問題ではない。ずっとむかしから**質的戦略**[97]の問題だったのだ。質的戦略の問題がたえず核抑止という原理を不安定化し、戦争経済を到来させる。そうした戦争経済は絶対的経済戦争の局限化に参加した中級国家には耐えがたいものである。そこには**友**も**敵**も存在せず、ただ**脅威**だけが存在する。まず最初に、**社会の主権の現実的敵となる武装の脅威が**。しかし武器が脅威になるのは、武器が仮想敵としている相手の社会にとってではなく、逆説的だが、無分別にも**自衛のために**そうした武器を製造したり生産に貢献している社会にとってなのだ。

(96) とりわけC・カストリアディス『戦争を前にして、現実』ファイヤール、一九八一年

(97) 核ミサイル搭載原子力潜水艦製造のためにかかる日数の問題はこの点で啓示的である。「フランス最初の核

ミサイル搭載原子力潜水艦《ルドゥタブル》と《テリブル》の完成期日をわかつのは一三ヶ月、《テリブル》と《フドロワイヤン》は一七ヶ月、《フドロワイヤン》と《アンドンタブル》は三一ヶ月、《アンドンタブル》と《トナン》は四二ヶ月、《トナン》と《アンフレクシブル》はほぼ六〇ヶ月（五年）、《アンフレクシブル》と新型潜水艦はほぼ九年の間隔になるだろう。《アンフレクシブル》自体も一九八五年にしか就航準備が整わない。」（《ル・モンド》紙一九八一年一二月六日号のジャック・イスナールの記事「核兵器による防衛」）

旧来の国防思想は政治的にひじょうにわかりやすかったのだが、それとは逆に**脅威**という概念が現代の国防思想の戦略的あいまいさの原因になっている。この概念のためにひとびとは包括的兵站術——つまり**軍事＝経済の計画化をおしすすめながら戦争を永続させる戦略**——の《超政治的》次元を理解しそこねてしまった。そうした**軍事＝経済の計画化のために、破壊兵器の研究開発に参加した国家の発展は遅かれ早かれ阻害されてしまうだろう**。そうした破壊兵器は**潜在的敵にたいして抑止的効果があると主張されているのだが**、そうではなく、まずなによりも、防衛すると称する当の社会の成長と進歩を抑止するのである。

一九四五年のヤルタ会談で「同盟国」のあいだにむすばれた協定は、東西両陣営の地政学的均衡を保証するというご立派な口実のもとにさまざまな国全体を従属させてしまった。それとおなじように、一九七二年のモスクワ協定は米ソの戦略的軍事力の均衡が必要であるという原則から出発しながら、かえって「技術兵站術的」危険をいっそう増大させてしまった。**抑止手段の脅威が増大し、その結果、武器がいっそう高性能化し、純粋戦争の能力が増大する**。国々の政治的自立性にたいして戦争がしかけられている。というのもこれ以上自国の資源を軍事＝産業のエスカレーションに投入することができなくなったために国家として完全に破綻しつつあるからである。軍事＝産業のエスカレーションはそれ自体が関係国の経済的・政治的いきのこりにとって重大な危機なのである。ヨーロッパの国々はいまや自分たちがのぞんでいる以上に、ずっとそれ以上に、第三世界の国々とちかいところにいる。

SALT条約や将来のSTART協定を準備するためのジュネーヴ二国間交渉は包括的軍縮の曙であるというよりは、実際には**破壊方式の第三革命を告げるものである**。

一八七〇年の最初の軍事＝産業革命は海軍力と鉄道システムの発展によって間接的に植民地主義的帝国主義の発展を可能にした。しかしその帝国主義的ヨーロッパ大陸も第一次世界大戦直後、戦争経済の影響で経済的に急速に崩壊した。それにたいして第二次世界大戦後の第二次**軍事＝産業・科学革命**は脱植民地化のみならず、全面的平和共存のために両陣営が影響力をもった部門にかんして、ヨーロッパ諸国の経済的文化的従属をもたらした。それは原子爆弾と成層圏ミサイルというテロリスト的発明のおかげである。

こうした傾向からかんがえてみれば、第三次革命は破壊手段がさまざまな生産手段にたいして完全に決定的に優越性をもつ時代を到来させるだろう。それは世界全体にたいする純粋戦争の宣戦布告である。敵はイデオロギー的に消滅するが、そのかわりに政治的にはかりがたいほどのおおきな破壊力をもった脅威が出現する。

すべての段階で抑止するということは、生産力の（経済的・社会的）停滞という終末論的・「脱産業社会的」展望のなかで純粋戦争体制を生産活動の全体にひろげるということを意味する。それは政治思想の病原菌が生産活動に感染したということなのだが、しかし同時に、そしてそれ以上に、決定的に否定性に加担した科学的ディスクールの悪影響ということでもある。知的資源を軍事的にコントロールすることがすでにおこなわれているが、それは科学がおちいった極度の退廃性を暴露している。(98)

(98) 軍事的研究の究極的目的とはこうだ。「科学的情報のすべてを中央であつめ、全方向的な監視を確実におこなうこと。ちょうど兵器システムが地平線を走査するレーダーで制御されているように。」J＝E・デュボワ(軍事研究所長)。G・ムナエム『科学と軍人』(スイユ、一九七六年)に引用

実際、こうした闘技的状況のために、影響圏にたいする政治的影響力喪失を懸念している「超大国」のあいだで**最後のヤルタ会談**が、短期的視点からでも、どうしても必要となるだろう。この「ヤルタ会談」はむかしのように、「将来敵となる味方同士」のあいだで交渉されるのではなく、「将来味方となる敵同士」のあいだで交渉されることになるだろう。**科学**という本質的になぞめいた内部の敵――知の現実ばなれした湧出――の予想不可能な危険を前にして、現在の敵が将来において味方同士となる。実際、「破壊手段」を文字どおり再編成して、抑止力を軍備のあらゆる段階に一般化したとしても、**新兵器の発明が抑止されることはけっしてなく**、だれにでもいつでもどこでても(これは兵站術的テロリズムの論理であり、これ自体も絶対化される)使用可能な決定的手段が偶然発見されることを抑止できない。だから、この未来のヤルタ交渉の課題は、最後の「公然たる敵」を前にして、**ておくれにならないうちに知識をコントロールするための責任分担を協議・**

了解しあうことになろう。最後の「公然たる敵」とは、軍事的知性に占領されつつある科学的生産のなかで作動している戦争機械のことである。そこでおこなわれるのは、軍備の展開廃止という**ゼロ・オプション**ではなく、知の展開の**零度**を強制するための絶望的試みとなるだろう。現在、「民間の科学者共同体」が決定的な危機をむかえ、「おいこまれている」。大学での研究が破綻しているのはすでにその兆候だ。政治的知性が衰退している明白な印があらわれ、「福祉国家」が凋落し、だれもが福祉国家を断罪する。その一方で「運命国家」が到来し、知識の進歩のみならず、民生用消費、社会福祉を削減して、異常なまでに軍事消費を拡大させる。

　現在、第三世界への、さらには東欧諸国への**技術移転**がはらむリスクにかんして論争がおこなわれている。アメリカの国防長官カスパー・ワインバーガー[99]も参加しているこの論争は、はっきりとひとつの傾向の存在をさししめしている。すなわち以前、世界の亀裂は**イデオロギー的**所与にもとづいていたが、それがいまではすこしずつ**テクノロジー**的考察にもとづくようになりつつある。レーモン・アロンが述べていたように、いままでは**技術**のいきすぎのためにイデオロギーが戦争目的の代役をはたしていた[100]。しかしこれからは**科学**のいきすぎのために科学技術兵站術的偶像崇拝（科学の超越性にたいするグノーシス的信仰）がうみだされ、それが経済学のかわりになる。**純粋戦争**のことを核の劫火の賛美者たちは不適切にも「抑止」と呼んでいるが、これはしたがってひとつの信仰の出現、大量虐殺核兵器の兵站術的能力に基礎をおいた**軍事＝科学主義的メシアニズム**の創設にほかならない。唯物論によって道をあやまった政治的知性はもはや核兵器をコントロールできない。唯物論のために政治的知性は死（個人の、そして集団の）を凝視することをじょじょにやめてしまう。しかしこうした死の凝視こそ政治の起源と密接な関係をもつものなのだ。したがって今日、われわれは無力なままに破局的な交雑にたちあう。すなわち、神秘的黙示録と**武器崇拝**の黙示録的神秘化が融合＝混同されてしまう。この武器崇拝はパプア諸島の「貨物船崇拝」とおおくの点で似ている。(101)

(99) 一九八二年二月、ミュンヘンにおいて、戦略問題を専門とする民間機関「戦争学会」での発言。

(100) R・アロン『連鎖戦争』ガリマール

(101) 「貨物船崇拝」は最初は異教的、ついで諸教混交的になった宗教現象である。この現象は一八七一年にまでさかのぼるが、奇妙なことに世界的なおおきな戦争があった時期にみられる。**もともと、これは船にたいする一種の崇拝で、そのためにこのような名前がついたのだが、後に太平洋に空軍基地が設置されると飛行機崇拝にもなった。**「貨物船崇拝」運動にかんして詳細はP・ローレンスの著作『貨物船崇拝』（ファイヤール、一九七四年）参照

個人の参加・徴募はもはや国防のためにどこかの部隊に入隊するという形でなされるのではなく、集団で改宗して**核信仰**を強制されるという形でおこなわれる。つまり絶対的兵器の力による救済の希望をもつことを強いられるのだ。(102) だから兵器の破壊性能をたえず増強することが公共のかまどの役割をはたすことになる。つまりそれは超政治的ポリスの**政治権力**《クラトス》なのだ。（訳注：「公共のかまど」、「政治権力《クラトス》」については本書二五八ページの訳注を参照）超政治的ポリスには領土も身体性もない。それは法体制の彼方に、「信仰にもとづく行為」のなかでつくられる。それは異端者火刑《オトダフェ》（訳注：autodafé はスペイン語（あるいはポルトガル語）からきており、本来的には「信仰にもとづく行為」を意味する）

であり、すべての政治的論証を禁じ、パニック的な迷信の体制をうみだす。そうした迷信は**身体のとりあえずの延命**をねがうものであり、かつてのように**魂の死後の永世への確信**にもとづいたものではない。

(102) 一九八一年夏、シアトル大司教ハントホーゼンはこう宣言した。「**現在の危機はたんに政治ばかりではなく、それよりももっとふかいところにまで影響をおよぼしている。**わたしは核の状況にかんしてたくさんの見識ある政治的分析を聞いた。しかしそうした分析に共通しているのは絶望である。人間は何万年にもわたって暴力行為をつみかさねてきたが、核武装軍拡競争はそうした暴力の能力すべてを一瞬のうちにつくりあげることができ、最終的にはほとんど無限の力を実現できる。**しかし政治自体は悪をその核心的な部分で打破する力をもっていない。**そのためには別の次元が必要なのだ。」トライデント計画とともに先制攻撃ドクトリンという悲劇的迷妄を批判しながら、大司教はこう結論する。「われわれは核という偶像を崇拝することをやめなければならない。今日、崇拝は税金のようなものなのだが。」

何ヶ月か後、一九八二年春、アメリカの諸教会の憤激にもかかわらず、ペンタゴンは最新原子力潜水艦を《コルプス・クリスティ(キリストの体)》と命名することを決定した。

たんなる生存を目的とし、停滞を容認する体制へのこのような「エコロジー的」回帰がもたらすもの、この宗教国家のパロディーにおいて演じられているもの、それは進歩主義的展望の彼方への跳躍である。いかなる「地上の天国」(経済的社会的成功)を希望することも不可能になり、市民権を剥奪され余剰人員となった民衆にとって**普遍的煉獄**の暗黒が到来する。執行猶予、永遠のサスペンス、そして日常性の解体。近年、発生する過激な事件の数々はこうした状況のスキャンダラスな性格を暴露している。ひとびとは魂をじょじょに否定するようになったが、それとおなじように肉体を否定する社会というのは想像が困難である。しかしわれわれがむかっているのはまさしくそのような社会なのである。

解題

本書の原題は *L'Horizon négatif : essai de dromoscopie* で、ガリレ社から一九八四年に出版された。一九八四年というのはヴィリリオにとってとりわけ多産な年で、本書の他に、都市空間の問題に焦点をしぼった空間論の重要な著作 *L'Espace critique*、そして映像技術と軍事技術の関係を論じた *Logistique de la perception*（邦訳『戦争と映画』）が出版されている。一九七七年に公刊された主著 *Vitesse et Politique*（邦訳『速度と政治』）でヴィリリオは権力としての速度のありかたを考察することからはじめたわけだが、一九八四年は、速度を分析軸にするというユニークな発想が都市論、映像論、メディア論、戦争論、現代政治・社会分析などさまざまな方面に全方位的に展開され、その理論的射程の大きさと可能性を実証した、ヴィリリオの著作活動の歴史のなかでも重要な年であると言えよう。

日本ではちょうどこの一九八四年に雑誌『ＧＳ』が特集号「戦争機械」をくみ、これがヴィリリオの本格的紹介の最初の機会となったようだが、翻訳の第一のピークは一九八七年から一九八九年で、この間、先に言及したヴィリリオの代表作と言える『戦争と映画』や『速度と政治』など三点の著作が翻訳された。しかしその後、しばらく空白期間があったが、一九九八年、速度の専制の極点をリアルタイムのテクノロジーに見、サイバースペース批判をおこなった対談形式の著書『電脳世界』が本間邦雄によって翻訳されて以来、ヴィリリオへの関心が俄然、再燃したように思われる。以来、サイバネティックスをもちいた情報管理が兵器として利用される危険性を警告した『情報化爆弾』やコソボ戦争を論じた『幻滅への戦略』などヴィリリオの新作が原著の刊行から時をおかず翻訳されるとともに、最近ではさらに『情報エネルギー化社会』や『瞬間の君臨』など原著刊行からすこし時間がたった旧作の翻訳紹介も進行しつつある。また先に言及した『戦争と映画』や『速度と政治』など絶版で入手不可能だった翻訳も「平凡社ライブラリー」として入手しやすい形で再刊されている。二〇〇二年一月の雑誌『現代思想』における「ヴィリリオ——戦争の変容と政治」特集号も記憶にあたらしいところである。ヴィリリオにたいするこうした関心のたかまりは、ひとつには速度による世界の縮小・老化・貧弱化というかれの基本的テーマが情報科学技術の発達で現実味のある危機として実感されるようになったということがあるだろうし、また戦争が空間のなかにではなく時間のなかに展開される、つまり地政学的戦争から時政学的戦争への転換というヴィリリオの指摘が冷戦以降の政治状況と奇妙に符合していると感じられるためであろう。実際、「全面的平和」にかんするヴィリリオの考察は九・一一同時多発テロ事件以来、安全とひきかえにと称して市民の全面的監視を推進する傾向をあらかじめ予告していたのではないだろうか。

近年、ヴィリリオは著作にかんしてとみに時評家的なスタンスを強めているという印象がある。一九九八年に出版された *La Bombe informatique*（邦訳『情報化爆弾』）では、コンピュータ支援による安楽死や、クローン羊ドリー、サイバーセクトの集団自殺、私的空間をインターネットで公開する女性、グローバリゼーション、ヴァーチャル・リアリティーなど、まさに進行中のホットな話題、現代社会のアクチュアルな問題がなまなましくとりあげられている。また一九九九年の *Stratégie de la déception*（邦訳名『幻滅への戦略』）はコソボ戦争を同時進行的に分析したものであるし、さらに、さかのぼって一九九一年の *L'Écran du désert : Chroniques de guerre*（『砂漠のスクリーン――戦争のクロニクル』）も「これはひとりの注意深いテレビ視聴者によって書かれた本である」という冒頭の文章が示すとおり、一九九〇～一九九一年の湾岸戦争を、というかより正確に言えばメディアによるこの戦争の表象を、時評的に解説したきわめて時事的な著述であった。こうした著述スタイルはもちろん、ヴィリリオがフランス国内・国外のジャーナリズムから折々の重大事件にかんして意見をもとめられ、論説・記事・コメントを慫慂される思想家であるという事情がそこに反映しているにちがいない。しかしそれはまた同時にヴィリリオが意識的に選択したエクリチュールの戦略の結果でもあるにちがいない。実際、上野俊哉が『現代思想』の論文で指摘しているように、ヴィリリオの「テクストは徹底して特定の文脈と状況のなかで書かれ、その悲観的、運命論的なトーンにもかかわらず、現実には一貫して状況介入的な動機と身ぶりを隠してはいない。」（「スペクタクル、キャンプ、ヴェクトル」）

この指摘には二つの要素があり、そのそれぞれがヴィリリオにたいして時になされる批判（ないいしはその忠実な読者が時折もらす不満）にたいする反論となっている。そのひとつはヴィリリオの現在ではかなりの数となったその著作においていつもおなじような議論が展開され、同一のテーマがくりかえされるという不満であり、もうひとつはヴィリリオの現実批判の鋭さと深さを評価しながら、それが状況改善や現実変革へとつながる回路がまったく見えないという批判である。こうした批判はそれ自体としてまったくの見当はずれというわけではない。しかしそれにもかかわらずヴィリリオのテクストには状況の刻印が強く打たれ、状況介入的な志向性を保ちつづけているという点は強調されなければならない。

しかし、もし時評家であることが、日々おこるあたらしい事件にたいして反射神経よく反応することをひたすらめざし、全体的な理論的枠組みの構築はあらかじめ断念し、過去の主張との首尾一貫性に配慮することもなしに、とりあえず眼前にある状況に果敢に対峙して、時代のあたらしい状況に応じてあたらしい思考のパフォーマンスを日々革新して即興するということを意味しているとしたら、それはヴィリリオ的な知の実践とは性格を異にするものであると言わなければならないだろう。ヴィリリオは時代にぴったりと密着して伴走する。それは時代にたいして根源的な疑問をつきつけることをわれわれに促すためにである。しかしその伴走の身ぶりは時代が変化しているにもかかわらず変化しない。いや、たしかに長い波長のうねりのような形でその変化は確認できるのだが、しかしその全体的な理論の枠組みはかわらない。それが時にかれの著作が単調であるという印象をあたえてしまう原因である。

しかしそれをヴィリリオの欠点と考えてはならないだろう。というのもその著作間の一見した単調さはかれの思索のスタイルとおおきな関係があるように思われるからである。ヴィリリオは類似したもののあいだに微細な差異を認め、対照性を際だたせるタイプの思想家ではない。むしろ差異のあるものの間に意外な同一性をみいだすことを好む思索家である。かれは世界を鋭利に切断していくのではなく、要素を結合していく。そしてわれわれがヴィリリオに感じる最大の魅力はこの結合の意外さと、そして同時にその意外な結合の結果が圧倒的な説得力をもっているという事実である。こうした思考方法において時代がもたらすあたらしい要素はあたらしい枠組みを構築するための機会であるというよりも、すでに提示された思考の枠組みの強靭さと柔軟さが試される知的チャレンジの時と感じられるのではないだろうか。

ヴィリリオが歴史を概観し、ある事態の変遷を記述するときでも、そこでわれわれの眼前に提示されるのは常識的に連続体と思われているところに切断面をいれる、いわば切り口のあざやかさというよりは、むしろヴィリリオによってひとつのグループにまとめられる事物の一見した雑多さと、そうした一見雑多な事物が構成要素となって形成される概念の明証性と分析道具としての有効性である。そもそもヴィリリオの中心概念と言える「速度」をめぐって、本書に記述されている議論がその好例と言えよう。ヴィリリオによれば、人間の歴史とは人間が乗り物を発明・発見することによって速度を獲得していった歴史にほかならない。人間はまずみずから歩行したり走行したりする。したがって人間は固有の速度を生来的に保有しているわけだが、ちょうど人間が自分固有の労働力だけでは富を蓄積できず、富が他者（自然もふくめて）の労働力やエネルギーの搾取・利用によってしか形成されないように、個人が自分固有の速度を利用しているだけでは社会のダイナミックな展開はありえない。つまり人間が他者の速度を奪い占有するとき、そのときになって初めて歴史が前方にむかって、加速度的に進行を始める。ところで、人間が簒奪する他者の速度についてヴィリリオが列挙するもののリストはざっと以下のとおりである。まず、女性！ついで乗用動物、荷車、道路！（第一部「乗客の転生」）つぎに生体的乗り物から工学的乗り物に移行して、鉄道、自動車（おなじく第一部「偉大なる乗り物」）、さらに工学的乗り物からＡＶ装置的乗り物にうつり、カメラ！や映写装置（第三部「速度光学」）。そしてこれは後の著作においてヴィリリオが展開することになる議論だが、最後に電子工学が実現した瞬間移動装置（世界中のすべての人間がおなじ時間を共有できるのだから）としてのインターネット。（『電脳世界』）

女性が人間（男性）の最初の「乗り物」というのは少々ショッキングな記述ではあるが、ここでもまたヴィリリオ特有の「異質なものをひとつの概念に結合させる」思考方法が作用している。女性は運搬道具として利用されるから「乗り物」であるだけではなく、人間を出産するから、つまり人間を無からこの世界へと運び込む手段であるという意味でも「乗り物」なのである。後者の意味での「乗り物」は人間存在が成立するための生物学的条件そのものだが、前者の意味での「乗り物」はいわば歴史を始動させるスターターのような機能をはたす。というのも、そうした意味での「乗り物」となることによって、女性は兵器や食糧を運搬する最初の兵站支援手段となり、戦う男たちの戦闘能力をたかめるからである。乗り物とは移動装置であるが、移動装置を利用することによって人はなによりも速度を獲得するのであり、そして速度を獲得することにより戦闘能力をたかめることができるようになるわけだから、速度の獲得とは権力の獲得にほかならない。こうして原初の平等・均一な速度所有から他者の速度の強奪・占有による速度の不均等な分配に移行することによって速度の貴族階級制が発生し、速度を基礎にした権力体制（走行体制）がうまれる。そしてとりあえずこの最初の段階、つまり男性による女性の速度の強奪という段階では、走行体制は父権制社会として自己をあらわすことになる。

女性についで歴史の最初期に人類の乗り物となるのは動物である。この乗用動物の起源を論じた章（第一部の最初の章）は何故「乗客の転生」と名づけられているのか。それは乗用動物がなによりも速度発生装置であり、乗用動物と「カップリング」されることによって、人間は自分固有のものとは異なった種類の速度を身にまとったあらたな種として新生するからである。速度が世界における存在のあり方に決定的に影響をあたえる。つまり速度が生物の種を規定するのだ。だから、あらたな速度発生装置を獲得するごとに人はあらたな種としてうまれかわり、輪廻転生をくりかえすことになるだろう。

乗り物とは人間が自力以外で自分（あるいは荷物）の移動を可能にさせるものだが、それは同時に、そしてなにより速度を発生させる装置でもある。道路が「乗り物」である理由はそれである。自動車が動的乗り物であるとすると、道路は「静的乗り物」であり、速度が発生するのは、この（動的・静的）二つの「乗り物」の間隙、インターフェイスにおいてである。自動車単独では速度は発生しない。極端な凹凸のある土地では自動車は走行することすら困難であろう。平坦な路面が速度の実現を可能にするのである。道路はそうした意味で「速度発生装置」なのであり、したがって「乗り物」なのである。道路が速度発生装置であり、そして速度が権力であるならば、いままで日本のおおくの政治家たちが道路建設に影響力を行使しようとしてきたこと、そして現在になって道路公団の改革が行政改革の中心課題のひとつとなっている理由も理解できるというものではないだろうか。かつてエネルギー源が石炭から石油に転換され、炭坑が閉鎖されたように、道路はいまや速度発生装置の主力の座からひきずり降ろされつつあるのであろうか。

「乗客の転生」につづく章が「偉大なる乗り物」と題されている理由は推測が容易だろう。「偉大なる乗り物」(Le grand véhicule) は本文中の訳注でも記しておいたとおりフランス語で「大乗仏教」をも意味する。偉大なる乗り物とは大乗仏教、つまり「多数のひとびとを乗せる広大な乗り物、すなわち一切衆生の救済をめざす仏教」である。しかしこの「偉大なる乗り物」は一切衆生を、すなわち人類全体を乗せていることは確実だが、それを救済するかどうかは不明である。というのもここで問題になっている偉大なる乗り物とは国家に他ならないのだから。ヴィリリオにとって国家装置とは移動制御装置にほかならない。権力は他者から速度を奪いとり、それを自分の速度とすることにより、自己の運動能力を増大させ、それによって権力を強固なものにするのだが、権力とはたかい運動能力を所有しているだけではなく、他者を強制的に停止させたり、移動させたりするものでもある。移動するのが自分であるか他者であるかは重要ではなく、権力とはともかく移動エネルギー(速度)を支配し、コントロールするもののことである。だからヴィリリオにとって権力のもっとも典型的なイメージは交通規制(交通信号・有料道路料金所・白バイ警官・検問……)である。鉄道網、道路網、電信システム、通信ネットワーク、情報ハイウェイなどさまざまな形での移動エネルギー管制システムの構築と管理が権力にとっての最大関心事になるのはそのためである。

そしてＡＶ装置、これもまた乗り物にほかならない。なぜなら、移動するとは遠くのものを近くにすることであるからだ。カメラはわれわれの肉体を「ここ」に放置しながら、視線だけを「あちら」に連れ去っていく。だからカメラはわれわれの視線を移動させる「乗り物」なのである。

しかし実はこのＡＶ装置と乗り物の同一性は二重の方向ではたらいている。つまりＡＶ装置が乗り物であると同様に、乗り物とはＡＶ装置なのである。というのも速度は光であるから。速度は光である――これは原題に「走行光学」という副題が付された本書の中心テーマのひとつである。速度は風景を静止状態とは異なった風に見せ、さらに静止したままでは見えなかった遠くにあるものをつぎつぎと提示していく。つまり速度とは照明であり、光なのである。そして、この特殊な光も、通常の光がそうであるように、あまりにも過剰になると、われわれの目が過剰露出のために眩惑されてしまい、なにも見えなくなる。過剰な光は闇を発生させるのである。実際、高速の乗り物はわれわれに外の風景を視覚的に味わうことを不可能にするだろう。速度は距離を無化し、空間を消滅させ、闇を発生させる。

ＡＶ装置と乗り物、光学装置と速度発生装置は完全に相互入れ替え可能である。ＡＶ装置は映像を媒体し、われわれのところにまで運んできてくれる乗り物である。そしてそれは乗り物であるから、速度を発生させるものであり、光を発して、見えないものをわれわれの目に見えるようにする。そして乗り物の高速が光の過剰として機能して空間を闇のなかに閉ざし、空間を廃絶するのとおなじように、現代社会における映像の過剰は光の過剰をもたらすが故に、それもまたやがては世界を闇に閉ざしてしまうにちがいない。本書の時点では、ヴィリリオは現在のところ「死角も限界も対蹠点もないような全体的視野をリアルタイムに、永続的に伝達する普遍的モニターとでもいうべきものはまだ存在しない」（本書一七〇ページ）と述べ、映像の光の過剰がつくりだす終末論的な眩い闇の世界はいまだ実現していないとする。しかし状況はいくばくもしないうちに変化するだろう。というのもやがてヴィリリオは情報化社会が究極の乗り物を実現し、極限の速度、光速で情報を移動させ、世界をリアルタイムで結びつけてしまったことに気がつくからである。そうした世界では空間が消滅するだけではない。到達するために時間が必要ではなくなるから、時間それ自体も消滅してしまう。すべてが起伏をうしない、速度が展開する平坦さだけが無限にひろがる。そこではもはやだれも事態をコントロールすることができず、ひたすら同時性が支配する。速度の絶対的専制政治、それが『電脳世界』（一九九六）で描かれる終末論的世界である。

こうしてわれわれはヴィリリオの逆説と才気にみちた文体によって、荷鞍としての女性の腰からインターネットのリアルタイムまで一挙に導かれていくことになる。ヴィリリオのこうした思考方法はメタファー的な思考方法であると言えよう。シュールレアリストたちは一見して異質な二つのイメージをむすびつけ、それが接近したときに放つ閃光のなかにポエジーをみた。それとおなじようにヴィリリオは意外な要素をひとつのカテゴリーに集合させることによって、世界をあたらしい遠近法のなかでみることをわれわれに教えるのである。もしそれが厳密さをこととする思想家にとって侮辱的な形容でないとすれば、ヴィリリオはきわめて詩人的な思想家である。かれは概念の外延を可能な限り延長しようとする。かれの著作の一見そうみえる単調さはこうした思考スタイルの結果であり、その背後にはきわめて挑戦的な思想家としての営為が隠されているのである。こうした思考スタイルと「波長」があわないとき、ヴィリリオを「パラノイア爺」と形容するようないらだちに満ちた反応がみられるのだろう。これは『情報化爆弾』の翻訳にかんするある書評でみられたものだが、表現は少々上品さに欠けるとはいうものの、なるほど言いえて妙という感じもなくはない。ひとつの論理の徹底的な貫徹こそヴィリリオのめざすものであるのだから。

いま、ヴィリリオは世界をあたらしい遠近法のなかでみることをわれわれに教えると述べたが、ちなみに遠近法という概念自体、きわめてヴィリリオ的な概念である。速度は遠くにあるものを一挙に近くにする。だからそれは通常の遠近法を歪めることになるだろう。というか、速度とはそれ自体が独自な遠近法であり、現実を（あるいは少なくとも現実の知覚の仕方を）組織する独自な方法である。停止するものと高速で移動するものとは現実を決しておなじような仕方で知覚することはないだろう。したがって、走行体制とは速度の暴力の所有・コントロールであると同時に、現実を知覚する仕方（遠近法）を強制するシステムでもある。とすればヴィリリオがアナロジーの力を援用して独自なカテゴリー化をおこない、通常の遠近法に揺さぶりをかけようとするのが何故なのか理解できる。知覚の仕方それ自体を問題化しないかぎり、走行体制に対抗することはできないのだ。

そうした意味で本書の緒言「外観をめぐる企て」でおこなわれていることは非常に興味深い。ヴィリリオはそこできわめて根源的な問いかけをおこなうのである。すなわち、「形態と反‐形態（背景）の対立のなかで何故われわれの知覚は形態のほうを優先的に選択してしまうようになったのか」。われわれは事物を知覚するとき、その事物が形成する輪郭を事物という「存在」の境界として知覚するのであって、事物の出現によって限界づけられた「不在」（背景）の境界として知覚することはない。比喩的に言えば、四角い白紙に円を描いたとき、われわれはそれをまず円として知覚するのであって、円状に穴があけられた四角形と認識することはない。要するにそれは地と図ということであるが、地はつねに背景となり図は前景となる。つまり地と図とは遠近法、もっとも原初的な遠近法なのである。何故そうした遠近法がわれわれの知覚のなかに内在化されているのだろう。このような遠近法を捨てさり、図を背景にし、地を前景化する訓練をしていた時代をヴィリリオは追想するが、そうした逆転を維持するには大きな努力が必要で、精神の緊張を失うとすぐに通常の地と図の遠近法にもどってしまったことを告白する。こうしてヴィリリオは地と図の遠近法がいまだ形成されていない太古の時代を想像し、知覚がいまだいかなる秩序によっても整序化されておらず、混沌とした知覚のマッスが密林のように繁茂した原初的風景を描きだす。そうした秩序化されていない知覚の原初的風景のなかに生きていたひとびとはどのようにして、そしてそもそも何故、地と図の遠近法をつくりあげていったのだろうか。それは空間のなかで自己の位置を確定し、人間が世界のなかで方向感覚を持てるようになるためである。形態は安定しているが、反‐形態（背景）は移動するにつれ変形する。だから原始のひとびとはまず、安定した知覚を提供しつづける形態と変転きわまりない反‐形態とに分節化し、そして前者を特権化する。こうした知覚のヒエラルキー化は、知覚の繁茂した密林のなかで危険を回避し、食料を獲得するためにまず第一に必要なことであった。つまり地と図の遠近法は走行体制――人間がまだ自分固有の速度しか利用できず、他者の速度を搾取・利用するにいたらなかった時代の、もっとも原始的な時代の走行体制――がつくりだした最初の知覚のシステムなのである。

この地と図に分節される以前の原始時代の描写は一種の神話として理解すべきものだろう。つまり、フロイトの「原始の流浪民集団における兄弟による父親殺し」の物語やルソーの「原始の自然状態」の物語とおなじく、考古学的に実証される必要のない仮説的説話であり、時間の先頭に位置づけられるというより、論理の先端に位置づけられるアーキタイプ的物語と考えるべきだろう。

このように「外観をめぐる企て」というテクストはヴィリリオによる走行体制の分析の発端に位置づけることができるのだが、さらにもう一つ、この形態と反‐形態の逆転のエピソードはヴィリリオの独創的な論理展開をもっとも典型的な形で示していると言えるだろう。これは実はすでに港千尋が『映画と戦争』の平凡社ライブラリー版につけられた解説「影《ネガ》の思想」で指摘していることであるが、港はそこでつぎのように述べている。

> ヴィリリオはだれもが光を見るところに、影を見るのだ。権力にとっての陽画《ポジ》は、彼にとっての陰画《ネガ》である。ポジとネガを反転させながら、技術の森の中に隠れている多様な「死」を狩り出すこと、それが彼の目指す「ドロモロジー」＝「速度学」なのだろう。

明示されてはいないが、港は明らかに本書のこのテクストを念頭に置いてこの文章を書いているように思われる。光と影、形態と反‐形態。要するに地と図を反転させる発想、それがヴィリリオの多くの発想の根底にある。通常、速度は人間により広大な空間の支配を保証し、速度によって人間は空間的富を獲得する、このように考えられているのではないだろうか。しかしヴィリリオはそこに逆に速度による空間の放棄を見る。空間は一歩一歩踏破されることによってその富をわれわれに開示してくれるのであって、高速で通過された空間は本当の意味で経験されたことにならず、ただ棄却されるだけである。機械は義肢であり、人間の身体能力を豊かに拡張するのではなく、逆に人間を肉体的不能者にする。車に乗る者はみずから移動する能力を喪失し、パソコン通信に熱中する者は肉声で話す機能を放棄したのである。速度はさまざまな場所に同一の人間が遍在することを可能にしたと思われていたのだが、ヴィリリオにとっては逆に速度は人間をすべての場所から不在にする。急速に通過するものはどこにも現前しない。こうしてヴィリリオが描きだす高速交通網の完備した超近代的メガロポリスの姿は荒涼としたゴーストタウンに等しいものとなる。

ヴィリリオは徹底的悲観論者、パラノイア的否定主義者、病的ヒポコンドリアなのだろうか。そうではない。ヴィリリオの著作の中に我々が見るべきなのは形態と反‐形態、地と図を同時に見ることのできる自由な想像力であろう。ヴィリリオは我々の視野を固定した枠から解放してくれる。ヴィリリオの著作を論じてある評者が書いているように、ヴィリリオには良質のＳＦを想起させるものがある。それはすぐれた想像力のみがもちうる思考を真の意味で解放する力、それをヴィリリオが所有しているからであろう。

＊＊＊

ヴィリリオのテクストはしばしば難解であると言われる。そうした評価の原因のひとつにその文体の特質があることは事実だろう。実際、ヴィリリオのテクストの顕著な文体的特徴は言葉遊び、とりわけ同音反復と多義性の利用である。本書の四八ページを例にとってみよう。橋《ポン》から港《ポール》に、港《ポール》から扉《ポルト》に……。まるで同音反復をリレーのバトンにするように論が展開されていき、そして運動制御装置としての都市に話が移行する。実際、都市は運動制御装置、つまり速度を管理するシステムであるからこそ権力が位置する空間だったのである。したがって都市の入市門とは

> 変速機でもあって、そこで、運動の値が入市税として換算される。これは、都市の城壁がキャラバンの騎馬隊の突進を妨害する力《リュプチュール・ド・ラ・シャルジュ》をもっていることを経済的行為として表現しているにほかならない。実際、都市要塞がじょじょに発展したのは騎馬隊の「極限荷重《シャルジュ・ド・リュプチュール》」のためである。つまり、ちょうど埠頭が海の襲撃に対抗して築かれたように、都市要塞は動物の群の襲撃をうけるにつれて、その襲撃の強度におうじて補強され建築されるのである。実際、障害物をたて、かろうじて通行を可能にしているジグザグ通路式入り口は要塞化された港の入り口に似ている。

さまざまな言葉遊びがテクストの意味を重層させる。「突進を妨害する力《リュプチュール・ド・ラ・シャルジュ》」とした部分の原文は rupture de la charge で、これを「突撃《シャルジュ》の中断《リュプチュール》」ととりそのように訳したのだが、この表現は定冠詞がひとつ落ちて rupture de charge となると「のりつぎ」、「積み替え」あるいは「中継点」と

いう意味になる。実際、この箇所のすこし前の箇所でこの表現は「荷物の積み替えのための中継点」という意味で使われており、そのような意味であるという注もヴィリリオ自身によってつけられている。もちろん都市はのりつぎ点である。しかしここでは同時にこの表現は、文字どおり都市城壁が外部からの運動の突進《シャルジュ》をさまたげる障壁となるという意味でももちいられているとかんがえるべきであろう。そして都市城壁のそのような運動速度緩和能力が入市税として表現される。というのも、外部から来る騎馬隊はその運動能力を城壁によって失ってしまうから、市内に入るためには「速度」を入市税で購買しなおさなければならないのである。ついで、ヴィリリオはさらにこの rupture de charge という表現をひっくり返して「騎馬隊の極限荷重《シャルジュ・ド・リュプチュール》」について語る。極限過重とは物質を破断する限界の荷重を意味する。騎馬隊の突進力が極限荷重としてはたらき、都市はそれに対抗するためにそれに応じて城壁の強度を強化するのである。文章のなかに読解のための鍵はすべて隠されている。しかしそれを読み取ることは必ずしも容易ではない。とりわけ翻訳の場合には原文が響かせるかすかな音色を訳語が消し去り、それとは無関係な余分なノイズを発生させるために、解読はいっそう困難になる。お節介な訳注を比較的おおく挿入したのはそのためである。

もうひとつここで取り上げておきたい例は「戒厳令」と「緊急事態」という二つの概念の組である。これは本書でも、またヴィリリオの他の著作でも頻繁に用いられる表現だが、本書では五八ページが初出である。そこでは「国家、それは城塞の**戒厳令**であって、まだ移動手段の**緊急事態**ではなかった」と述べられている。ヴィリリオにおいて「戒厳令」état de siège は「緊急事態」état d'urgence と対になって複合的な意味でもちいられる表現である。戒厳令（état de siège）は直訳すると「攻囲された状態」ともなる。また état という単語は「国家」と「状態」という二重の意味があるので、それを考慮すると「城塞のように攻囲された存在としての国家」ということになる。先ほどの「騎馬隊の極限荷重」を想起していただければよいだろう。城壁とは外部の速度の圧力をつねにこうむりながらそれを調節する装置なのである。が、さらに siège は座席という意味もあるので、これは「城塞のように不動の存在としての国家」、つまり「特定の空間に局在する国家」ということにもなるだろう。この表現はそうした多重な意味を喚起する可能性を示唆しながら「緊急事態」état d'urgence と併置される。これも état という単語の意味の二重性を考慮すれば「緊急国家」、「切迫国家」とも訳すことができるだろう。それは極度の高速のために空間が廃絶されてしまい、空間のなかにではなく時間のなかに、あるいは速度のなかに存在するしかなくなった国家である。極限的な高速を管理する、あるいは管理することを強いられた国家、国民につねに永遠に移動しつづけることを強制する国家、つまりそれは速度の支配する国家、走行体制国家の究極の姿なのである。ちなみに主著『速度と政治』第四部は「緊急事態」という章題をもつことを付言しておこう。

こうした内容をくみとってこの二つの表現はそれぞれ「戒厳令（＝局在的国家）」、「緊急事態（＝切迫国家）」と記すことにした。このふたつの他にも、その複合的な意味を括弧内に付加的に表現したものを拙訳では多くもちいた。「清算（＝流動化）」や「移動（＝動員）」などがそうだが、さらに必要な場合には原語表現を明示するためにルビでそれを示した。鈍重な方法ではあるが、意味の複合性を示す便法とした。

ヴィリリオはみずからの著作を「すばやい本」(『純粋戦争』) と呼ぶが、かれは同音(類字音)の複数の単語や一単語内の意味の複数性を利用し、まるでそれをリレーのバトンのようにつかう。そしてこのバトンは手渡されるごとに走者の速度を増加させるアクセルのような機能をはたしてヴィリリオの思考の疾走を促進するのである。

＊＊＊

最後に書名および訳語について付言したい。

本書の原題は冒頭に書いたように *L'Horizon négatif : essai de dromoscopie* である。本題は直訳すれば「否定的地平線」であるが、これは混濁したイメージしかあたえない表現で、これをそのまま題名にすることはためらわれた。わたしとおなじような感じ方をされる方が多いようで、本書が言及される場合、『ネガティヴ・ホライズン』と英語読みで表記されることが一般的である。フランス語の書名を英語式にそのまま読みかえるというのは訳者としては少々抵抗がなくもなかったが、他に適切な表現も思いつかず、またなにより、すでにこうした形で書名が流布していることを考慮してそれを採用することにした。

ところで「ネガティヴ・ホライズン」とはなにか。本書にはこれを題にした章(第四部)があり、そこでは特殊な自動車による地上での最高速度記録樹立競争について論じられているのだが、「ネガティヴ・ホライズン」が具体的になにを意味するのか、はっきり定義されているわけではない。章題のほかに本文で三カ所、この表現が出現するが(本文では「ネガティヴな地平線」と少々中途半端な訳語をあてた)、そうした箇所もその意味を確定する決定的な手がかりにはならない。ただ、高速記録実験の舞台が直線の公道から周回式の自動車サーキットに移ったことが記述された後、「このように実在する地平線がとつぜん否定されるようになるのだが、これもまた目的地への到着ということがらそのものの否定である。純粋速度の探求は道のりの否定につながる」と書かれた箇所がある。したがって、ちょうど自動車サーキットが(円であるために)自動車走行のための無限の距離を提供しながらそのコース上には本来の地平線がなく、いくら走行してもどこにも到達することがないように、「ネガティヴ・ホライズン」とは走行によって到着すべき場所としての彼方ではなく、ただひたすら速度を実現するための場としての空間を意味しているものと思われる。つまり「否定的地平線」とは「地平線(空間)の否定」を意味しており、速度による空間の廃棄の象徴的イメージと考えてよいだろう。

もう一点はヴィリリオの著作の多くでキーワードとなる単語の訳語についてであるが、「速度を所有するものが権力を所有する」という基本的なテーゼから出発して、ヴィリリオは速度を制御する権力体制(あるいは速度を制御するシステムとして顕現する権力)をドロモクラシー(dromocratie)と呼んでいる。この単語に対しては「速度体制」という訳語をあてるのが通例になっているが、dromo- という語幹はギリシャ語で「走行」を意味し、直接的には「速度」を意味しない。もちろんそうした語源的意味もふまえた上で、あえてこの訳語が採用されたのだと思われる。実際、ヴィリリオの基本的テーゼを考えた場合、「速度体制」とする方が明らかにイメージ喚起力が強いからである。ヴィリリオ自身も dromocratie を「速度による権力体制」という意味で用いていることは明らかである。本書でも、たとえば一〇二ページに「軍事的新秩序は速度の秩序、ドロモクラシーである」と書かれている。

しかし本書ではそれにもかかわらずあえて「走行体制」とすることにした。理由のひとつはフランスのポストモダンの思想家を痛烈に批判し、一時フランスでもおおいに論争の的になったソカル、ブリックモン共著の『知的詐欺』（オディル・ジャコブ、一九九七）にヴィリリオのこの中心概念の語源にかんするフランスでの誤解（つまりdromo-の語源を「速度」とする）が言及されており、またそこで指摘されているとおり、ヴィリリオ自身はこの語源の意味をその著作のなかで正確に指示しているからである。それは『解放の速度』（ガリレ、一九九五）で、そこでヴィリリオはこう述べている。

大気圏や水圏その他の汚染という現象の他に外延の汚染というあまり人が気づくことのない汚染が存在する。私はそれをドロモスフェリックな汚染（走行圏汚染）と名づけようと思う。ドロモとは「走行」という意味である。（原書三五ページ）

ここにみられるとおりヴィリリオはドロモクラシーのみならず、この「ドロモ」という接頭辞の造語力を最大限生かして、実にさまざまな新造語をつくっている。本書だけでもdromocratieの他、dromologie, dromographie, dromosphère, dromogène, dromoscopie, dromoscope, dromovision, dromovisuel, dromos……など多彩な利用をしている。したがって、「速度……」とする方がイメージ喚起力が強く感じられ好ましく思われる場合があるのは事実だが、こうした一連の語のすべてを、ヴィリリオ自身の指摘にもかかわらず、「速度」で置きかえるのはいずれ破綻が生じるようにおもわれた。実際、本間邦雄氏も『電脳世界』でドロモスフェールを「走行圏」と訳しておられる。こうした理由で、最終的に「ドロモ」の訳語は「走行」で統一されるのが好ましいと判断した。したがって本書原題の副題 *essai de dromoscopie* は「走行光学試論」ということになるが、副題にはもう少し本の内容を明示的に示唆する表現がふさわしいと考えた。

本訳書の題名が『ネガティヴ・ホライズン――速度と知覚の変容』となったのは以上のような理由のためである。

二〇〇三年七月

丸岡高弘

〔追記〕本翻訳は産業図書前社長の江面竹彦氏とお約束してなったものであるが、江面氏は原稿をおわたしする前に今春急逝された。つつしんで氏の御霊前に本訳書をささげたい。

編集・校正には鈴木正昭氏のお手をわずらわせた。心よりお礼をもうしそえる。

Voyage d'hiver : entretiens, éd. Parenthèses, 1997
La Bombe informatique, Galilée,1998（『情報化爆弾』丸岡高弘訳，産業図書，1999）
Stratégie de la déception, Galilée, 1999（『幻滅への戦略』河村一郎訳，青土社，2000）
La Procédure silence, Galilée, 2000
Ce qui arrive, Galilée, 2001
La Ville panique, Galilée, 2002

ポール・ヴィリリオ著作一覧

Bunker archéologie, CCI, 1975

L'Insécurité du territoire, Stock, 1976

Vitesse et politique, Galilée, 1977（『速度と政治』市田良彦訳，平凡社，2001）

Défense populaire et luttes écologiques, Galilée, 1978

Esthétique de la disparition, Balland, 1980

Pure War, FAS, New York, 1983（『純粋戦争』細川周平訳，ユー・ピー・ユー，1987）

L'Espace critique, Bourgois, 1984

L'Horizon négatif, Galilée, 1984（本書）

Guerre et cinéma——logistique de la perception; T1, Editions de l'Etoile, 1984（『戦争と映画』石井直志・千葉文夫訳、平凡社、1999）

La Machine de vision, Galilée, 1988

L'inertie polaire, Bourgois, 1990（『瞬間の君臨』土屋進訳，新評論，2003）

L'Ecran du désert, Galilée, 1991

L'Art du moteur, Galilée, 1993（『情報エネルギー化社会』土屋進訳，新評論，2002）

La Vitesse de libération, Galilée, 1995

Cybermonde, la politique du pire, Textuel, 1996 （『電脳世界』本間邦雄訳，産業図書，1998）

Un paysage d'événements, Galilée, 1996

〈訳者略歴〉
丸岡《まるおか》 高弘《たかひろ》

1975年 東京大学文学部仏文科卒業
1978年 東京大学大学院人文科学研究科修士課程修了
1986年 パリ第三大学第三課程博士
現 在 南山大学外国語学部教授

ネガティヴ・ホライズン——速度と知覚の変容——

2003年9月1日 初 版

著 者 ポール・ヴィリリオ
訳 者 丸岡高弘
発行者 飯塚尚彦
発行所 産業図書株式会社
〒102-0072 東京都千代田区飯田橋2-11-3
電話 03(3261)7821(代)
FAX 03(3239)2178
http://www.san-to.co.jp
装 幀 戸田ツトム

ISBN4-7828-0150-5 C0010
新日本印刷・小高製本